JN250852

疾風怒濤!!

プロレス取調室

UWF＆PRIDE格闘ロマン編

玉袋筋太郎
+プロレス伝説継承委員会

毎日新聞出版

疾風怒濤!!

プロレス調査室

UWF&PRIDE格闘ロマン編

玉袋筋太郎
+プロレス伝説継承委員会

毎日新聞出版

まえがき

プロレス者の熱きの声に応えて、またまたやってまいりました！　俺たちプロレスファンのハートを長年盗み続けた、罪深き大泥棒であるレスラーたちを片っ端からしょっ引いて、わたくし玉袋筋太郎と、ライターの堀江ガンツ、椎名基樹という変態的なプロレス捜査官が、彼らの波乱万丈の人生を徹底的に吐かせた〝調書の束〟である、この『プロレス取調室』。

第3弾となる今回は、「UWF&PRIDE格闘ロマン編」！

かつてUWFという運動を起こし、理想と革命に燃えた、〝プロレス過激派〟たちを、根こそぎとっ捕まえてきたから！

いま、総合格闘技はMMAと呼ばれて世界中に広まってるけど、ほんの20数年前までは、真剣勝負で誰が一番強いのかを決める舞台ができるなんて、見果てぬ夢だった。今回、登場する人たちは、そんな俺たちの青い夢を実現させてくれた人たちなんだよ。彼らが身体を張って、試行錯誤を繰り返してくれたおかげで、現在の格闘技界がある。

つまり、これはプロレスから総合格闘技が誕生していく軌跡を読み取るための貴重な資料であり、証言集なんだ。本来、『プロフェッショナル仕事の流儀』とか『プロジェクトX～挑戦者たち』あたりで取り上げるべき、偉業を成し遂げた男たちの記録だよ。もはやNHKスペシャル『映像の世紀』のテーマ曲「パリは燃えているか」を流しながら、読んでほしいね。

また、この本が10月11日に刊行されるってことに意味があるんだな。猪木vs藤波の「8・8」とか、猪木引退の「4・4」とか、俺たちにとって重要な〝プロレス暦〟はいくつかあるけど、この日付も一生忘れられない、人生の記念日だからね。

そう、「10・11」と言えば、1997年10月11日東京ドームで行われた『PRIDE1』、高田延彦vsヒクソン・グレイシー！　あの日から、ちょうど20年だ。そんな日にあの時代を総括する本を出せることに、感慨深いものがあるよ。

しかも、本来それは終戦の日となるはずだったのに、あそこからが始まりだったというね。高田vsヒクソン戦のコピーは、「この試合が終わったら、20世紀もう終わっていい」だったけど、実はプロレスと格闘技の新しい時代の始まりだったんだよな。

それじゃあ、いくぜ！　男の中の男たち、出てこいやぁ～～～‼

目次

カバーイラスト
師岡とおる

装幀
金井久幸［TwoThree］

DTP
TwoThree

写真
大甲邦喜（77p,96p,115p,126p,151p,158p,
175p,256p,267p,272p,287p,351p）
当山礼子（8p,19p,182p,197p）
菊池茂夫（28p,51p）
笹井孝祐（216p,231p）
平工幸雄（62p）

平成の格闘王
髙田延彦

高田延彦(たかだ・のぶひこ)
1962年生まれ、神奈川県出身。高田道場主宰。1980年、新日本プロレス入団、翌年にデビュー。1984年、第1次UWFに合流。以降、第2次UWFまで前田日明らと行動をともにする。UWF分裂後は、UWFインターナショナルの代表兼エースとなり、「最強」を掲げ、北尾光司、ベイダーなどと対戦する。1995年、新日本との対抗戦で武藤敬司と大将戦を闘う。その後、高田道場を設立。1997年、ヒクソン・グレイシーと対戦し、敗れる。この1戦からPRIDEがスタート。その後、PRIDEのリングを主戦場とし、2002年に総合格闘家引退。PRIDE統括本部長に就任する。また、『ハッスル』では高田総統として活躍。2015年に起ち上がったRIZINでも統括本部長を務める。

髙田　何これ？　聞き手が3人もいるの？（笑）。
玉袋筋太郎（以下、**玉袋**）　そうなんです。1vs3で、**アントニオ猪木**※01vsはぐれ国際軍団（**ラッシャー木村**※02&**アニマル浜口**※03&**寺西勇**※04）と同じ試合形式なんです。
髙田　あれと同じなんだ！（笑）。
堀江ガンツ（以下、**ガンツ**）　このプロレス取調室は、ボクらが子どもの頃から憧れていたレスラーや格闘家を招いて、その方の人生を根掘り葉掘り聞く企画なんです。
玉袋　いつもは居酒屋で飲みながらやってるんですけど、髙田さんとお酒を飲みながらっつーと、肝臓のコンディション調整が必要になるんで、今日はお茶でやらせていただきます（笑）。
髙田　なるほどね（笑）。
椎名基樹（以下、**椎名**）　**UWFインター**※05の飲み会伝説は、いろんな方から伺っておりますので（笑）。
ガンツ　で、今日は**RIZIN**※06についても伺いたいのですが、その原点というのは**PRIDE**※07です。さらに遡って、そのPRIDEの原点は髙田さんと**榊原信行**※08実行委員長との出会いから始まるわけですよね？
髙田　元はね、私がまだUインターをやっていた時代。彼は東海テレビ事業にいて、当時全盛だった**K-1**※09の名古屋大会を担当者として手伝っていたんですよ。それで、たまたまUインターが1996年6月に名古屋レインボーホール（現・日本ガイシホール）で興行を打ったとき、彼が「お手伝いしますよ」と言ってくれた。それがファーストコンタクトです。

PRIDEに託した委任状

玉袋　初めて会ったとき、いきなり腹を割って話をしたんですか？
髙田　なぜか話したんだよね。それまで、Uインターの仲間や、ウチの妻も含めて誰ひとりとして言ったことはなかったんだけど、「じつは**ヒクソン**※10（・

グレイシー）とやりたいんだ」と初めて口にしたのも、初対面のバラちゃんだった。あの打ち上げで飲んで、さらに部屋飲みにバラちゃんを誘って、そこで熱いトークをしてね。で、その翌日に電話がかかってきたの。「髙田さん、昨日話したこと覚えてますか？」って。私は飲むと大概は覚えてないんだけど（笑）。

玉袋　ボクも同じですよ（笑）。

髙田　100回飲んだら94回記憶がないんだから（笑）。ただ、これに関しては覚えていて、「覚えてるよ、ヒクソンのことを言ったよね」と言ったら、「たまたま2週間後にヒクソンと会う機会があるんですが、そのときに髙田さんの意志を本人に伝えていいですか？」と聞かれて、「ぜひ伝えてください」と。ここから始まったの。

ガンツ　実際にヒクソンと闘う、1年4ヵ月前のことだったんですね。

髙田　まあ、そこから（1997年）[※11]**10・11東京ドーム**での試合が決まるまで、いろいろありましたよ。私はファイターの立ち位置だから何もやってないけど、『PRIDE』というイベント自体、ゼロから起ち上げなければならなかったから、関係スタッフは苦労していましたね。実際、動き出してからも、紆余曲折があってね。

ガンツ　東京ドームで格闘技の興行をやるなんていうのは、前代未聞のことでしたからね。まだ、K-1すらドームに進出してない時代で（※K-1のドーム初進出は『PRIDE1』の翌月）。

髙田　それでヒクソン戦がなかなか決まらない中、[※12]**マイク・タイソン**と試合する話が持ち込まれたりしたので、そっちに一時は気持ちが動いたりしてね。話が前に進まないモヤモヤは続くし、（ヒクソン戦は）自分から「やる」と言って始まった話なのに、物事が進まないし、全然決まらないジレンマな状況で、私も途中で「や～めた！」となってしまって。

ガンツ　「こんな気持ちではヒクソンとできない」と。

玉袋　自分のレスラー生命を賭けた試合ですもんね。

高田　そう、モチ（モチベーション）が落ちてしまったのよ。そしたら玉ちゃん、これは運命なんだろうな。この試合の話が動き出した時点で、ＰＲＩＤＥの関係者に委任状を書いてたんですよ。「ヒクソン戦に関してはすべてお任せします」って。

玉袋　うわ～、書いてたんですね（笑）。

高田　気持ちが切れたから「や～めた！」だったんだけど、「ノブさん、これ出てきたよ」って言われて（笑）。

玉袋　委任状が出てきちゃった。

高田　当時のブレーンに相談しても、「リングで闘うか、法廷で闘うか」と言われてね（笑）。

玉袋　どっちにしろ裁かれるという（笑）。

高田　最初は「絶対にこいつとやりたい」と前のめりに選んだのに、結局は消去法か、みたいなね。

ガンツ　「やりたくてやる」というより「やらざるをえない」みたいな。

高田　もはやらされる感じになってしまってね。あのときのヒクソンのイメージって、とてつもなかったでしょ？

椎名　達人の域を超えて、人間じゃない感じでしたよね（笑）。

高田　当時の**ホイス・グレイシー**[※13]に「自分より10倍強い」って言わせちゃうんだから。それもあって、勝手に幻想を膨らませてしまってたのよ。

玉袋　山籠りしちゃってさ、（ヨガの）火の呼吸とかやっちゃって、得体が知れねえんだよ。

高田　だからそこに惹かれたんだけどね。恋愛で言えば、ミステリアスな絶世の美女に出会った感じでさ。それで、「あの人、口説いて」って委任状を書いちゃってた、と（笑）。

玉袋　書いたことも忘れてたラブレターが、あとから出てきちゃったんだな～（笑）。

高田　でも、その1枚が結局、繋ぎとめたんですよ。委任状を書いてなかったら、「や～めた！」ですからね。

玉袋　委任状がなかったら、髙田vsヒクソンは実現してなかったし、PRIDEだって開催されてなかったってことか～。委任状様様だね（笑）。

髙田　それで結局、「法廷で戦うのではなく、リングで試合をさせていただきます」と決めたわけです。

玉袋　それまで髙田さんはUインターのエースとして、団体の看板を背負ってきたわけですけど、「ヒクソンとやりたい」というのは、それを全部下ろして、「髙田延彦」個人として言ったわけですよね?

髙田　そうですね。もうその前に、団体運営から何からすべてに嫌気が差していて、両国国技館（1996年6月18日）での試合後、誰にも相談せずに勝手に引退宣言したんです。

ガンツ　「極めて近い将来、引退します！」とマイクで突然発表した、あれですね。

髙田　あのときはみんなビックリだよね。周りも「髙田さん、何言ってんの?」って、困惑していた。ただ引退しようにも、私はUインターという会社の代表でもあるから、まだ返さなきゃいけないものがいろいろあってね。それをまっとうするために、モチ上げて**新日本プロレス**[※14]と（対抗戦を）やったわけですよ。

玉袋　**長州（力）**[※15]さんが「ドーム、押さえろ！」って言ってね。

髙田　あのときは、こっちと新日本、双方の利害関係が一致したから。

ガンツ　新日本も北朝鮮大会で負った莫大な負債を補填しなきゃいけなかったんですよね（笑）。

髙田　フタを開けたら飛ぶように売れたね、チケットが。

椎名　当時の東京ドーム観客動員最高記録ですもんね。

髙田　それでなんとか背負ってた荷物を下ろして、「やれやれ」となったわけだけど、まだ「やめてやる」っていう気持ちだけは残ったままだから。ただそのとき、こんな気持ちでプロレス界を去るのは、あまりにも自分がかわいそうだなと思ったんですよ。中学2年で、新日本のパンフレットに載っていた「君もプロレスラーになれる！　新人募集」の文字を見て、この道を選んだ。夢を持って世界に飛び込んで、自分なりに一生懸命やってきたはずなのに、当時とは真逆の気持ちになっていたわけだから。

ガンツ　「こんな業界、もうイヤだ！」って気持ちでやめることになってしまうと。

高田　それじゃあ、これまで自分がやってきたことを自分で否定しちゃうような気がしたんだよね。

玉袋　やめるときは、「高田、お前はよくやったよ」って、言ってやりたいですよね。

高田　「ノブヒコ、よくやったじゃないか！」と（笑）。自分自身にそう言ってあげるためにもね、どうせやめるなら、一度だけあの頃の初心に返ってから気持ちよくやめてやろうと。そのためにどうするか考えて、いわば〝最後の相手〟として選んだのが彼、ヒクソン・グレイシーなんです。

ガンツ　自分のレスラー人生総決算にふさわしい相手として。

高田　そう。どうせやるなら、当時、誰もが「ナンバーワンだ」と口をそろえる彼しかいないと。それと彼とはUインター時代からちょっとした因縁があったからね。

玉袋　あったな〜。**鈴木健**[※16]さんがリング上から「打倒ヒクソン」をぶち上げてさ。その後、**安生**[※17]（**洋二**）さんの道場破りがあってね。

高田　なにより私には「プロレス最強」を謳（うた）いながらUインターの頭をやってきた、という自負があった。そしてさらに言えば、目に見えない細い因縁の糸が彼と私の中で切れずに繋がっていたんだろうね。あの10・11に辿り着くために。ただやっぱり、彼に決めた理由として一番大きかったのは、ホイスのあの「自分よりも10倍強い」っていう言葉です。ホイスが表舞台に出てくるまで、柔術なんて知らなかったからね。

玉袋　知らないですよ。合気道みてえなもんかなっていう認識しか、なかったですもん。

髙田　ところがいざやってみたら、あんな細っこい兄ちゃんがさ、自分よりはるかに大きい荒くれ者を相手に、多少は肉を斬らせつつ、最後には一刀両断バッサリと骨を断つわけですよ。「何なのこれ⁉」と。

椎名　**UWF**[※18]にも出ていた**パンクラス**[※19]の**ケン・シャムロック**[※20]も簡単にやられちゃいましたもんね。

髙田　25年前の「プロレスラー・髙田」からすれば、馬乗りの血まみれ顔面パンチなんて衝撃的なわけだよ。あれを見て、正直言ってものすごいカルチャーショックを受けたし、鳥肌が立ったし、怖さも感じたしね。「こんなのが世に出たら、プロレスはやばいぜ」っていう。あのとき私は途方もない危機感に襲われたんだよ。

玉袋　「プロレスは最強」っていうもんが、ガラガラと崩れかねない、究極の商売敵が現れたわけですもんね。

髙田　そういうことだよね。そのホイスがさ、「自分よりも10倍強い」って言うんだから。「どんだけ強いんだよ⁉」って、やっぱりこれにも衝撃を受けるよ。

ガンツ　ヒクソンも、そう言われるにふさわしい佇まい、ムードを醸し出していましたしね。

髙田　だから試合をやる前から、自分でヒクソンの幻想を膨らませて、その幻想に飲み込まれてしまったんだよ。

廃人状態からの再起

玉袋　でも、やっぱり髙田vsヒクソン戦をやった日は、俺たちファンにとっても運命の一日だったよなあ。忘れられねえや。「10・11」っていうのは、自分の心に刻み込まれてるね。

髙田　よくも悪くもね。イヤな思い出の人が圧倒的だろうけどね。

椎名　玉さんはあの試合後、朝まで飲んだくれたんですよね？（笑）。

玉袋　そりゃあ、飲んだくれたよ。飲み屋で泣いたもん、俺。酒も肴もしょっぺえ涙の味しかしなかったよ。

髙田　多くのファンにそういう思いをさせてしまって、本当に申し訳ないね。

玉袋　いやいやいや。そこまで感情を突き動かされるような試合をやってくれたってことだけで、こっちとしては感謝ですよ。

椎名　あんな気持ちで試合を観に行ったのは、あれっきりですもんね。

玉袋　人生の中でもあれっきりだよ。

ガンツ　こっちも覚悟を決めてドームに向かったというか。ちゃんと風呂に入って、身体を清めてから行かなきゃいけないような気持ちになりましたからね（笑）。

玉袋　それで試合前につまんねえことを言うヤツが多くてよ。「やる前から負けること考えるバカいるか！」って、試合前の飲み会でもケンカしてるんだから。それで「俺が行かなきゃダメだ！」みたいな気持ちでドームに行って、がっくし肩を落として帰るというね。

ガンツ　ホントにそんな感じでしたよね。

髙田　数万人をあそこまでがっかりさせた人間は、なかなかいないよね（苦笑）。

玉袋　でも、あの負けで終わったんじゃなくて、あれがＰＲＩＤＥという大きな物語の始まりだってていうのが凄え。

ガンツ　ホントは髙田延彦物語、そしてプロレス最強物語が、あの『ＰＲＩＤＥ１』で終わるはずだったのが。

髙田　ＰＲＩＤＥ自体あれ1回で終わるはずだったからね。最初に「1」ってついてたのは商標的なことであって。ナンバーが続いていく予定はなかった。

椎名　『PRIDE1』って、K-1の「1」みたいなイメージでいたから、『PRIDE2』って発表されたとき「えっ、『2』があるの?」ってなりましたもん（笑）。

玉袋　「カウントするんだ?」っていうね（笑）。そっから髙田さんが、ヒクソンとの再戦のために立ち上がったっていうのも驚いたよ。失礼ですけど、負けたあとは「髙田終わったな……」って、思っちゃってたんで。

髙田　それはそうでしょう。勝負論で言ったら、あれだけ完敗を喫したらね、もう再戦のオファーなんか主催者側もしないですよ。ヒクソン戦のあとは、もう廃人みたいなものでね。グダグダグダグダ自堕落な生活を送って、何も手につかなくてね。もう、完全に引きこもりですよ。外を出歩いたら、道ゆく人みんなに「アイツ、惨敗した弱いやつだ!」って言われてるんじゃないかと思い込んじゃって、不安定な状態が続いてね。罪の意識じゃないけどね。

玉袋　うわ〜、ツライなあ。

髙田　それがずーっと続いてて、なんとか立ち上がったのが12月に入るか入らないかの頃。じゃあ、これでもうやめるのか、それとも完敗しておいて図々しい話だけど、もし再戦ができるならまたリングに上がる価値があるんじゃないか、とかさ（笑）。勝手に自分でイメージプランを立て始めていたんだよね。そうやって廃人状態から自分の進む先を模索し始めたときに、ちょうどPRIDEの関係者から1本の電話があったのよ。「ノブさん、ヒクソンと来年もう1回やらない?」って。まさに人生を変えるミラクルオファーです。

玉袋　おー、ちょうど再戦のオファーが来たんですか!

髙田　ようやく精神的に立ち上がり始めたタイミングで、何の前触れもなく、「来年の10月11日、場所も同じ東京ドームでやりませんか?」って言われたんです。「いいんですか、ホントに?」ってね（笑）。

「ノブさんがやる気あるなら、組みますよ」「じゃあ、お願いします！」と即答した瞬間からリスタートしたわけですよ。で、その1年後の10・11を『PRIDE4』とネーミング。ならばインターバルで『PRIDE2』と『PRIDE3』をやろうということになり、その中で**桜庭（和志）**[※21]や活きのいい外国人選手の存在感が際立ち、クローズアップされたんです。

椎名　**マーク・ケアー**[※22]とかもですよね。

高田　**カーロス・ニュートン**[※23]とかね。次々といい選手が出てきて、もはやPRIDEというイベントそのものがおもしろくなってきた。そういう自然の流れで、点と点が物語を紡ぐ線へと繋がっていく時期でしたね。

玉袋　高田vsヒクソンなくして『PRIDE1』はなかったし、高田vsヒクソンの再戦なくして、その後のPRIDEもなかったたってことですよね。そこからだよ。PRIDEや総合格闘技（MMA）ってつーもんが、グァ～～っときたのは。

ガンツ　そもそも高田さんは、もしヒクソン戦が実現してなかったら、MMAをやることもありませんでしたか？

高田　やってないね。だって「や～めた！」だから。

玉袋　その代わりに、電流爆破マッチをやっちゃうなんてこともないですよね？（笑）。

高田　600パーセントないね！（笑）。

玉袋　600パー！（笑）。

ガンツ　ホントにヒクソン戦なくして、高田さんがMMAをやることもなかったし、PRIDEだっておそらく生まれなかったんですよね。

玉袋　そうなんだよな～。その後の大晦日興行なんかもなかったわけだよ。

高田　すべては不思議な巡り合わせなんだよね。バラちゃんとの出会いだったり、「や～めた！」となったときに委任状が出てきたり、ミラクルオファーがあったり。いろんな偶然や奇跡が積み重なった結果だろうね。

世界最高峰の闘い

ガンツ　そうやって始まったPRIDEが、その後、世界最高峰の舞台に化けていくとも、当初は思いもしませんでしたよね。

玉袋　最初のイメージはそうだよ。なんかテキ屋臭が出てる感じがあったもんな（笑）。

椎名　イベンターというより、山師の匂いが（笑）。

玉袋　それがどんどん洗練されていって、最高のステージになっていった感じはするよね。最初は何か、危なっかしいなっていうのがあったからさ。

椎名　やたら興行時間が長かったり、なぜかプリンセス・センコーがマジックやり始めたり（笑）。

玉袋　それが回を重ねるごとに、演出も選手のレベルも最高のものになっていくわけだよ。

ガンツ　また途中から、髙田さんというプロレス界のトップの人が、MMAというスポーツや、MMAファイターたちに対して、心から敬意を表するようになっていった感じがするんですよ。

椎名　そう、自分でもMMAの練習をやっていくことで、髙田さん自身がMMAをどんどん好きになってるような印象を受けましたよね。

ガンツ　自分がやってるからこそ、スポークスマン役をやったときも、「PRIDEのトップ選手は本当に凄いんです」ということを、本心で言えるというか。

髙田　私も現役最後の頃、選手をやりながら、試合に出ない大会では放送席に座らせてもらうようになったわけだけど、そのときにリングをふと見上げると、**（エメリヤーエンコ・）ヒョードル**[※024]が闘ってるんだよね。そこに**（アントニオ・ホドリゴ・）ノゲイラ**[※025]もいる。彼らの試合を放送席から見上げながら、「俺がここに上がったらまずいだろ……」みたいなさ（笑）。彼らの強さは桁違いだし、メンタリティ

も含めて尋常じゃないからね。あとから考えると、あのタイミングで放送席に座ったのは逆によかったのかもしれない。

ガンツ　放送席から客観視することで、よりPRIDEトップファイターの凄さが実感できた、と。

高田　空気感として印象に残ってるのは**ミルコ（・クロコップ）**[※026] vsヒョードル、それからヒョードルvsノゲイラ。GP決勝やタイトルマッチのとき、私はベルトを返還する場に立ち会うためにリングに上がったわけだけど、ヒョードルからベルトを受け取るためにあのリングの中に入ると、こっちの寿命が縮まるような感じがしてね。

ガンツ　そこだけ重力が違うみたいな（笑）。

高田　なんていうかな、身体が酸化して錆びていくようなね（笑）。

玉袋　殺伐としてるんですか？

高田　やっぱり、これから最強の男同士が、言うなれば命のやり取りをするわけだから。空気が薄いというのか、重いというのか、自分の生気が抜かれてしまうような感じ。頂点を極めるために闘う者とそれを裁く者以外は拒む、一種、独特な空気感だったね。リングを降りたら、俺は白髪になってるんじゃないか、みたいな（笑）。

玉袋　『あしたのジョー』のホセ・メンドーサだよ（笑）。

髙田　それに近いものがあるね。

ガンツ　だから当時のファンは、おもしろい試合を見るというだけじゃなく、その場に立ち会って、その空気感を体感するために会場に来ていたような気がしますね。

髙田　そうだね、まさにそのとおりだと思う。

玉袋　オープニングから何から最高だったもんな。俺なんかオープニングを見ながら、なぜか泣いちゃったりしてたもん。選手の覚悟から何から伝わってきちゃってさ。

椎名　選手入場とかシビれるんですよね。

玉袋　そうなんだよ～。あの現場にいられたのは、うれしかったよね。

髙田　だからＰＲＩＤＥは、ある意味で「生き急いだ」っていう感じだよね。だからこそ伝説になったっていうのもあるんだけど。

ガンツ　選手も将来のことを考えてるような試合じゃなかったですもんね。

髙田　そうだね、刹那的なね。

玉袋　観てる俺たちにとっては、「この空気を待ってたんだ！」っていうのがあったよね。プロレスが失いつつあったものを、ＰＲＩＤＥは全部持ってたから。現場にいられてよかったよ。

突然の放送打ち切り

ガンツ　そのＰＲＩＤＥが全盛期に突然パッとなくなったときの髙田さんの心に空いた穴っていうのは、どんな感じだったんですか？

高田　それはみんなと同じだと思うよ。あまりにも突然のことだったからさ。決定的な理由もわからずにテレビ放送が打ち切りになって……そして、存在自体がなくなってしまうというね。だから、悲しんだり、打ちひしがれて落ち込むとか、そういう感覚でもなかったよね。

椎名　狐につままれたとか、そんな感じでしたよね。

高田　気がついたら、目の前にはもうないんだから。

椎名　ドッキリなんじゃないか、ぐらいの感じで（笑）。

玉袋　地上波が打ち切られるとき、フジテレビのプロデューサーが、恵比寿の喫茶店で「実は……」って神妙な顔して話をしてくれてさ。こっちは「えーっ!?」だもんね。まいったよな〜、あれは。

高田　あの頃の我々は、「このままPRIDEをあと2〜3年磨き込んで行けば、ライバルは業界内ではなく、ほかのメジャースポーツになる。徐々に視野を広げていこう」と語っていた矢先のことだったからね。私自身、ちょうど新築の家が納品されたんだよ。まさにそのタイミングで（笑）。

ガンツ　PRIDEがさらに成長していくことを見越して購入した家ができ上がりましたか（笑）。

高田　新築した家のカギを受け取ってさ、「よしよし、これからますます仕事をがんばるぞ！」と。その納品の数日前になくなっちゃったんですよ、テレビのオンエアが。

玉袋　高田さん、じつは俺もその同じ年にローンを組んだんですよ。

高田　あ、おんなじ？（笑）。

玉袋　俺もローンを組んでマンション買ったんですけど、PRIDEがなくなって、『SRS』[※27]も終わってしまって、あれよあれよという間にレギュラー番組がゼロになったんですよ（笑）。それでマネージャーに土下座して、「ローンを組んじゃったから、何でもいいから入れてくれ！　月にこれだけないと俺はもうダメだよ！」っていう話をしてね。ああ〜、高田さんもそうだったんだ（笑）。

高田　私もそう。お互い大変だったね（笑）。

玉袋　ホントたまらないですよね。年老いたおふくろまで呼び寄せて、せがれは私立の高校に行くっていうからお金はかかるしで、イヤになっちゃったよな～。

高田　そういうときは重なるんだよね（笑）。

玉袋　重なりましたね～、あれは。

高田　私の場合、とくに妻はキッチンにこだわりがあったからさ。そのこだわったキッチンの前で、ふたりでポツンと（苦笑）。

玉袋　砂上の楼閣だよ（笑）。

高田　ああいうときっていうのは男のほうが弱くてね。

玉袋　そう、弱いんですよ！

高田　弱いよね？　妻に心配かけたくないから、「どうしよう、どうしよう……」ってなっちゃうもん。実は女のほうが肝っ玉がすわってる。私は妻の言葉に救われたから。「この家を守るために自分がゆく道を曲げるとか、やりたくないことをやるとか、そういうのはやめようよ」と。「ダメだったら住む前に売っちゃえばいいじゃない」ときた（笑）。普通なら、「えっ、住めないの？」ってなると思うんだよね。そこで「なんで？　なんで？」って妻に泣かれてしまうと、男としては困っちゃう。それがさ、「ダメだったら売ろうよ」って言うんだから。その一発で不安がふっ飛んでスッキリしちゃったんだよね。

玉袋　そうならずに、「どうして？　どうして？」って言われて泣かれたら、『泣き虫2』が出る可能性もあったんでしょうね（笑）。

高田　たっつぁん（**金子達仁**[※28]）を呼ぼうかと思ったよ、もうすぐに（笑）。

玉袋　すぐに（笑）。

高田　『リアル泣き虫』って（笑）。

玉袋　ガチ泣きで、男の泣き言が綴られた本になってたんだろうな～（笑）。

RIZINの船出

ガンツ で、高田さんは、このPRIDEが終了してRIZINが立ち上がるまでの空白の期間、格闘技界からはあえて距離を置いていた印象があるのですが、どんな思いだったんですか？

高田 逆にどんな思いだったと思う？

ガンツ 想いを封印しているような感じだったのかな、と。

高田 なるほどね。半年くらいはPRIDEがなくなったショックを引きずってたんだけど、しばらくしてから、スーッと次の生活にソフトランディングした感じかな。落ち込んだって仕方がないから、目の前を見て、自分がやるべきことをやるという感じでしたよ。

ガンツ それから8年の月日を経て、榊原さんからRIZINという形で、また格闘技イベントをやるという話を聞いたときは、どんな気持ちでしたか？

高田 その空白の8年の間にも、バラちゃんとは不定期に会っていました。で、格闘技の話はほとんどしなかったけど、毎回ワンセンテンスぐらい入るんですよ。バラちゃんから「まだ諦めてないですから」といった感じでね。ただ、話はそこまでで、また次の違う話題に戻る、みたいな。だから、不定期ながら意思確認はしていたんです。そして一昨年の11月に「やる」という話を聞いて、「いよいよ時は来たね！」と。そんな気持ちでしたね。

玉袋 でも、格闘技を取り巻く状況は、PRIDEがあった頃からだいぶ変わってしまったわけじゃないですか。そこで新イベントを立ち上げるのに、勝算というのはどうだったんですか？

高田 イベント（興行）は水モノ、ましてやファイターたちがMMAという、何が起こるかわからない過酷な競技の中で、個々の人生を賭けた闘いを提供するわけです。そんなイベントの立ち上げに、机上の世界で確固たる勝算を弾き出してから万全にスタートを切る、なんてことは困難ですよ。イベントにスケール感を求めるならなおさらです。RIZINの船出とは、我々の経験知と船長であるバラちゃんの掲げる「MMAで世界制覇」という大ロマン達成がメインモチベーションで出航した、壮大なるノンフィクション大冒険なんだよね。我々はこの冒険の醍醐味を、日本中、いや、世界中の人たちと共有したい。分かち合いたいんですよ。ならば、まずはおもいきってサイを振ることが大事。その一発目でどれだけのインパクトを残せるかが重要なんです。大事なスタートとなった昨年（2015年）末の奇跡は、パートナーに地上波のテレビ局がついたってことですよ。

玉袋　それが凄いですよね。

高田　それもPRIDEで一度はお別れしたフジテレビさんだからね。バラちゃんの引きの強さというかね、ホントに「この男は持ってるな」と思ったよ。これでただイベントを打つだけだったら、世間には全然伝わらないし、響かない。それが、フジテレビという地上波、しかも大晦日に5時間ぶち抜きで放送ですからね。「初めまして、RIZINです」というお披露目として最高のスタートでした。

玉袋　俺なんかも、RIZINの開催が最初に発表されたとき、それこそ「やれんのか？」って思ったんだけど、あえて勝負をかけるところにシビれたんだよね。負けるかもしれないけど、大風呂敷を広げて勝負するっていう、そのPRIDEイズムが生きてるよね。

ヒクソンとの再会

高田　やらなきゃわかんないもんね。賛否両論いろいろ言う人はいるけど、何もやらなきゃゼロのまま。ベストを尽くして臨めば、1なのか5なのか100なのかはわからないけど、確実に生まれるものがある。選手だってそうですよ。（山本）[※29]アーセンやク[※30]ロン（・グレイシー）が出てきたりさ。

玉袋　それは8年間の空白期間を経たからこそ、あの格闘技ブームの時代のＤＮＡを持った新しい選手が出てきたわけだからね。ＲＩＺＩＮっていうのは新しい物語なんだけど、ずっと続いてる物語の続きでもあるんだよ。

ガンツ　ＲＩＺＩＮを立ち上げたことで、『ＰＲＩＤＥ１』が立ち上がるきっかけとなった、髙田さんとヒクソンの再会もあったわけですしね。

玉袋　あれもシビれたよ、俺は。

髙田　だけどいいもんだよね。あの当時と同じチームが起こすイベントの中にヒクソンがいてくれて、自分のＤＮＡを選手（クロン・グレイシー）として連れてきてさ。

玉袋　『スター・ウォーズ』シリーズよりもたまんねえよ、こっちは。フォースの覚醒ですよ（笑）。「ローグワン」どころじゃねえ。

髙田　私も久しぶりに再会して、やっぱりヒクソンも歳をとったなとは思ったけど、そうはいってもあの雰囲気はそのままだし。ただ「ヒクソンも人の親だな」と思ったのは、あの自分の試合では勝ってもニコリともしない男が、息子が勝ったら全身で大喜びしてたから。ヒクソンも親バカだと知って、何だか安心したよ（笑）。

ガンツ　子どものキッズレスリングの試合を見てる、普通のお父さんと同じになっちゃう（笑）。

髙田　ホントそうなんだよ（笑）。

玉袋　下手すれば、ヒクソンがアニマル浜口みたいになっちゃうかもしれないな（笑）。

ガンツ　ハチマキ巻いて、「クロン、気合いだぁ～～～！」って（笑）。

玉袋　やっぱり、ストーリーが繋がってるのが素敵だよな。

ガンツ　そしてＰＲＩＤＥからの大晦日を繋ぐ要素として、髙田さんも太鼓を叩くために、身体を徹底的に鍛え直したわけですよね（笑）。

髙田　それはね、去年の12月29日は『ＳＡＲＡＢＡの宴』と題して、ＰＲＩＤＥからＲＩＺＩＮに生まれ変わるケジメってことで、「じゃあ、それはがんばります」ってね。おもいきりがんばったんですよ。

玉袋　「ふんどしがんばります！」と（笑）。

髙田　でも、ブランクが8年あるから、老いた細胞は打ってもなかなか響かないわけよ。酒飲んだら翌日まで残るのと同じで、少々運動したって筋肉なんか成長しないもの。だけどね、引き受けたからには「やっぱりブランクはあるし、髙田も50過ぎてしょっぱい身体になるのはしょうがないよね」「ケツも垂れちゃって太鼓にもキレがないね」となったら、イベントに失礼になるでしょ？　俺自身も悔しいからね（笑）。

ガンツ　これから命懸けで闘うファイターたちにも失礼になってしまいますね（笑）。

髙田　だからきっちり時間もとって、見られても恥ずかしくない身体を作り上げようってことで、去年はジタバタしたの。それで、やれやれ俺の最後の褌太鼓も終わったなと思ったら、今年もだって（笑）。

ガンツ　いや、髙田さんが身体を鍛え上げているのは、スーツの上からでもわかりますよ（笑）。

髙田　予定ではあと5日で仕上がるからさ（笑）。

玉袋　結果にコミットするわけですね！

髙田　完全に〝ノブザップ〟だね（笑）。でもね、ホントこのリングに上がる選手は全員、それぞれが相当な覚悟を持って上がってるわけですよ。そんなファイターたちに改めて敬意を払うとともに、会場に来てくれるファンの人たちには、それをしっかりと見届けつつ、惜しみない声援でサポートしてもらいたいですね。

玉袋　いや〜、ホントそうだ。10・11から始まった物語がこうやってますます俺らを夢中にさせてくれるんだから凄えことだよ。髙田さん、今日はありがとうございました！

ミスター200%

安生洋二

安生洋二（あんじょう・ようじ）

1967年生まれ、東京都出身。高校卒業後に第1次UWFに入門し、1985年にデビュー。第2次UWFを経て、髙田延彦らとともにUWFインターナショナルの設立に参加。ヒクソン・グレイシーへの道場破りや、新日本プロレスとの対抗戦時にゴールデンカップスを結成するなど話題を振りまいた。Uインター解散後はキングダムを経て、総合格闘技やK-1にチャレンジ。さらに『ハッスル』ではアン・ジョー司令長官となり、髙田総統の右腕として活躍した。『ハッスル』崩壊後はリングを離れていたが、2015年に後楽園ホールで引退興行を行なった。

ガンツ　さて、今回の取り調べは安生洋二引退記念として行わせていただきたいと思います！

玉袋　いやあ安生さん、本当におつかれさまです！　安生洋二つったら、とんでもねえ波瀾万丈のプロレス人生だからね。

椎名　俺らも楽しませてもらいましたよね（笑）。

安生　楽しめました？

椎名　そりゃそうでしょう〜！　「マジかよ!?」っていう事件の連続ですもん（笑）。

ガンツ　「こんなことってあるのか!?」ってことを次々と起こしていくという（笑）。

安生　決して自らそういう道を作ったわけではないんですけどね。

玉袋　巻き込まれ型なのかな？　自分の意図しないところで、一番デカいことをやってしまうというね。

椎名　平成プロレス事件史のトップを総なめですからね（笑）。

玉袋　そういうスキャンダラスなレスラーを目指していたわけじゃないんでしょ？

安生　違いますよ。いぶし銀を目指してましたんで。

玉袋　いぶし銀！

安生　目標にしていたレスラーは**木戸（修）**[※31]さんであり、**藤原（喜明）**[※32]さん、**ヒロ斎藤**[※33]さんですから。

玉袋　全部職人だよ！（笑）。

ガンツ　実際、普段のレスリングはそっち系ですもんね。

安生　明らかにそっち系でしょ？

玉袋　派手さはないけど、周りから一目置かれる用心棒だよね。

安生　でも、本当は用心棒も性格的に向いてないですけどね。コツコツと自分の仕事だけをやるほうが合ってるんですよ。

玉袋　でも、安生さんの用心棒幻想は凄かったわけじゃない？　そこは、やっぱり巻き込まれて、やらざるをえなくなったのかな（笑）。

安生　全然、自分の意志じゃないですからね。

ガンツ　頼まれるとノーとは言えない性格が（笑）。

玉袋　もともとそうだったんですか？　少年時代から友達に頼まれると、「いいよ、いいよ」と言ってしまうとか。

安生　いや、そうじゃないですね。ガキの頃はそんな、ズケズケと頼み込んでくる人間いないですから。

椎名　無理難題を頼んでくるのは、この業界だけですか（笑）。

安生　だって、「道場破り行ってこい」とか、普通の社会じゃ言わないでしょ？（笑）。

玉袋　頼みごとの枠を超えてるよ！

安生　もともと争いごとが好きじゃないですからね。

東大一家に生まれて

ガンツ　そんな安生さんが、なぜプロレスの世界に入ったんですか？　子どもの頃からプロレスファンだったわけじゃないですよね？

安生　全然ファンじゃないです。親の仕事の関係で幼稚園から小学5年くらいまでニュージーランドにいたんで、プロレスの存在すら知りませんでした。

椎名　ヤンチャではあったんですか？

安生　全然ヤンチャじゃないですね。身体もちっちゃくて、小学校の頃は一番前でしたね。

玉袋　へえ、そうなんですか。じゃあ、プロレスとの出会いっていうのは？

安生　もう高校に入ってからじゃないですかね？　テレビで**佐山（サトル）**[※34]さんの**タイガーマスク**[※35]を観て。

玉袋　高校っつったら、けっこう遅いですね。

安生　しかも、タイガーマスクは好きでも、プロレスファンになったわけじゃないから、タイガーの試合が終わったら、『金八先生』にチャンネル変えてましたから。

玉袋　そっから先がおもしろいのに！　じゃあ、猪木さんの試合は観てないですか。

安生　観てないですね。

玉袋　**全日本**※36は？

安生　全日本を初めて観たのは、業界に入ってからです（笑）。

ガンツ　勉強のために（笑）。そんな（**ジャイアント**※37）**馬場**も猪木もロクに知らない安生さんが、第1次UWFというマニアックな世界に飛び込むきっかけは何だったんですか？

安生　きっかけは、友達に誘われたんですよ。タイガーマスクが引退したあと、ボクはプロレスを観なくなってたんですけど。

ガンツ　もともとタイガーの試合しか観てなかったわけですもんね。

安生　でも友達から「タイガーマスクが**スーパー・タイガー**※038として復活したから観に行こう」って誘われたんで、1回ぐらいは観たいなと思って後楽園ホールにUWFを観に行ったのが、そもそものきっかけです。

玉袋　へえ！

ガンツ　そのUWFを観て、「これだ！」ってなったんですか？

安生　っていうよりは、「あれ、この人に勝てんじゃねえの？」って。

椎名　マジですか！（笑）。

安生　そういう道場破りチックなところから入ってるんですよ。

椎名　根っからの道場破り体質（笑）。

玉袋　トンパチだな〜！

安生　普段は大人しいけど、どっかにそういうスイッチがあるんですよね。

椎名　格闘技は何かやられてたんですか？

安生　柔道をやってましたけど、べつに実績残したわけじゃないですよ。でも、UWF観たときは、なぜか「俺なら勝てるんじゃねえかな」って、思っちゃったんですよね。

ガンツ　200パーセント勝てると（笑）。

玉袋　それ、誰の試合を観て、そう思ったんですか？
安生　髙田さんですね。
玉袋　よりによって、髙田さんかよ！（笑）。
安生　髙田さんって、まだ若手だったじゃないですか？　だから、観るまでは名前も知らなかったんですけど、その日の興行で髙田さんの試合が凄く印象に残ったんですよ。相手は**マーク・ルーイン**[※39]という選手だったんですけど。
玉袋　ああ～、アナコンダ殺法ね。
安生　パンフレット読んだら、マーク・ルーインがかなりの大物だって書いてあって、その大物を髙田さんが食ってるんで、「お、若くても上を食える世界なんだ」って思ったんですよ。それで、若手だったら俺でもちょっとがんばれば勝てるんじゃないか、そういう単純な考えですよ（笑）。で、ちょうど高校3年で進路について考えてるときだったんで、じゃあ、この世界に飛び込んじゃえって。
玉袋　安生さんは、進学は考えてなかったの？
ガンツ　安生家は東大一家ですもんね。
安生　まあ、ボクも英語に特化した大学だったら入れたんですけど、やりたいこともとくになかったんで。興味が出てきたプロレスを「いっちょ、やってみるか！」って感じですよ。

布団を担いだ入門生

ガンツ　でも、UWFには入門テストを受けて入ったわけじゃないんですよね？
安生　入門テストは受けてないですね。
ガンツ　なんか布団を担いで、突然、原チャリで現れたっていう（笑）。
安生　まあ、原チャリじゃなくて普通のバイクですけど、布団は担いでいきましたね。
椎名　なんで、布団担いで行ったんですか？（笑）。
安生　やっぱり、インパクトを残さないといけないと思って、「俺はどこでも寝泊まりができる覚悟で来ましたよ」っていうアピールで、布団背負って現れたんですよ。そうすりゃ、少なくとも印象には残るじゃないですか。

玉袋　俺が高校2年のとき、殿（ビートたけし）に突然「芸名をください！」って言ったのと一緒だよ。やっぱり、プロレスもたけし軍団も当時は入りてぇヤツがたくさんいたから、インパクト残さないと。

安生　それが大事じゃないですか？　普通に入門テスト受けてたら落とされてたと思うんですよね。当時、凄い入門希望者がいましたし、団体自体3つぐらいしかなくて、プロレスラーになるのは狭き門だったんで。そんな中で、身体が大きいわけでもなく、ほかのスポーツで実績があるわけでもないボクが何で入るかと言ったら、インパクトしかなかったんで。

ガンツ　それで入門を許可されたんですか？

安生　許可はされてないんですよ（笑）。

ガンツ　許可されてない！（笑）。

玉袋　勝手に住み着いちゃったの？

安生　住み着いてはいないんですけど、藤原さんが布団を背負ったボクの姿を見て、引いちゃったらしいんですよ。「えらいのが来ちゃったな」って。

椎名　おかしいのが来たぞと（笑）。

安生　「こいつをヘンな帰し方して、逆恨みされて包丁持って暴れたりしたら参っちゃうから、練習で潰せ」ってことになったんですよ。

椎名　後ろから殴ってくるかもしれない（笑）。

安生　まあ練習で潰して、自ら諦めるっていうパターンを選択したほうがお互いのためにいいんじゃないのと。

玉袋　傷つけ合わないですむってことだな。

ガンツ　男女関係みたいですね。別れ話をこっちから切り出すと面倒だから、向こうが別れたくなるように仕向けるという（笑）。

安生　そういう選択をしたみたいなんですよ。だから布団担いでいったその日にすんなり練習に加わったんです。

玉袋　でも、練習で潰しにくるわけですよね、キツくて逃げ出したくなるとかなかったんですか？

安生　もちろん練習は厳しかったですけど、数時間耐えて、喉元すぎれば次の日はまた気持ちの整理がつくんで。それに本当に厳しいのは最初の3ヵ月ですから、それを超えればなんとかなりますよ。もちろんスパーリングは怖かったですけどね、殺される寸前までやられたんで。

椎名　それは絞められたりということで？

安生　絞められたり、場合によっては殴りもあったんで。

ガンツ　基本的人権が尊重されない世界ですよね（笑）。

安生　でも、そういう職人の世界に入ったからには、それぐらいやられちゃうのはしょうがないことなんで。で、そのスパーリングで真っ先にやらされたのが髙田さんなんですよ。

玉袋「勝てる」と思った若手の（笑）。

安生　ボクはそれまでのフィジカル的な練習ではヒーヒー言ってたんですけど、いざスパーリングとなれば話は違うぞと。そういう思いで髙田さんに挑んだんです。

椎名　本当ですか？　凄い根性してますね（笑）。

ガンツ　気後れのカケラもない（笑）。

玉袋　それでどうなったんですか？

安生　半殺しにされました（笑）。でも、そりゃそうなんですよ。あとでわかったことですけど、あの道場で一番強いのは髙田さんでしたから。ただの若手じゃなく、一番強いのが出てきちゃった。

椎名　藤原さんとかも含めて、UWF全選手で一番強かったんですか？

安生　一番強かったですよ。人によって相性はありますけど、俺は「この人が一番強いな」って感じました。フィジカルやコンディション、そして技術的にも。

玉袋　あの頃から髙田さんが一番だったんだ〜。

ガンツ　この間、安生さんが宮戸[※41]（優光）さん、中野[※42]（龍雄＝現・巽耀）さんとトークショーをやったとき、お三方とも「一番強かったのは髙田さん」って口を揃えてましたもんね。

安生　みんなそう感じてたんじゃないですかね。ボクもやられながら「とんでもないところに入っちゃったな」って思いましたから。

玉袋　そこでようやく気づいた（笑）。

椎名　そのことは、のちのち髙田さんに言ったりしたんですか？「髙田さんを観て、勝てると思ってUWFに入った」って。

安生　そんなこと口に出せないですよ（笑）。活字でしか言えないですよ。

玉袋　でも、スパーリングだけではなく、人間的にも髙田さんとは馬が合ったんですよね？

安生　馬が合うっていうわけではないですよ。だって俺、いまだに髙田さんの前では全然しゃべれないですもん。会話は髙田さんからの一方通行ですよ。

玉袋　そうなんだ。凄えな、それは。何年かキャリアを積んだら、普通に話せるもんかなって思ったけど、そうはいかねえか。

安生　いかないですよ。だから、ある程度お互い年齢がいったあと、髙田さんのほうから「これからは友達でいこうよ」って言われたときは困りましたよね（笑）。髙田さんはこの業界に同世代の友達がいないじゃないですか？　だから、「もうこれからは友達関係でいこう」って言われたんですけど、「それは無理ですよ」って（笑）。「いまの状態がボクにとっては最高に居心地がいいんで、これからもよろしくお願いします」って言って。そういう話を飲んだ席で言われたことはありました。

風呂なしアパートの寮生活

玉袋　美しい上下関係だねえ。じゃあ、若手時代に安生さんがフランクに話せる相手っていたんですか？

安生　当時は若手がいっぱいいましたからね、同期とは話しましたけど。

玉袋　UWFの若手っていうのは、どんな生活だったんですか？

安生　若手はみんなで寮に住んでましたね。寮って言っても、ボロボロの風呂なしアパートですけどね。初めて入れられた寮は畳が腐ってて、真ん中が凹んでましたから。四畳半の部屋にふたりで住んでたんですけど、端と端で寝ていても、朝起きるとふたりとも真ん中にいるっていう（笑）。

椎名　アハハハハハ！

玉袋　蟻地獄だよ（笑）。お金もそんなにもらえなかったんですか？

安生　お金はなかったですけど、寮があってちゃんとこもあるんで、そんな必要も感じなかったですけどね。何となく、試合してお金をもらえるようになったのは、新日本の提携時代になってからなんで。「新日本はしっかりした会社だな」って思いましたよ。ちゃんと生活が保障されてんだって。

ガンツ　逆に言えば、いかに第1次UWFがしっかりしてなかったかっていう（笑）。

玉袋　**UWFに豊田商事がついた**[※42]ときは、羽振りよくならなかったんですか？

安生　結局、お金が入る前にダメになったんじゃないかなあ？「これから景気がよくなるぞ」とは言われてましたけどね。年収が3倍、4倍になるとか。

椎名　そんなにギャラがアップする予定だったんですか？

安生　でも、当時は小遣い制で、年収が25万円ぐらいだったんで、それが3倍になってもね（笑）。

玉袋　まあ、駆け出しの頃はそんなもんだよな、確かに。

ガンツ　玉さんの浅草修行時代みたいなもんですかね？

玉袋　本当にそうだよ！　俺も劇場住みだから。住める場所とメシがちょっとでも食えればいいっていいう感じだよね。

安生　それはそれで楽しいじゃないですか？

玉袋　楽しい。それは凄く楽しい。

安生　だから、自分も不満はなかったんですよ。

ガンツ　第1次UWFは1985年9月11日の後楽園を最後に活動休止となって、新日本にUターンすることが決まってから、大半の若手は引退してしまいましたけど、なぜ安生さん、中野さん、宮戸さんだけが残ったんですか？

安生　あのとき若手はみんな、新日本に戻ることに納得いかなかったんですよ。だって、それまで上の選手はみんな新日本の悪口を言っていて、いかにダメなのかって俺らは教え込まれてたのに、「その新日本に戻るって、どういうことだよ？」と。

玉袋　ちょっと、具体的にどういう悪口を言っていたか教えてくださいよ（笑）。

安生　いや、**坂口**※43**（征二）**さんの悪口とか。あいつら練習しねえとか、あんなところ行ってもダメだぞとか。

椎名　なんか、元新日本の人の口からは、よく坂口さんの名前が出ますよね（笑）。

安生　で、あれだけ言ってたのに新日本に合流するってことにみんな怒って、俺も怒り心頭だったんで、「もうやめてやる」って言ってたんですよ。

ガンツ　それがどうして新日に行くことになったんですか？

安生　それは髙田さんに説得されたんでね。髙田さんに言われたらしょうがないですよ。

玉袋　へえ！

ガンツ　そこでも髙田さんなんですね。

安生　はい。ボクら若手にとって、髙田さんの存在というのは、ほかの先輩とはまったく違いましたから。

ガンツ　その違いはどこから来るんですか？

安生　先輩はみんな、若手に練習をやらせるじゃないですか。でも、みんな「あれやれ！」って言うだけなんですよ。でも、髙田さんは「スクワット1000回やれ！」って言ったら、自分でも一緒にやってくれるんで。そんな先輩は髙田さんだけだし、説得力が段違いなんですよ。

玉袋　そうなんだ〜。

安生　若手のしごき練習だから、数も言わずに腕立てやスクワットを延々とやらされることもあるんですけど、それをずっと一緒にやるのが髙田さんなんで。で、**前田（日明）**[※44]さんの場合は「やっとけ」って言うだけで、もう帰っちゃう。そこの説得力は段違いじゃないですか？

玉袋　なるほど。それは人望が集まるよね。

安生　だから、飲みに連れて行ってもらったとか、そういう部分じゃなく、根底には練習でのそういう姿があるから、髙田さんの悪口を言う後輩って、ほとんどいないじゃないですか？

ガンツ　Uインター時代も含めて、後輩でほとんどいないですよね。

安生　髙田さんがそういう姿勢だから、Uインターでトップに立ったときも、結束力があったと思うんですよね。

新日本に溶け込む

玉袋　なるほどなあ。で、旧UWFから業務提携で新日本に行くようになって、新日本に対してはどう感じたんですか？

安生　いや、やっぱり凄かったですよ。「みんな悪口言ってたけど、全然いいじゃん」って。

玉袋　全然いいじゃん（笑）。

安生　新日本の若手とはスパーリングする機会もあったんですけど、**武藤（敬司）**[※45]さん、**橋本（真也）**[※46]さんとか、強かったですからね。（新日本の）上の先輩とはやったことないけど、「若手がこれだけ強いんだから、全然いいじゃん」って、俺は思いました。やってみて、ちゃんと練習してる団体だなってわかりましたし、なんであんなに毛嫌いしてたのかなって。環境的にもいいし、地方に出ればちゃんと食事代も出るし、「凄くいい団体だな」って。

ガンツ なんてちゃんとしている団体なんだと（笑）。

玉袋 福利厚生がしっかりしてるな～って（笑）。

安生 だから、来てよかったなと思いましたよ。

ガンツ 安生さんは新日本のプロレスにもすぐに順応していたイメージがありましたよ。

安生 ボクは自然に溶け込めましたからね。

玉袋 新日本のスタイルを「こういうもんだ」って教えてくれたのは誰なんですか？

安生 スタイルですか？ 基本的なプロレスの動きを教えてくれたのはクロネコ（**ブラック・キャット**[※47]）さんですね。当時はクロネコさんが巡業中の練習を見ていたんで。

ガンツ それは新日、UWFの枠を超えて、若手は一緒に練習してたんですか？

安生 みんながしてたわけじゃないですけど、ボクはそっちに入っていきましたね。

玉袋 でも、巡業中の練習っつったら、UWFは**藤原教室**[※48]じゃないんですか？

安生 そっちもありましたけど、ボクは藤原教室よりクロネコ教室だったんで（笑）。

椎名 ハハハハハ！

玉袋 おもしろいね（笑）。

ガンツ 当時、新日本の**山田恵一**[※49]さんや**船木（誠勝）**[※50]さんが藤原教室に加わってたのは有名ですけど、安生さんは逆だったんですね（笑）。

安生 どっちかって言うと、いま覚えるべきなのはこっちだろうって思ってたんで。

ガンツ まあ、新日本で試合してるわけですからね、新日流の試合のやり方を覚えたほうがいいってなりますよね。

玉袋 そのへんが、安生さんのスマートなところなんだよな～。巡業中っつうのは、練習だけじゃなくて、雑用も大変だったと思うんですけど、そのへんはどうですか？

安生　巡業中の一番大事な仕事は、毎日コインランドリーを探すってことですね。だから新日とＵＷＦの若手同士、コインランドリーで仲良くなるんですよ。同じ境遇で、お互い山のように洗濯物を抱えて、コインランドリーの数は限られてるから、協力しなきゃどうしようもないし。

ガンツ　当時、同じように洗濯やってた新日の若手は誰だったんですか？

安生　**佐々木健介**[※51]とよく一緒になりましたね。

玉袋　その頃はまだ「お酢の力」がなかったから、コインランドリーに行くしかなかったんだろうな（笑）。健介さんとは馬が合ったんですか？

安生　向こうの家に遊びに行くぐらいでしたよ。

椎名　へえ！

安生　当時健介は**マサ斎藤**[※52]さんの家に居候してたんですよ。池尻に住んでいて、凄え広い部屋なんです。それに対して俺らはボロボロのアパートなんで、「凄えな。こういう生活いいな」と思って。夜はマサ斎藤さんに飲みに連れて行ってもらったりとか、そういうのもありましたよ。

玉袋　あったんだ！　マサさんみたいな面倒見のいい大先輩がいるって、いいねえ。パンツ洗いの修行の日々でも、そういう楽しいこともあった、と。

安生　まあ、パンツのことでは、しょっちゅうＭさんに殴られてましたけどね。ボク付き人やってたんで。

椎名　洗い方が悪いって怒るんですか？

安生　いや、洗ったパンツを渡しても、家に持ち帰るのを忘れるんですよ。そうすると、「おまえなくしたな」って殴られるんです。

椎名　Ｍさんが家に持って帰ってないから、なくしたってこと？　なんだそりゃ（笑）。

安生　のちに**髙阪（剛）**[※53]と話したら、彼も同じような目に遭ってたんですよ。ボクとＴＫじゃ10年ぐらい違いますけど、彼もリングスで同じような境遇だったんで、「おまえ、なくしたな!」ってよく怒られて、高島屋までrenomaのパンツを買いに行かされたって聞いて、何年経っても同じなんだなって(笑)。

玉袋 おもしれえ〜、歴代の付き人はみんなrenomaのパンツで殴られてたんだ(笑)。

安生 自分で持って帰るの忘れたのに、みんな俺らのせいになって殴られるというね(笑)。

高田の勧誘

ガンツ じゃあ、renomaのパンツはともかく(笑)、新日との業務提携時代は充実してましたか?

安生 当時、プロレスがおもしろかったですからね。船木、**野上**[※54](**彰**=現・AKIRA)とか、若手のよいライバルにも恵まれて。先輩の試合を食うような試合で、注目もされるようになりましたから。

ガンツ 中野&安生組vs船木&野上組が後楽園の名物カードになってましたもんね。でも、せっかく新日本でいい感じになっていたところで、前田さんの**顔面蹴撃事件**[※55]が起こって。

玉袋 あのときの現場の雰囲気ってどうだったんですか?

安生 セコンドについてたんで目の前で見てたんですけど、「うわ、ひでえな」って。「リング上でこれはないんじゃないの」って正直思いました。

ガンツ 控え室でも前田さんは興奮状態だったんですか?

安生 覚えてないなぁ……まったく歴史の証人としては役に立ちませんね(笑)。

玉袋 記憶がすっぽり抜けてる。覚えてるのはrenomaだけだからね(笑)。

安生 それぐらいリング上のことが衝撃的だったのかもしれないですけど。

玉袋 でも、あのあと前田さんがクビになる・ならねえの話になってゴタゴタしたとき、若手はどう思ってたんですか？

安生　あの頃、新日本との契約更改が迫ってたんですよ。何か、先行き不透明でしたけど、宮戸さんと「新日、居心地いいから契約しちゃおうか」って話してましたね（笑）。

ガンツ　なんか新しいＵＷＦができるような噂もあるけど、そうなると面倒くさそうだから、早く契約しちゃおうって（笑）。

玉袋　そこで契約してたら安生さんの人生も変わってたし、格闘技界も全部変わってたんだからな〜。

ガンツ　じゃあ、新生ＵＷＦに行くきっかけは何だったんですか？

安生　髙田さんに説得されたんですよ。

玉袋　そこでも髙田さんなんだ、凄えな。

ガンツ　髙田さんに呼ばれて、「俺は前田さんとやるけど、来てくれるか？」と言われたわけですか。

安生　そうですね。そう言われたら、もうダメなんで。

玉袋　前田さんからの説得つうのはなかったんですか？

安生　ないですね。説得されても、断ってたかもしれない。んなことはねえか？（笑）。

玉袋　んなことはねえよ！（笑）。

ガンツ　宮戸さんは、「髙田さんは誘ってくれたけど、旧ＵＷＦから新日本のときも、新日本から新生ＵＷＦのときも、前田さんからは誘ってもらったことはない」っていうことを、半ば根に持ってましたよね？（笑）。

安生　宮戸さんは気持ち悪いぐらいにヘンなところにこだわっちゃう人なんで。

椎名　筋の問題なんですかね？

安生　いや、筋の問題っていうか、宮戸さんは自分を一人前として認めてもらえてないんじゃないかっていうことに引っかかってたんですよ。新生ＵＷＦ時代、もうデビューして何年も経ってるのに、俺ら安生、宮戸、中野の三羽烏は、前田さんから名前じゃなくて「おい、新弟子！」って呼ばれてて、ずっと後輩の**田村（潔司）**[※56]はなぜか「田村」って名前で呼ばれてる（笑）。そこに対して宮戸さんは、「納得いかねえ」っていっつも言ってましたから。

椎名　愛情問題（笑）。

玉袋　細けえけど、名前で呼ぶ呼ばねえっていうのは、あとから効いてくるんだよな。俺もアニさんたちから「あんちゃん」って呼ばれてたのが、「玉袋」って呼ばれるようになると、「あの人だけは、まだ俺のこと名前で呼んでくれねえ」とか、思ったりしたもんな。

安生　それだけ宮戸さんは、前田さんに対して愛情を持っていたんですよね。

ガンツ　「前田さんに認められたい」っていう思いが強かったと。

安生　きっとそうですよ。だからボクなんか何と呼ばれようが全然なんとも思わない。だって、初めにつけられたあだ名が「ボウフラ」ですからね。

ガンツ　ガハハハハ！　ボウフラ！　蚊にすらなってない（笑）。

椎名　それは誰に言われてたんですか？

安生　これは髙田さんに言われたんですけど。「おまえ、いつ入門したんだ？　どっから湧いて出てきたんだよ。ボウフラみたいなヤツだな」って。それは入門の経緯からで、ちゃんとテストで受かったわけじゃないのに、そのまま居ついちゃったヘンなヤツだなって。だから「ボウフラ」って呼ばれないだけマシかなって。

椎名　ハハハハハ！

安生　だから「新弟子くん」って言われても、素直に「はい！」って答えられますもん。

選ばれ者の意識ゼロ

玉袋　そこにこだわりはねえんだ。新生UWFでは安生さんも力をつけてきて、「俺は強いのに、何でこんな番付なんだ？」とかは、なかったんですか？

安生　ないですね。

玉袋　でも、「新弟子くん」って呼ばれる若手ながら、東京ドームの『U-COSMOS』[※57]で、ムエタイのチャンプア（・ゲッソンリット）[※58]とやるっつうのは、自信があったからなんですか？

安生　まあ、チャンプアっていったら、当時のムエタイ、キックボクシングでも最高峰ですからね。体重が上のロブ・カーマン[※59]ともやって、勝ってる人ですから。

玉袋　そんな無茶な相手とやるっつうのは、度胸あるなって思うんですけど。

安生　当時は22歳ぐらいで、まだ全然若手なんで、そんなに背負うものも何もないじゃないですか？　で、ボクは蹴りがうまくなりたくてタイに修行に行ったりもしてたんで、「やりたいヤツいるか？」って言われて、ムエタイならやりたいと思って立候補したんです。６大異種格闘技戦で、ほかのカードはだいたい決まってたんですけど、チャンプアの相手だけは若手枠みたいになってたんで。

ガンツ　しかも、その若手枠だけは実験的に格闘技の試合でやるってことだったんですよね？

安生　うん。そんなもんですよね。

玉袋　それで、ムエタイのトップとあんだけの名勝負をやってるんだからな。

ガンツ　のちにプロレスから総合へ変わる第一歩を記してしまったという。

安生　それは違いますよ。その第一歩は佐山さんですよ。

ガンツ　ああ、最初はマーク・コステロ[※60]戦ですね。

安生　だから、プロレスから格闘技という流れは、佐山さんが作ってきた流れですよね。ボクはそこにたまたまチャンスがあって、やらせてもらっただけで。

椎名　じゃあ、安生さんはその頃から総合っていうものを捉えていたってことですか？

安生　捉えてないですよ。

椎名　ＵＷＦがプロレスじゃなくて、格闘技になっていくっていう思いはありました？

安生　いや、ボクはプロの世界が好きだったんで、それがプロレスだとか格闘技だとかのこだわりはないですね。プロレスにはプロレスのよさがあるし、当時格闘技でプロと呼べるのは**シュートボクシング**[※61]ぐらいだから、ボクはシュートボクシングもやりたかった。

ガンツ　逆に**シューティング**[※62]（修斗）は、「プロシューティング」と言いながら、まだプロとして成立してるとは言いがたかったから、あまり興味はなかったわけですか？

安生　なかったですね。だから、格闘技に移るとか、そういう気持ちもなかったです。

椎名　でも、真剣勝負の総合格闘技になったら、こういう闘い方になるだろうなって、頭の中で考えたりはしなかったんですか？　ムエタイをどう活かそうとか。

安生　それは個人の趣味の延長でしたね。ムエタイはムエタイで当時はおもしろいと思っていたんで。それをうまくリング上で使えたらいいなって思ってましたけど、総合になったらどうなるか、とかは考えてませんでした。

玉袋　でも、プロレスと格闘技の話で言うと、新生ＵＷＦは「ほかのプロレスと違って、ウチだけが本物だ」ってことで話題になって、そこで求心力を高めてたじゃないですか？

安生　俺はあの言い方は好きじゃなかったですね。

椎名　ＵＷＦ内部にいながら、そう思ってたんですか。

安生　ほかを落として上がろうと言うのは、旧ＵＷＦで一度味わってるんで。旧ＵＷＦは「あそこはダメだ、八百長だ」なんて言いながら、結局「あそこ」に戻っちゃったわけじゃないですか？

玉袋　それなのに「プロレスって言葉が嫌いな人、

この指とまれ」みたいな。

安生 あれを見て、俺らは「ふざけんな」って思ってたんですよ。UWFの方向性が正しいと思ってるなら勝手に伸びればいいわけで、プロレスを落とす必要はないじゃないですか？　だから自分は「俺たちだけが本物」とか、「選ばれし者だ」とか、そういう意識はゼロでしたね。

玉袋 だけど、俺たちはそのUWFの売り文句に乗っかっちゃったんだよな～（笑）。

「最強」という謳い文句

ガンツ でも、その尻拭いじゃないですけど、のちにグレイシーが現れたとき、「さんざん本物だって言ってたUWF勢がやってみろよ」っていう風潮になっちゃったんですよね。

安生 だから、「ウチは本物だ」とか言うと、そういう方向になっていくんですよ。それにUインターに関しては「最強」を名乗ったわけじゃないですか？　これは相当なプレッシャーですよ。

椎名 ハハハハハ！「本物」どころか、その中で「最強」ですからね（笑）。

玉袋 で、そこにこだわりのない安生さんが、その闘いに出されちゃうという。やっぱ巻き込まれてるよ～（笑）。

安生 だから、名乗るのは簡単ですよ？　ただ、それを「誰が受けるの？」ってなると、当時のUインターでは俺か髙田さんしかいなかった。で、まず俺で受け止めなきゃいけないわけじゃないですか？

ガンツ 大将いかれたら、団体が終わっちゃいますもんね。

安生 だから、そこはいかに大将を守りながら伸びていくかっていうのが、ウチのテーマでしたからね。ただ、イケイケでケンカを売ってると、いつかやってきちゃうんですよ、強大な敵が（笑）。だって、そんな自分を世界一強いって思います？

ガンツ　ガハハハハハ！　冷静に自分を顧みて（笑）。
安生　たしかに、ある一定の枠内ではそこそこ強いかもしれない。でも、世界一じゃないし……っていうのは絶対あるもん。ねえ？
ガンツ　「道場内」とか「U系の中で」というカテゴリーならともかく、それが「世界一」になると話が違ってくる（笑）。
安生　「U系」と「世界」じゃ、全然違うじゃないですか？　だから、ある程度はこの中なら多少強いほうにいるかもしれないけど、「最強」って名乗って、「誰が来ても受けて立つ」って、そこまでは強くはねえなって。さすがに。
玉袋　でも、髙田さんを「最強」として、みんなで神輿を担ぐことができたのが、Uインターがあそこまでいった要因じゃないですか？
安生　Uインターはリスクを背負っても、あれをやるしかなかったんですよ。だって、旗揚げ当初のUインターは、UWFの残り物みたいなもんじゃないですか？
玉袋　実を言うと、ファンとしてはそう感じてたんだよな。
安生　ファンの中でもそうでしょ？　残り物なんですよ。残り物が生き残っていくには、あれしか道はなかったんです。
ガンツ　「残り物」のイメージを覆すために、真逆の「最強」を名乗ったという。
安生　UWF時代のイメージを覆す必要があったんですよ。やっぱりファンから観ると、UWFのナンバーワンは絶対的に前田日明で、髙田さんというのは、イメージ的にナンバー2か3じゃないですか？
ガンツ　Uインター旗揚げの時点の髙田さんは、船木さんに負けたイメージも残ってましたもんね。
安生　UWF時代っていうのは、あくまで前田さんがナンバーワンですから、髙田さんだって、あえて前田さんを担いでたんですよ。でも、ホントは髙田さんが強いことを俺らは知ってましたからね。ただ、ナンバー2、3のイメージを覆して、生き残っていくためには、「前田、船木より強い」じゃなくて、「最強」を掲げて特徴を出すしかなかったんです。

ガンツ　しかもUインターは、U系で一番お金がなかったわけですしね。

安生　そうですよ。**リングス**[※63]はWOWOWからドカーンとお金が入る、**藤原組**[※64]はメガネスーパーからドカーンとお金が入る。ドカーン、ドカーンと来て、Uインターだけ何もなしですから。

ガンツ　どっちかと言えば、「5万円で旗揚げ」伝説のある**FMW**[※65]に近いぐらいの（笑）。

安生　あれと一緒ですよ。FMWだってお金がないから、電流爆破とかアイデアで勝負したわけでしょ？　Uインターだって一緒ですよ。

玉袋　「邪道」と「最強」は対極のようで、根っこは一緒だったんだ（笑）。でも、ちょっと話を戻すと、新生UWFはああやって分裂する運命だったんですかね？

安生　全然そんな運命じゃないですよ。俺はあそこの生活スタイルが好きでしたし、新生Uに対して何の不満もなかったんで。

ガンツ　じゃあ、**前田さんの自宅でバラバラになってしまった件**[※66]も、本当に偶然のやり取りの中で、ああなってしまったという。

安生　それだけのことですよね。あんな意思確認なんてしないで、普通にそのままやっていればすんだことだと思うんですけどね。選手はみんなUWFを続けたかったんだから。

椎名　じゃあ、前田さんの「俺のことを信用できるか？」っていう言葉がなければ、分裂してなかったってことですか？

安生　してないですよ。みんな前田さんのことは好きじゃなくても、前田さんをエースにしてUWFを続けていくことに対しては納得してましたから。だから言葉の使い方を間違えたと思うんですよ。「UWFを続けていくにはこれしかないと俺は思っている。おまえらついてきてくれるか?」って言われたら、「はい」って素直に言えたと思うんですけど。「俺を信用できるか?」って、べつにこのタイミングで確認する必要はないんじゃないのって。団体存続と前田さんへの思いは全然別のことなんだから。だって当時、前田さんを信じている人間は誰もいなかったでしょ?

椎名 いませんでしたか(笑)。

安生 あのとき、俺と宮戸さん以外は、みんな「信じます」って言ったけど、それは団体を存続させたいから言ってるだけなんだから。

玉袋 じゃあ、あの発言さえなければ割れなかったってことか。

安生 まあ、割れておもしろくなったから、結果オーライだったかもしれないですけどね。

椎名 いや、絶対そうですよ。割れたからこそ、MMAの時代に突入することができたんだから。割れたことで、みんなが強くなったと思います。その中から桜庭さんも出てきたし。

安生 3派に別れたから、みんなそれぞれ必死になって、新しいものにチャレンジしたんですよ。それがUWFが続いていて、お客も入り続けていたら、そのまま同じことを続けていただろうし、新しいことをやろうなんて考えは生まれないですよ。

玉袋 商売として考えると、うまくいってたらそれを続けるもんな。

ガンツ パンクラスだって後発で立場が弱いから、新しいことを始めるしかなかったってことですよね?

安生 きっとそうですよ。もう、これしかねえかっていう感じじゃないですか? それを売りにするしかなかったんですよ。藤原組では資金力があったけど、資金力がなくなったら。

椎名 カネがないからデスマッチに走ったFMWと同じで、パンクラスもカネがないから真剣勝負に走ったという(笑)。

安生 みんなそうですよ。

ガンツ　Uインターも追い込まれたから、過激な企画を次から次へと出して（笑）。
玉袋　そうだよなあ。言ってみりゃもう、ソフト・オン・デマンドと一緒だよ！　とにかく「ほかがやってねえことやるか！」みたいな。『全裸引っ越し』から始めるかっていうのと一緒だもんな。「夢と1億円」だもん。

200パーセント発言の真相

ガンツ　ちなみに1億円トーナメント[※67]（プロレスリング・ワールドトーナメント）って、新日、全日、リングス、パンクラス、WAR[※68]という各団体のトップ選手5人に招待状を送りましたけど、安生さんは誰か参戦してくると思いました？
安生　来るわけないじゃないですか！（笑）。
ガンツ　ガハハハハ！　やっぱり（笑）。
安生　というかその金額自体、「何言ってんだ、そんなカネ払えるかよ！」って（笑）。
椎名　アハハハハハ！
安生　そういう他団体の足を引っ張る企画は俺、嫌いだったんスよ。
玉袋　ファンとしては盛り上がったけどな～。「おいおい、どうなるんだよ、これ？」って（笑）。
安生　実現すれば盛り上がりますけど、誰も来ないのは目に見えてるじゃないですか？　それで逃げた逃げないとか、ただの打ち上げ花火的な、アドバルーン的な企画は嫌いだったんですよね。
ガンツ　でも、記者会見では安生さんが思いっきり前面に出てましたよね（笑）。
安生　当時のUインターは、とにかく俺が全部やらなきゃいけねえみたいな感じだったんですよ！（笑）。俺自身は全然乗り気じゃない企画なのに。その前に、髙田さんと蝶野[※69]（正洋）さんがやるみたいなのもあったじゃないですか？
ガンツ　ありましたね～。NWA王者になった蝶野

さんが雑誌のインタビューで「髙田さんとやりたい」的なことを言ったら、宮戸さんと鈴木健さんがルー・テーズ[※70]さんを引き連れて、アポなしで新日事務所に行って、対戦要求したという（笑）。

安生　あのときは蝶野さんとやる前に、あれだけ面倒見てくれたマサさんと俺が巌流島で決闘するみたいな話になっちゃって。

椎名　アハハハハハハ！

玉袋　安生洋二vsマサ斎藤の巌流島決戦！（笑）。

ガンツ　あのとき、蝶野さんとやる条件として、リスク料3000万円を支払ったうえで、巌流島で新日vsUインターのガチンコ全面対抗戦をやるって話だったんですよね（笑）。

安生　そうそう、リスク料3000万円（笑）。で、その巌流島のメンバーとして、こっちからはまず俺が出て、新日本はマサさんって話で。「俺、マサさんと決闘するの？　あんなかわいがってくれたのに」って。全然乗れなかったっスね（笑）。

ガンツ　そのあとは1億円トーナメントでリングスと揉めて、そのときの会見で飛び出したのが、安生さんの「前田日明には200パーセント勝てる」っていう発言ですよ。あの文言は誰が考えたんですか？

安生　そんなの宮戸さんでしょ？　俺が言うわけないもん。

ガンツ　あの会見は強烈なんですよね。

玉袋　強烈というか、小学生的というか。「200パーセント」って（笑）。

ガンツ　「200パーセント発言」だけじゃなくて、「あの人はUWFで終わった人間。あのときから強いとは思っていなかった」とか言ってるんですよ。

安生　そんなこと言います？　俺、わりと先輩・後輩の上下関係が好きな人間なんですよ!?

玉袋　ワハハハハハ！

安生　高田さんに「これからは友達になろうぜ」って言われて、「ノー」って言う、先輩・後輩の関係を心地よく感じる人間が、先輩に対して「終わった人間だ」とか言えないっスよ！

椎名　アハハハハハ！

ガンツ　さらに「最近のリングスの話題と言えば、前田さんのニーブレスが新しくなったことくらい」とまで言ってました。

安生　そんなこと言ったんスか!?（笑）。

椎名　覚えてないですか？

安生　覚えてない。だって自分の言葉じゃねえもん！

ガンツ　ボク、あの会見の全文再録を『週プロ』で読んで、なんちゅうこと言ってんだって思いましたよ（笑）。

玉袋　やっぱり、台本書いたのは〝高円寺〟かな〜？（笑）。

ガンツ　舞台監督が後ろで睨みをきかせながらの会見だったんでしょうね（笑）。

安生　でも、ひどくないスか？　それを人に言わせるって（笑）。宮戸さんは、そういう会見のたびに「一生のお願い！　一生のお願い！」っって。何回聞いてんの、その一生のお願い！

一同　ダハハハハハハ！

安生　まあ、宮戸さんの「一生のお願い」ぐらいじゃ俺も動かないんですよ。でも、最後は「会社のためだから！」って言うんですよね。そうすると、すべては会社のためなら……ってなっちゃうんですよ。

ガンツ　会社のために俺が泥をかぶる（笑）。

玉袋　最高の企業戦士だよ！　非正規雇用ばかりのいまのご時世に、こういうモーレツ社員は貴重だよ！

椎名　やっぱり、非正規雇用はダメですよね（笑）。

玉袋　社員が会社のために身体を張るのは、やっぱり終身雇用だよ！　ま、終身雇用をしようにも、Uインターはその会社自体がなくなっちゃったけどね（笑）。

安生　結局そこなんですよ。「会社のためだから」って。ボクはホント、前田さんに対してそんな思いはないですからね。だって、そもそも前田さんの悪口を言ってた人間のベスト3をあげるとしたら、宮戸、船木、鈴木（みのる）[※71]ですよ！

一同　ガハハハハハ！

安生　その3人が不動のベスト3！　俺はその輪に入ってないですから。なんでその俺が「ニーブレス」やら何やら、覚えてもねえことを口にして、「200パーセント勝てる」とか言わなきゃいけないのか（笑）。正直、先輩・後輩関係で何の不満もなかったですから。

玉袋　唯一の不満は、ｒｅｎｏｍａのパンツぐらいで（笑）。

安生　ｒｅｎｏｍａは笑い話になっていいじゃないですか？　でも、普段からそんな悪口言ってねえし、嫌いじゃねえし、なんで俺がそんな一番最悪の悪口を言わなきゃいけないのかって言ったら、「会社のため」だからなんですよ！

玉袋　俺は泣けてきたよ！　安生さん、最高だよ！

（笑）。

椎名　表向きにトップじゃない人が強いと損するな、みたいな（笑）。

道場破りで負ったトラウマ

ガンツ　そして前田さんとUインターの揉めごとがようやく収束したと思ったら、今度は「**逃げるな、ヒクソン・グレイシー！**」※72って、始まっちゃうんですよね（笑）。

安生　やってられねえよ！（笑）。

椎名　アハハハハハハ！

玉袋　もうね、ドラクエで言ったら、次から次へとイベント発生だよ。魔王倒したと思ったら、黒幕出てきちゃったぞ、みたいな。「逃げるなヒクソン」だもんな（笑）。

ガンツ　それで「皆様、Uインターのヒットマンを紹介します」って、安生さんがリングに上げられて（笑）。

安生　そんな台本を渡されたときの、俺の気持ちになってくださいよ！

玉袋　えらい！（笑）。

安生　いまだから言えますけど、それも何て言われてやらされたと思います？「会社のためだから」ですよ！（笑）。

椎名　もうねえじゃねえか、その会社（笑）。

玉袋　会社のためにやったのに、あそこから会社が傾いちゃうっていうね（笑）。

安生　だいたい、自分でヒットマンって言います⁉普通、ヒットマンは自分でヒットマンとは名乗らないよ（笑）。

玉袋　暗殺はこっそりやるものですからね（笑）。

椎名　「ヒットマンが行きますよ」って予告したら、そりゃ警戒されるよ！

玉袋　「これからゴルゴがうかがいます」って言うようなもんですよ（笑）。

安生　だから『ハッスル』[※73]の台本読むのはけっこうワクワクしましたけど、Uインター時代は、あんなにどよ〜んとする台本ないっスよ！
玉袋　いや〜、安生さんがそんな苦しい思いをしてるのに、こっちは「Uインターおもしれえ！　もっとやれ！」って思ってたんだから、申し訳ないね（笑）。
安生　だってボク、もともと何を目指してました？
ガンツ　いぶし銀ですよね（笑）。
安生　ヒロさん、木戸さん、藤原さんですよ？　ヒロ斎藤さんが「私がヒットマンとなり……」なんて言うの想像つきます？
玉袋　ないない！（笑）。
安生　想像つかないでしょ？
ガンツ　それなのに何の因果か、「お国のため」みたいな感じで、27歳にしてロサンゼルスに特攻することになるわけですもんね。
玉袋　『永遠のゼロ』だよ。百田尚樹も安生さんのことを書けっつーんだよ！
椎名　でも若いっスね、27歳って。
ガンツ　まだまだ未来のある年齢ですよ？
安生　生き急いでましたよね。本当にあれは死ぬかもしれないって思ってましたから。
玉袋　いや、そうですよ。道場破りっつーのは、そういうもんなんだから。
安生　勝っても負けても生きて帰れないだろうなっていう感じですよ。
玉袋　イスラム国に行って交渉してこいっていうようなもんだからな。
ガンツ　しかも、会社のため、プロレス界のために命懸けで乗り込んだのに、負けた全責任は安生さんが背負わされてるんですからね。
玉袋　凄えよ、ホントに全責任だもん。
安生　押し潰されますよね。だから、いまだに心の整理がついてないんですよ。あれから何年経ってんの？
ガンツ　丸20年ですね。

安生　20年か……。20年経って、いまだに心の整理がつかないっスよ。

玉袋　安生さん……えらい！　凄え人だよ。

安生　そりゃいろいろな記憶が飛びますよ。忘れたいことが多すぎて（笑）。心の傷が大きすぎて、いろんな記憶を封印しちゃってるんですよね。

玉袋　いや、凄え！　ちょっと安生さんに乾杯しようよ。ありがとうございます！　ホント、お疲れさまでした！

椎名　でも、あの道場破りのあと、安生さんは日本の**バーリ・トゥード**[※074]の先駆者として、いろんな試合に出てますよね。しかも、**オープンフィンガーグローブ**[※75]もない、素手の時代に。

安生　それも心の傷を負ったまんまですからね。やりきれない気持ちのまま、金網に入るぐらいしか、払拭する方法を思いつかなかったから出てただけなんですよ。だって、ボク何目指してました？

ガンツ　いぶし銀です（笑）。

安生　それが気がついたら、素手でバーリ・トゥードやってるんですよ？

玉袋　木戸修さんは、素手のバーリ・トゥードやんねえもんなあ。

ガンツ　そんな危ないことはやらず、堅実にアパート経営ですからね（笑）。

安生　それなのに、なぜバーリ・トゥードをやるかと言ったら、ヒクソン敗戦を引きずって、なんとかもがいている姿ですよ。

ガンツ　なんか、自分から傷つけてるようなもんですよね。

玉袋　自傷行為だよ。だって『UFC2』でホイス・グレイシーに敗れた大道塾の**市原海樹**[※76]なんかさ、もう表舞台から姿を消しちゃったんだから。

安生　そうでしょ？　だから、俺なんかとっくに人前から消えてなきゃおかしいんですよ。でも、なぜ出続けていたかといえば、Uインターという団体のためであり、髙田さんの顔に泥を塗ってしまったという、後ろめたさがあったからですよ。

ガンツ　だってヒクソンに負けた9ヵ月後に、Uインターを存続させるために、新日との対抗戦の最前線に立つわけですもんね。

玉袋　どんだけ泥をかぶるんだって！　普通の人間じゃ、耐えられねえよ。

椎名　でも、新日本との最初の対抗戦で、横浜アリーナに安生さんが出てきたときの盛り上がりというか、罵声はもの凄かったですよね。なんちゅう、殺気立った会場だっていう。

玉袋　あのブーイングは**北尾（光司）**[※17]を超えてたね。日本プロレス史上、一番じゃねえのか？

安生　たしかに東京ドームも凄かったけど、横アリのあの地鳴りは半端なかった。裏の控え室にいても、本当に床が震えてましたもん。

椎名　2万人近い観客が全員「ぶっ殺せ！」って感じでしたもんね。

ガンツ　あの雰囲気は絶対に出せないですよね。

安生　まあ、横アリを満杯にできるアーティストはいても、横アリ満杯の人間にブーイングを受けられる人間は、今後も出てくるかわからないですよね。

椎名　たしかに（笑）。

玉袋　でも、ヒクソン戦でどん底に落ちた安生さんが、史上最大のブーイングを浴びながら、開き直ってあれだけヒールとしてドームも爆発させるんだから、そこが凄えよ。

椎名　本当に杓子定規の中でのブーイングじゃないですもんね。

安生　まあ、あれだけの傷を負ったら、振り子をこっちに振るしかないんだから！　そらもう振りますよ、バーンと！

ガンツ　あれこそ猪木さんの「馬鹿になれ！」ですよね。

玉袋　おお、本当だ。

安生　こっちは素っ裸ですよ。

玉袋　フルチンだよ！　そこがカッケーよ！

安生　「6万人、7万人のブーイングで泣いてられっか、こっちはフルチンだぞ！」って。そういう気持ちの振りが絶対あったと思うんですよ。それがなきゃあれぐらいの振り幅は作れないですよ。

玉袋　心の傷だもんな。心的外傷、ＰＴＳＤだからさ、言ってみりゃ。それを全部吹っ切るわけだから。

安生　だから、本当にまだ正直立ち直ってないんですよ。

玉袋　それをおもしろがっちゃって、すいません。

安生　いやいや（笑）。でも、ちょっとやそっとじゃ癒えない傷なんで、一生背負っていくしかないのかなって、思ってますね。

UWFの落とし前

玉袋　そう考えると、東京ドームの大舞台でヒクソンに負けた、髙田さんの心の傷も凄いですよね？

安生　髙田さんも絶対に心の傷があるはずですよ。だからこそ、あれだけ振ってるじゃないですか？

玉袋　髙田総統[※078]になったもんなあ。「ビターン！」だからな。

安生　そこはボクと髙田さんの共通している部分かもしれないですね。

玉袋　安生さんも髙田さんも、フルチンで出ていったんだもんね。だから俺たちの心にも、ここまで響いてるんだから。ＵＷＦの落とし前をつけたのは、ほかの誰でもねえ、髙田さんと安生さんなんだもん。

椎名　あの敗戦の上に、ＭＭＡがあるわけだからね。

玉袋　あの焼け野原から、サクちゃんという新しい芽だって出てきたんだから。あのU系にとって最大の敵であったグレイシーを倒していったサクちゃんの存在っていうのは、安生さんはどう感じてたんですか？

安生　そりゃ頼もしいですよね。ＵＷＦで生まれた桜庭ですから。桜庭は凄いヤツっスよ。

玉袋　でも、安生さんがいなけりゃ、桜庭ストーリーもねえんだよ。
ガンツ　安生さんと髙田さんが踏み出して、そのひと足が道となったあとの桜庭さんですもんね。
椎名　それだって、安生さんが強いから踏み出せたんだもんね。だから、まだ「プロレスラーは弱い」って言われてるとき、安生さんはバーリ・トゥードでブラジルの**ジアン・アルバレス**[※79]とやりましたよね。あのとき負けたけど、ハイキックのフェイントからタックル決めてるシーンとか見て、「絶対に強いじゃん。日本はこれから負けなくなる」って思いましたもん。
ガンツ　安生さんは、日本のバーリ・トゥード黎明期に、**ムリーロ・ブスタマンチ**[※80]とか**タンク・アボット**[※081]とか、そんなのとばっかりやってましたからね。
玉袋　タンク・アボットなんか、向こうのトラック野郎だよ！　それを階級も関係なしにやっちゃうんだもんな。
ガンツ　〝トラック野郎〟とやったかと思えば、**マット・リンドランド**[※82]みたいな、レスリングの五輪銀メダリストとやったりとかしてましたしね。
玉袋　AVと同じで、一回過激なプレイしちゃうと、そっからNGがなくなっちゃったんじゃねえか？　清純派アイドル系のレーベルからデビューした女の子が、凄いキワモノと絡むようになっちゃうみたいに、道場破りを経験した安生さんは、どんな過激プレイもOKになってたんだよ。そこが凄え。
ガンツ　しかも、ヒクソン道場破りのあと20年間、現役を続けたわけですからね。
安生　並みの人間だったら自殺してますよ（笑）。
玉袋　いや、ホントそうだと思う！　だから安生さんに比べたら、極楽とんぼ・山本なんか甘いっつーんだよ！　安生さんなんか、あれだけのことがあって、6万人のブーイングを浴びながらも試合に出続けたんだから！
ガンツ　そうですよね。まさに「かいてかいて恥かいて」ですよね。

安生　本当に「馬鹿になれ！」で、馬鹿になりましたね。
玉袋　そうやって、裸になった安生さんが生み出した**ゴールデン・カップス**[※83]が、また引退試合に復活するんだから、こりゃ観にいかねえわけにはいかねえよ！
安生　対戦相手は船木、鈴木、**菊田**[※84]**（早苗）**っていう、あえてキツい相手を選びましたからね。
ガンツ　では、取調室メンバーみんなで、安生さんの最後の勇姿を見届けましょう！

プロレス界の帝王

髙山善廣

髙山善廣（たかやま・よしひろ）
1966年生まれ、東京都出身。1992年、UWFインターナショナルでデビュー。新日本プロレスとの対抗戦時には「ゴールデン・カップス」で一世を風靡。Uインター解散後は全日本プロレス、プロレスリング・ノアに参戦。大森隆男とのノー・フィアーで世界タッグ王座などを獲得する。2001年にはPRIDE参戦。ドン・フライとの一戦は、凄惨な殴り合いで語り草となる。その後も新日本、全日本、ノアなど、団体の枠を超えて活躍。2017年、DDT豊中大会で試合中のアクシデントにより頸髄完全損傷および変形性頚椎症の重傷を負う。現在、リハビリを支援する会「TAKAYAMANIA」（https://ameblo.jp/takayama-do/）が発足し、治療費の寄付などを受け付けている。

玉袋　ガンツ！　今日のゲストはでっかいな〜！

ガンツ　取調室史上、最大のゲストですから（笑）。

椎名　大衆居酒屋にいると、もの凄く目立ちますね（笑）。

玉袋　加賀屋になかなかいないよ、こんな金髪の大男！

ガンツ　というわけで、今回のゲストは髙山善廣選手です！

玉袋　よろしくお願いします！　髙山さん、飲み物はビールでいいですか？

髙山　いや、黒ホッピーで。

玉袋　黒ホッピー！　いいね〜。

髙山　でも、アルコール抜きで。脳梗塞やってから、酒はやめてるんですよ。

玉袋　ああ、そうなんですか！　じゃあ、申し訳ないですけど、こっちはじゃんじゃんいっちゃいますんで（笑）。

髙山　どうぞどうぞ（笑）。

夢でブッチャーと闘う

ガンツ　玉さんと髙山さんは、ほぼ同年代なんですよね？

玉袋　髙山さんいくつですか？

髙山　俺は47歳（インタビュー時）です、1966年生まれ。

玉袋　じゃあ、俺の1コ上だ。

ガンツ　だから、同世代のプロレス少年として、おそらく少年時代は同じような行動パターンだったんじゃないかと。

玉袋　そこからこっちは芸人、こっちはプロレスラーになってな。

椎名　どっちも一番厳しいとこに入って（笑）。

玉袋　あえて鬼ヶ島に行っちゃったんだよな〜！

ガンツ　髙山さんがプロレスファンになったのは、いつぐらいなんですか？

高山　ホントに好きになったのは、小学生のとき。『オープンタッグ選手権』で、（**アブドーラ・ザ・**）[※85]**ブッチャー**が**テリー**（**・ファンク**）[※86]の腕にフォークを刺したのを観て、「うわっ！」ってなって以来だね。

ガンツ　全日からなんですね。

高山　当時、全日本（の中継）は、東京だと土曜の夕方放送だったの。だから友達んちに遊びに行くと、なんとなく観てた。そこでとんでもないことをやってるから、「なんだこりゃ！」ってなったのが最初。

玉袋　あれは驚いたよな〜。「こんなことしていいのか！」って。それで、俺たちは給食の先割れスプーンでマネしてな（笑）。

椎名　ソフト麺食べたあとに（笑）。

高山　それまで、アニメの『タイガーマスク』は観ていて、そこで悪役レスラーがビール瓶を割って、それで突き刺すのを見ても、「こんなこと絶対やんねえだろ」って思ってたから。そしたら、ブッチャーはホントに刺しちゃうからびっくりした。

玉袋　たしかにね。じゃあ、ブッチャーvsテリーでファンになったってことは、その前の**猪木vsアリ**[※87]は観てないですか？

高山　いや、観てます。ウチは店やってたんだけど、親父が「一大事だ」とか言って、店サボって観てたんで（笑）。

椎名　価値をわかってる親父さんで（笑）。

玉袋　そりゃ一大事だよ。正座して観るもんだから。

高山　でも、普段の新日本の中継は観てなかった。テレビは家に1台しかない時代だから、金曜8時は家族で『太陽にほえろ！』を観ていて、新日本の番組があること自体知らなかった。夕方の全日本観ながら、「猪木はいつ出るんだ？」って思ってたから。

玉袋　当時、一番好きなレスラーは誰でしたか？

高山　一番好きとかはなかったですね。なんとなく怪獣同士が闘ってるのが楽しかっただけで。

ガンツ　『怪獣総進撃』とか『ウルトラファイト』の世界ですよね（笑）。

髙山　ホントそんな感じ。でもインパクトが一番だったのはブッチャーですね。俺の夢にまで出てきたもん。なぜか俺が（**ジャンボ**）**鶴田さん**[※88]と組んで、**ブッチャー&シーク**[※89]と闘ってるの。

ガンツ　鶴田&髙山組って、釣り合いのとれたいいタッグチームですよね。ツインタワーズで（笑）。

髙山　でも、夢の中ではブッチャー&シークに試合後の控え室まで追っかけられて、俺が血みどろにされたんですよ。それで泣きながら目が覚めた（笑）。

玉袋　ワハハハハ！　ブッチャーの凶器といったらフォークから始まって、五寸釘いって、ビール瓶がオチだよな。

椎名　ビール瓶はテリーとの一騎打ちですよね。何ちゅうことするんだって。

玉袋　割ったビール瓶で胸を刺したんだよな。あれ、オンエアのときは流さなかったもんね。何か画面を回転させたりして。あんまり残酷すぎるんで。

ガンツ　へぇー。

玉袋　ビール瓶の衝撃って言うと、ブッチャーがテリーを刺したのも衝撃だったけど、**クレイジー・レロイ・ブラウン**[※90]も凄かったぞ。

椎名　クレイジー・レロイ・ブラウン（笑）。

玉袋　新日に来たときに、ビール瓶を中身が入ったまま頭で割ろうとして、自分の額が割れてしまったというね（笑）。

ガンツ　そんなことがありましたか（笑）。

ノー・フィアーの原点

玉袋　じゃあ、髙山さんは新日本に関しては、いつ頃から見始めたんですか？

髙山　けっこう遅いんですよ。中3からですね。**IWGP構想**[※91]が始まったぐらい。ギリギリ、（**スタン・**）**ハンセン**[※92] vs **アンドレ**（**・ザ・ジャイアント**）[※93]は観てるんですよ。

玉袋　じゃあ、**国際プロレス**[※94]は？

髙山　全然観てない。

玉袋　そうなんだ。『紅白歌のベストテン』か『水戸黄門』観てたのかな？

髙山　たぶんそっちですね。

玉袋　国プロは月曜8時だったから。のちに『**世界のプロレス**』[※95]がその時間帯でやるんだけど。

髙山　『世界のプロレス』は観てましたけどね。**ロード・ウォリアーズ**[※96]！

玉袋　やっぱ、ウォリアーズ観たかったもんな〜。

髙山　あれはインパクトありますよ。

玉袋　『世界のプロレス』で流れたウォリアーズのインタビューがまたインパクトあるんだよ。

椎名　「俺たちはネズミを食って……」とか言うやつですよね。もの凄いマネしてましたよ（笑）。

髙山　俺はあれを観てたから、のちに**ノー・フィアー**[※97]のあのインタビューができたんだよ。

玉袋　あれが原点！

ガンツ　ノー・フィアーは、あの80年代アメプロのテレビマッチ映像だったんですか。

髙山　あれが凄い頭に残ってて、「あれをやろう」って**大森隆男**[※98]に説明して、やらせたんですよ（笑）。

玉袋　ガハハハハ！　おもしれえ！　『世界のプロレス』が髙山善廣に大きな影響を与えていたというね。髙山さんが身長デカくなったのは、いつぐらいからなんですか？

髙山　背はずっとデカいです。中3ぐらいからプロレスラーになりたかったんですけど、そのときもう、185センチぐらいありましたから。

玉袋　中3で185はデカいな〜！

髙山　だけど、身体が弱かった。ぜんそく持ちで、腕立て伏せ1回もできないし。

玉袋　虚弱体質だったんですか⁉　信じらんねえ！

髙山　猪木さんの『**君よ苦しめ、そして生きよ**』[※99]を読んだら、猪木さんも**力道山**[※100]道場で殴られながらスクワットをやったとか、何回もぶっ倒れながら500回やったとか書いてあって。「じゃあ俺も最初はできなくても、ちょっとずつ回数を上げればできるようになるかな」って、中3からスクワットをスタートさせたんですよ。

玉袋　じゃあ、そのへんまで野球とかサッカーとか、スポーツは全然？

髙山　野球は全然ダメ。ウチの兄貴が野球好きで、強制的にやらされてたけど、嫌だからやんなくなっちゃった。校庭で野球やっても、お豆みたいな。ライパチくん。

玉袋　「お豆」ってなつかしいね（笑）。じゃあ、ちょっと話はズレるけど、当時の髙山少年の興味として、プロレス以外の好きなものを聞いてみたいね。好きなアイドルとかさ。

髙山　好きだったのは、西城秀樹！「傷だらけのローラ」や「ヤングマン」はインパクトあるでしょ。

ガンツ　髙山さんの一コ上の破壊王も西城秀樹大好きですもんね。

玉袋　あの頃はみんな好きだよ。

椎名　天地真理は好きじゃなかったですか？

髙山　天地真理はあんまり好きじゃなかった。最初は桜田淳子が好きで、その次に山口百恵がデビューして、「あ、こっちのがいいんじゃない？」みたいな。

玉袋　キャンディーズでは誰ですか？

髙山　スーちゃん（田中好子）。

椎名　やっぱり墨田区だと、地元出身が。

玉袋　釣り具屋の娘なんだよな。

ガンツ　田中屋釣具店ですよね（笑）。

玉袋　読んでた漫画なんかも聞きたいね。

髙山　漫画は、『侍ジャイアンツ』ですね。

椎名　『ジャンプ』ですね。

玉袋　『チャンピオン』は『がきデカ』とか『マカロニほうれん荘』とか『ドカベン』……。

髙山　『マカロニほうれん荘』、凄い好きですよ。いまでも持ってます（笑）。

椎名　えー、マジっスか！　いま見たらシャレた漫画ですよね。

高山　当時の『チャンピオン』は、おもしろい漫画が揃ってたよね。

玉袋　そうこうしているうちに、『ジャンプ』で『すすめ!!パイレーツ』が始まって。

椎名　『Dr．スランプ』で逆転、『ジャンプ』がトップに立つんですよ。

玉袋　『チャンピオン』の王座転落っていうね。それで『サンデー』は『プロレススーパースター列伝』[※101]だけを立ち読みするみたいな。

高山　ウチは、俺が『ジャンプ』で兄貴が『マガジン』買って、読み終わったら交換してた（笑）。

玉袋　いい時代だよ。おニャン子（クラブ）とかあっちにはいかなかったの？

高山　あれは高校出るぐらいですね。

玉袋　そうか、俺が高2、高3だから。

椎名　ボクが高1でしたね。

ガンツ　ボクは小5ですよ。

玉袋　あと『オールナイトフジ』。

高山　俺、『オールナイトフジ』出ましたよ。

玉袋　えっ！　うっそお！

高山　ホントホント。出張野球拳。大学の先輩が関わってて、そのとき俺が一番年下だったから、「高山おまえ、一番下が出ろ」って言われて。とんねるずのタカさん（石橋貴明）に「こいつ、ゴッツいね」って言われたから（笑）。

玉袋　あの人、自分よりデケえ人ってめったに会わねえだろうからね（笑）。いいねえ、出るねえ。発掘したね、高山善廣の知られざる歴史を。

二度の入門

高山　で、その大学時代に、20歳のとき前田さんのUWFの入門テストを受けてるんですよ。

ガンツ　それは、新生になったあとですか？

高山　いや、その前の新日本と対抗戦してるとき。

ガンツ　業務提携時代ですか。

髙山　そのときに入門テストに受かって、親に「大学を一回休学して行かせてくれ」って言って。でも、根性ないし休学だから、すぐに戻ってきちゃった（笑）。

ガンツ　あっさりと復学（笑）。

玉袋　でも、当時は狭き門だから、入門しただけで凄ぇよ。そのとき、同期で入った人はいなかったんですか？

髙山　そのときは誰もいなかったです。

玉袋　田村さんもいない。

髙山　田村さんは新生になったあとだから、俺のあとですね。俺がＵＷＦに入ったとき、新日本に入ったのが鈴木みのるだから。

玉袋　そうなんだ〜。

椎名　第1次ＵＷＦは好きだったんですか？

髙山　好きだったというのもあるけど、当時はプロレス雑誌とか読んで、「藤原さんのところに行かないと強くなれない」って刷り込まれてたから（笑）。

ガンツ　当時のファンならではですね（笑）。

玉袋　でもやっぱ、身体見たら一発で「合格！」って言っちゃうルックスだったろうね。

ガンツ　ＵＷＦにはどれぐらいいたんですか？

髙山　ひと月ちょっとですぐ逃げた。

ガンツ　やっぱり、想像を絶する世界でしたか？

髙山　いや、覚悟はしてたから、想像以上ではなかった。で、なんで逃げたかっていうと、高校のときにラグビーで肩壊して手術したんですけど、その肩が動かなくなっちゃってたんですよ。そこで「ダメだ」と思っちゃって、言うに言えずに逃げちゃった。

玉袋　あー、そうかあ。

ガンツ　先輩に「肩が痛いです」とか言えるような雰囲気じゃないでしょうしね。

玉袋　道場から逃げた人間を連れ戻すとかさ、そういうオウム真理教みたいなことはなかったのかね？

髙山　あ、**神**[※102]**（新二）**社長から家に電話かかってきましたね。「もう1回がんばってみろ」って。それは嬉しかったですね。

ガンツ　やっぱり、高山さんぐらいデカい新弟子は、もったいないっていうのがあるんでしょうね。高山さんが逃げたあと、新生UWFがブームになったのは、どういう思いで観てましたか？

高山　あのときは凄い寂しかったですね。逃げた人間が言うのもなんだけど、「俺、がんばったらあそこにいたのかもしれない」って思っちゃったから。

ガンツ　東京ドームや日本武道館で闘ってたかもしれないわけですもんね。

高山　で、逃げたあとに宮戸さんに偶然会って、それからちょっと付き合いが始まって、新生UWFはチケットもらってちょこちょこ観に行ってたんですよ。それであの盛り上がりを観てるから、一緒に行った人には「高山はいつも寂しそうに観てる」ってホントに言われた。

玉袋　まあそうだよなあ。

ガンツ　だけど1回逃げたら戻れないですよね。

玉袋　なかなか戻れないよね。

椎名　宮戸さんは偶然会ったんですか？

高山　ホントに偶然です。

椎名　待ちぶせしてたわけじゃなくて（笑）。

高山　俺が海でライフガードやってたとき、パトロールしてたら宮戸さんがいたんだよ。

ガンツ　パトロール中に発見！（笑）。

高山　いや、発見された（笑）。

玉袋　デカいから（笑）。

椎名　宮戸さんは海水浴に来てたんですか？

高山　遊びに来てた。で、「高山ー！」とか叫ぶ声が聞こえたから、そっちを見たら宮戸さんがいて、「やべえ！」って。

椎名　そうなりますよね。あんな怖い先輩に見つかって（笑）。

高山　そこで「黙って逃げてすいませんでした！」ってひたすら謝って。で、そのとき電話番号を教えてくれたんですよ。「当時のことはいいから、今度メシでも食いに行こうぜ」って。

玉袋　うおー。

椎名　優しかったんですね。

玉袋　それがなかったらUインターに入門することもなかったって考えると凄えな。

ガンツ　その後、Uインターが旗揚げして、「もう1回受けてみよう」ってなったきっかけは何かあったんですか？

髙山　大学卒業してサラリーマンやってたんですけど、「サラリーマン、なんか違うな」って悶々としてたときだったんですよ。

玉袋　そりゃそうだよ。こんなでっけえ身体してんだから。

髙山　で、「どうしよう」って悩んでるとき、宮戸さんに声かけられたんです。Uインターが旗揚げして、向こうは若手がほしいから。

ガンツ　宮戸さんのほうから声かけてくれたんですね。

椎名　お父さん、お母さんは、プロレス入りに関してオッケーだったんですか？

髙山　もちろん大反対。「1回ケツ割った男がなに言ってんだバカ野郎」って感じで。

椎名　「1回ケツ割ったんだからやめろ」ってところが、江戸っ子ですね。

ガンツ　でも、出戻りって相当キツかったんじゃないですか？

髙山　意外とUインターは、理不尽なイジメとかはなかったんで、そこはよかったんですよ。でも、最初は髙田さんが口をきいてくれなかった。

椎名　ああ、そうですかあ。

髙山　ずーっと練習して、雑用やって、何ヵ月かしてようやく口をきいてくれて。そのとき、「俺が何でおまえと口きかなかったかわかるか？　おまえが本気でやるつもりがあるのか試したんだ。いま俺は、おまえががんばってるのを認めたから、おまえを俺の付き人にする」って言ってくれたんです。

一同　へぇー。

高山　そのとき、凄えうれしくて。

玉袋　（親指を立てながら）「男だ！」って感じだな。そりゃあやっぱり心配になるよね、口きいてくれねえんだもん。一度逃げてる後ろめたさもあるしさ。

ガンツ　でも、デビューするまでの練習も相当キツかったんじゃないですか？　もう二度目は逃げられないし。

高山　それはホントにあった。デビュー前に鼓膜が破れたり、眼窩底骨折もしたからね。あのときは泣きたかった。でも、泣きたいけど泣けないし、逃げたいけど逃げられない。それにケガしたからといって休める世界じゃないじゃないですか？　一応病院は行かせてくれるんですけど、「じゃあ痛くないとこだけ攻撃するからスパーリングやろう」って言われて、「はい」って言うしかない（苦笑）。

玉袋　ワハハハハ！　「目は狙わないから」って、あたりまえだよ！（笑）。

ガンツ　眼窩底いってんのにスパーリング（笑）。

高山　あの頃はね、合宿所で留守番しててひとりになったときに、泣いたもん。ひとりになったら、ふと涙が出てきた。

玉袋　そういうのを乗り越えてのデビューだもんな～。

Uインターのガイジンたち

ガンツ　その高山さんがデビューしたぐらいから、Uインターは凄い勢いが出てましたよね。

玉袋　そうそう。横浜アリーナとか行ったよ。山ちゃん（**山崎一夫**）[※103]が北尾にKOされたりとか、高田さんが**ゲーリー（・オブライト）**[※104]のジャーマンでやられたりね。

高山　ゲーリーが高田さんにKO勝ちしたときのリングシューズ、俺はゲーリーからもらったんですよ。それが俺のデビュー戦のシューズなんです。

ガンツ　へぇー！　凄い。

髙山　「これはチャンピオンシューズだからおまえにやる」って。

玉袋　いい話だよ〜。

髙山　なんでそんなことしてくれたかっていうと、当時、俺はガイジンの送迎係で。いつもクルマでリベラとか連れてってたんです。そしたらかならず奢ってくれて、「タキヤマ、タキヤマ」って言われて、かわいがってくれてたんです。

ガンツ　ゲーリーはいいヤツなんですね。

玉袋　あの頃っていうと、ガイジンもいろいろ来てたよね。ゲーリーに、**デニス・カズラスキー**[※105]、なぜか**バッドニュース・アレン**[※106]なんかもいて。

髙山　あと**ジーン・ライディック**[※107]とか、**ビリー・スコット**[※108]とか。

玉袋　ああ、ビリー・スコット！

ガンツ　宮戸さんが凄く才能を買ってたんですよね。格闘技戦に抜擢したりして。

髙山　ビリーはいまアメリカでMMAの先生やってます。フェイスブックとかでいろいろアップしてますよ。

椎名　へえ、そうなんですか！

髙山　あと**スティーブ・ネルソン**[※109]っていたでしょ？　あれもMMAの先生。

ガンツ　だから、**UFC**[※110]が始まる前から、総合格闘技みたいなものをやろうとしてた人が、Uインターに来てたってことですよね。

髙山　**ダン・スバーン**[※111]なんて、UFCがまだない頃、アメリカでノールールの大会みたいなのがあって、そこにしょっちゅう出て、賞金稼ぎしてたんですよ。

ガンツ　地下プロレスみたいなのに出てたんですよね。だから、スバーンってMMAの公式レコードは100試合ちょっとしてることになってるんだけど、イリーガルな試合を含めると百何十試合になるという（笑）。

玉袋　凄いね、あのヒゲ男爵は（笑）。

椎名　誰が見つけてきたんですか？
髙山　**笹崎（伸司）**[※112]さんっていたじゃないですか。あの人がアメリカに住んでいて、奥さんがインターネットで探して、ガイジン呼んでたんですよ。当時、パソコンいじれる人、そんなにいなかったから。
椎名　それで、シュートレスリングができそうな選手を探してたと。へぇー。

陰りの見えた1億円トーナメント

ガンツ　絶好調だったUインターが、「なんかちょっとおかしいな」っていう兆しが出たのは、いつ頃からですか？
髙山　1億円トーナメントですね。
ガンツ　『プロレスリング・ワールド・トーナメント』。前田日明、船木誠勝、**三沢光晴**[※113]、橋本真也、**天龍源一郎**[※114]に招待状を送ったけど、結局誰も参戦しなくて、リングスと大モメしただけという（笑）。
玉袋　モメたよな〜、あれ。「夢と1億円」ってコピーで、鈴木健さんが『週プロ』の表紙になっちゃってよ。鈴木健さん、背が小せえから身体がほとんど1億円の束に隠れちゃって（笑）。
ガンツ　1億円がより大きく見える（笑）。あれ、興行的に失敗だったんですか？
髙山　そうですね。見た目は満員に見えるんですけど、だんだん招待券目当ての客が増えてきちゃって。
ガンツ　1回招待券もらうと、なかなか実券で観なくなりますからね。
玉袋　浅草キッドは、Uインターは全部実券で観に行ってたよ！
髙山　ありがとうございます！（笑）。
玉袋　「やっぱりこれは実券で行かないとダメだ！」って。
ガンツ　お金もない時代に（笑）。
玉袋　全然ねえ時代だよ。でも、あえて実券で行くのがよかったんだよな〜。神宮球場の髙田さんとべ[※115]

イダーの試合とかよ、もちろん髙田vs北尾なんかも行ったし。リングサイド2万円払って。

髙山　冬の神宮は寒かったですね。

玉袋　寒かった！　だから日本酒で、プシッって開けると熱燗になるやつ。あれいっぱい持ってって飲んでたもん。

ガンツ　あのとき、会場の売り子もビールじゃなくて、熱燗とかウィスキーのお湯割りとか売ってましたからね（笑）。

玉袋　でも、なぜかその後、神宮ってUインターの聖地みたいになったよな。

ガンツ　神宮球場、3回やってますからね。髙山さんも、真っ昼間に炎天下の神宮でキモと闘ったり。

玉袋　話が前後しちゃうんですけど、UFCが出てきたときっていうのは、どう思ってたんですか？

髙山　映像は観る機会がなかったんですけど、なんか「ヤバいのが出てきた」ってのはありましたね。

椎名　いきなり、パンクラスのシャムロックが、無名のホイス・グレイシーに負けちゃいましたもんね。

ガンツ　でも、Uインターはすぐに打倒グレイシーに名乗りをあげたんですよね。安生さんがヒクソンの道場破りに行ったのが、1994年末ですから。

椎名　1994年なんだ。1993年がUFCで、すぐじゃん。

ガンツ　シャムロックがやられてすぐ、ホイスをUインターのリングに呼ぼうとしたんですよね。

髙山　でも、「プロレスのリングには絶対上がらない」って言われて。

玉袋　安生さんが返り討ちに遭ったとき、髙山さんはどうだったんですか？

髙山　あのときは「まさか！」でしたね。安生さんはホントに、道場で強かったから。

椎名　安生さんはぶっちぎりで強かったって言いますよね。あの頃、六本木を歩いてたら、安生さんが凄い酔っ払って、こーんなに高い山高帽を被って歩いてて（笑）。

ガンツ　アハハハハ！

椎名　周りに不良外国人も多くて危ないのに、「絡まれても絶対に平気なんだろうな」って思ったんですよね。喧嘩上等なんだなって（笑）。

玉袋　でも、あの道場破り失敗で、劇的に変わっちゃうんだもんな〜。

髙山　やっぱりあれでボーンって落ちたでしょ？

ガンツ　Uインターの強さのイメージが。

髙山　悔しかったもん、俺。

新日本との対抗戦

ガンツ　新日本と対抗戦をやるっていうのは、髙山さん的にどうだったんですか？

髙山　俺はね、ワクワクしてた。当時、俺は自分がやってるUインターのプロレスにけっこう自信を持ってたんだけど、プロレスよく知らない友だちに「おまえ、何チャンネルに映ってるの？　4チャン？　10チャン？」って言われて、「いや、テレビには映ってない」って言うと、「なんだ、そんなとこか」って言われて、それが凄く悔しかったんだよね。だから新日本に上がれば10チャンに出れるから、世間に名前を知らせるチャンスだって。

玉袋　「10チャンネル」「4チャンネル」って言うとこが東京の人だな（笑）。でも新日とスタイルが違うわけじゃないですか？　不安はあったんじゃないですか？

髙山　それが意外となかったですね。俺はUWFが好きでプロレスラーになったんじゃなくて、プロレスが好きでUWFに入ったから。ルールがUWFルールじゃなくて、普通のプロレスルールだって考えるだけだった。

玉袋　そこらへんが柔軟なんだなあ。

ガンツ　でも、そういう発想の人って、Uインターにはいませんでしたよね？

髙山　若手はね。だから**垣原**[※116]**（賢人）**さんは凄い悩

んでましたよ。田村さんは出ないし。あのふたりは新生UWFが好きだったから。

玉袋　で、宮戸さんも出ねえんだよ。

高山　宮戸さんは「やったら絶対に新日本に呑まれる」って思ったらしい。それは正解だったんですけど（笑）。

玉袋　でも、対抗戦やんねえと潰れるわけでしょ？

高山　そうですね。

玉袋　実弾が必要だから、やらなきゃしょうがなかったんだよな。

ガンツ　でも、高山さんはホント、新日本との対抗戦でブレイクしましたよね。ゴールデン・カップスはもちろん、その前の10・9ドームでの**飯塚**※117**（高史）**戦前からコメントがイケてるっていう。「サンボ留学したらしいけど、そんなの格通の読者もやってるだろ」とか言って（笑）。

玉袋　ガハハハハ！　うまいね（笑）。

ガンツ　「Uインターで唯一、うまいこと言ってる人がいる！」と思って（笑）。それまでそういうコメントなんか出す機会なかったですもんね。

髙山　なかったね。ずーっといろんなことを思ってはいたけど、発言の場がなかったんで。

ガンツ　それが対抗戦になって、宮戸さんの検閲もなくなって言えるようになった（笑）。

髙山　そうそう（笑）。言いたいこと言えるようになったんで。

玉袋　憲兵さんがいなくなっちゃったから。

髙山　俺以上に安生さんが自由を謳歌し始めちゃって、俺が安生さん抑えてたくらいだから（笑）。

椎名　Uインターが新日に初参戦したときの安生さん、凄かったですよね。横浜アリーナで『ジェームス・ブラウン・イズ・デッド』で入ってきて。もの凄いブーイング浴びて（笑）。

ガンツ　「これぞ嫌われ者！」っていう（笑）。

玉袋　あれは最高だよ。安生さんってのは観客をヒートさせる天才だったよなあ。ちょっと前に流行ったジュリアナみたいな曲で入ってきてさあ。

椎名　「悪いヤツが出てきたぞ！」っていう（笑）。

玉袋　おもしろかったよ～。それで立花隆みたいな顔してな（笑）。Uインターはホントに宝の山なんだよな。

椎名　あの頃、全部観に行ってましたもんね。

ゴールデン・カップスのブレイク

ガンツ　そしてゴールデン・カップスになるわけですけど、あれも髙山さんにとっては大きかったんじゃないですか？

髙山　そうだね。あれでけっこう人前に出てしゃべるようになったから。あれがなかったらノー・フィアーもなかった。いきなりノー・フィアーだったらあんなに言えなかったと思うから。

ガンツ　あれ、最初は安生さんと垣原さんがタッグを組むはずだったんですよね？

高山　そうらしいですね。

ガンツ　髙田さんがドラゴンスクリューで足をケガして欠場してるんで、ナンバー2、ナンバー3が前面に出てっていう。でも垣原さんが悩んでるから、「髙山くん、ちょっとこっちに来なさい」って言われて（笑）。

高山　ホント、そんな感じ（笑）。

ガンツ　それで6人タッグもできるように、若いのもひとり入れるかってことで、ヤマケン（**山本喧一**[※118]）さんも入れて。

高山　喧一なんか、もともとは巡業中の安生さんの洗濯係ですよ。

ガンツ　洗濯係をパートナーに大抜擢ですか（笑）。

高山　でもあのとき、長州さんは喧一のこと買ってたんですよ。ツラがまえとかたたずまいを。

椎名　カッコいいですもんね。

高山　やられ役にちょうどいいじゃないですか（笑）。

椎名　なるほど！　チンピラみたいな。

玉袋　憎たらしい、いい顔してるんだよ。鉄砲玉的なね。

ガンツ　そしてゴールデン・カップスとして、テレ朝の『**ワールドプロレスリング**[※119]』はもちろん、『**リングの魂**[※120]』にもレギュラーみたいな感じになって。

高山　『リン魂』はデカいですよ。だって、当時けっこう安生さんと遊び歩いてて、飲み屋とか行くと「あ、『リン魂』の人だ」とか言われましたよ。

ガンツ　六本木で有名人に（笑）。

玉袋　ヒルナンデス（南原清隆）さまさまだよ。だから、ちょっと違った活動ができたってことがよかったんだろうな。それがノー・フィアーに繋がったってことだもんね。人前に出てこうやる（指差しポーズ）っていう度胸がついたってことなのかな。

ガンツ　なぜかCDデビューもしてますもんね（笑）。

玉袋　おいおい、悪ノリもいい加減にしろって（笑）。

高山　『ウィー・アー・ゴールデン・カップス』っていう曲ね。「♪ウィーアー　ウィーアー　ゴールデン・カップス」っていう、そのまんまの歌詞（笑）。

玉袋　くだらねえ（笑）。まだそれがまかりとおってたからね。

髙山　サイン会とか即売会とかしてたからね。

椎名　会いにいけるプロレスラー（笑）。

玉袋　だから、あのときのカテぇＵＷＦファンは、「何やってんだゴールデン・カップス！」っていうのも、なかったとは言わない。でも、本人たちが吹っ切れてやってたんだから、あれはあれでよかったんだよ。

ガンツ　安生さんが狂い咲きしてましたもんね。もともと安生さんは、凄い責任を感じてたらしくて。自分がヒクソンに負けたせいで会社が傾いて、対抗戦をやらなきゃならなくなって、髙田さんをあんな目に遭わせてしまったっていう。だから、自分は何でもやってやるって感じで。

玉袋　いや、あれは猪木さんの言うところの「馬鹿になれ」だからな。それしかねえんだよ。

ガンツ　そして髙山さんは、Ｕインター末期に神宮で川田（利明）[※121]戦があって。

玉袋　あれは、まさかのカードだったよな。

ガンツ　鎖国してた全日本が、まさかＵインターとやるとはっていう。あのカードが発表されて、チケットがめちゃくちゃ売れたんですよね。

玉袋　凄えマッチメイクだよ。

ガンツ　メインが髙田延彦vs天龍源一郎、さらに髙山vs川田があって、そりゃ売れますよね（笑）。

玉袋　売れるよ。「どうなっちまうんだ」って思うもん、そりゃ。

ガンツ　髙山さんは手応えみたいなのはあったんですか？

髙山　あのときは普通にただ「まあ、俺しかいないだろう」と。髙田さんは天龍さんとだったから、あと川田さんの相手できるの俺ぐらいだろうと。ゴールデン・カップスでさんざん新日本とやってるから、それは当然でしょうって。

玉袋　へぇー、自信あったんだ。

髙山　これはあとから聞いた話なんだけど、馬場さんが『週プロ』見ながら、「あ、こんな大きいコがいるんだな。ウチにもこんなコがいたらな」って言ってたらしいんですよ。

ガンツ　もう目をつけてたんですね（笑）。そしてUインター最後の試合は、髙田さんと髙山さんが後楽園のメインでやるんですよね。

髙山　最後に髙田さんとできたのは、うれしかったですね。

玉袋　口をきいてくれなかった時代を思い返せばね。感慨ぶかい。

練習が充実していたキングダム

ガンツ　そこから**キングダム**[※122]ですけど、キングダムはあんまりいい思い出がないですか？

髙山　ないですね……。でもキングダムは興行よりね、練習が凄いしっかりしてた。**安達（巧）**[※123]さんが入ってきてレスリングの立ち技を教わって、**ボーウイー（・チョーワイクン）**[※124]がいて打撃やってたでしょ。**エンセン（井上）**[※125]が来て柔術の練習もやって。

玉袋　いま思えば凄えんだな、キングダムは。

ガンツ　Uインターが潰れて、「イメージがまた落ちた連中がやってる」っていうのがありましたけどね。

髙山　そこで「溜め」があったんだよ。溜めがあったからこそ、そのあとみんながんばれて。

ガンツ　みんなそこで実力がガーッと上がったんですよね。桜庭さんも**金原（弘光）**[※126]さんも、ヤマケンさんも実力が開花して。

髙山　あのあと、喧一も**UFC-J**[※127]優勝したもんね。

椎名　でも、キングダムがもし続いていたら、あのルールで興行続けていくつもりだったんですかね？

髙山　それはけっこうイヤですよね。俺はあのルールで、仲間内でやるのイヤだったんで。

ガンツ　バーリ・トゥードで巡業してるようなもん

ですからね（笑）。

玉袋　昔の柔拳じゃねえんだから、仲間内でできねえよ！（笑）。

髙山　ああいう試合は、相手が敵だからできるわけであって。いつも一緒にメシ食ってるヤツとやるもんじゃない。

玉袋　でもキングダムの道場の話はいいよね。みんな出入りが自由な感じがしたじゃん。修斗からエンセンが来たりとかさ。それでエンセンにインタビューしたら、「プロレスラー、みんな強いよ」って言って。格闘技側の連中は「うお？」ってなったんだよな。

ガンツ　「そんなはずはない！」って（笑）。

髙山　それだけをやってる人はそう思っちゃいますよね。俺らがどんな練習やってるかなんかわからないから。

玉袋　要するに、修斗とキングダム勢を平等に秤にかけてくれたのがエンセンだもんね。

椎名　その話題で『紙プロ』も大きくなったんじゃない？（笑）。

ガンツ　誰も注目していないときから、なぜかキングダム大特集してましたからね（笑）。

髙山　桜庭が表紙になってね。

ガンツ　表紙になったの、UFC-Jでブレイクする全然前ですもんね。

髙山　事務所の女の子が、桜庭が表紙になって喜んでたもん。「壁に貼っちゃった」とか言って。

玉袋　うれしいもんなあ、ともに苦労してるから。

ガンツ　キングダムは1年もたなかったんですけど、その末期に桜庭さんがUFCで桜庭さんが**マーカス・コナン**[※128]（**・シウヴェイラ**）に勝ってブレイクするんですよ。

髙山　あれも最初は金原さんへのオファーだったんですよね。でも金原さんは「準備期間がないからイヤだ」って言って、桜庭が「ボクやります」って。「どうぞどうぞ」っていう、ダチョウ（倶楽部）さんスタイルですよ（笑）。

椎名　ダチョウシステム（笑）。

玉袋　桜庭選手は巡り合わせもよかったんだよな。また、いつでも行ける準備がしっかりできてたっていうね。

ガンツ　金原さんは、年末に（ヴァリッジ・）イズマイウ戦[※129]が決まってたっていうのもあるんですよね。でも、結局イズマイウは来なくて、ブレイクのチャンスを逃すという（笑）。

椎名　そこも金ちゃんらしい（笑）。

髙田vsヒクソン後の打ち上げ

ガンツ　ただ、桜庭さんブレイクの前には、髙田vsヒクソン戦っていうのがあるんですよ。

玉袋　ありゃあまいったよな〜。戦前予想では、髙山さんはどう思ってたんですか？

髙山　難しいですね。なんでかって言うと、髙田さんは俺らとスパーリングしてなかったんですよ。だから、どんな状態か全然わかんなかった。ちょうど、みんなでスパーリングして強くなっていってた時期なのに、髙田さんは別行動だったから、けっこう厳しいだろうなとは思ってました。

ガンツ　練習生だった上山（龍紀）[※130]さんだけ連れて、個人練習してたらしいですよね。あとは、お忍びでリングスの道場行ったり。

髙山　いま言ってもしょうがないけど、せめて安生さんと毎日スパーリングやってたら、全然違ったんじゃないかと思いますね。安生さんは1回闘って、ヒクソンの戦法を知ってるわけじゃないですか。だから、安生さんに「ヒクソンの動きはこうだった」ってやってもらえてれば、それでだいぶ違ったと思う。

玉袋　「たられば」はねえけどな。あれはしょうがねえんだよ。まあ、あれぐらい負けて落ち込んだときはなかったな。こっちは実券で30万払ってさ。

椎名　マジですか？

玉袋　ＶＩＰ席を３枚買ったんだよ。だって（水道橋）博士が言うんだもん。「こんな試合、ブラジルで行なわれたって観に行くだろ？　だったら10万の席でも安いだろ」って。それで「何かあっちゃいけねえ、もうひとりぶん買っとこう」つって、３枚買ったんだよ。ちょうど俺、免許証事件で謹慎してたから一番カネねえときで。カミさんに土下座して「15万頼む」つって。それで行ったもんなあ。

ガンツ　我々世代のプロレスファンにとっては、一大事でしたもんね。

玉袋　一大事だったよ～。あれでプロレスファン人生っていうのは、ある意味、１回終わってんだよ。だけどまあ、それがＰＲＩＤＥの隆盛につながってくれたんだけどさ。

髙山　あの試合後、じつはちゃんと打ち上げがあったんですよ。みんな落ち込んでお通夜状態だったのを、髙田さんが「みんなでメシ行こう」って言って。

玉袋　あんだけの負けを喫したあと、打ち上げまでやるんだ。大将は大変だな～！

髙山　それで、みんなでメシ食って、飲み屋行って。そしたら喧一が泣き出したりね。

玉袋　そりゃ泣くよなあ。

髙山　俺はベロンベロンに飲んだからよく覚えてないけど、そんなことがあった。

玉袋　それと同時進行で、キングダムが傾いていくわけですよね？

髙山　キングダムはもう途中からギャラが出なくなってたからね。

ガンツ　髙山さんが全日本に出たギャラまで会社に取られてたんですよね（笑）。

髙山　そうそう（笑）。わざわざ馬場さんが俺に言ってくれるんですよ。「俺は鈴木にカネ払ったけど、おまえはちゃんともらってるか？」とか（笑）。

ガンツ　キングダムの経営状況がなんとなくわかってたんでしょうね（笑）。

馬場さんの思い出

玉袋　ちょっと髙山さんに、馬場さんの話も聞きたいね。

ガンツ　髙山さんが全日本に入るのは、馬場さんのスカウトみたいな感じだったんですか？

髙山　馬場さんがあるマスコミの人を通じて俺を呼んだんですよ。それで「会います」って、キャピトルホテル東急の「オリガミ」に行って。

玉袋　出た！　パーコー麺！

ガンツ　アップルパンケーキ！　全部ターザン山本情報（笑）。

椎名　憧れのホテルだったよね。

ガンツ　ビートルズも泊まったホテルですから。それで「オリガミ」で話して、「全日本でやっていきます」と。

髙山　最初は入団じゃなくて、「ウチで何戦かやってみるか？」「じゃあお願いします」って呼ばれて。1シリーズで2〜3試合やるんですよ。Uインターのときは月1だったから、連戦は慣れてないだろうからって、ちゃんと慣らしてくれた。で、ひとシリーズ終わるとオフに呼ばれて「次シリーズも出てみるか？」「はい、お願いします」って言うと、ちょっと増えるの。

一同　へぇー！

髙山　それでだんだん増えてって、そういう繰り返し。

ガンツ　特待生ですよね。

髙山　いま思えばそうですね。

ガンツ　**輪島大士**[※131]みたいな。

髙山　いや、輪島さんほどもらってないから（笑）。

玉袋　でも髙山さんみたいなU系育ちの人間が全日本に行ってみて、馬場さん以外の空気ってどうだったんですか？

髙山　意外と普通にしてましたね。

玉袋　周りも？

髙山　まあ、川田さん以外（笑）。

ガンツ　今日はあと川田戦の真相もお聞きしたいなと（笑）。

椎名　あれＹｏｕＴｕｂｅで観ましたよ！　川田さんをボコボコにしちゃって、なんちゅう試合だって、大笑いしました（笑）。

ガンツ　あの試合は、なぜああいう試合になったんですか？

髙山　当時俺は、まだキングダムにも上がっていたんだけど、全日本とキングダムっていうのは、しっかり分けてたんですよ。同じ人間が両方に上がってると、全日本とキングダムが同じだと思われるから、「まったく別ですよ」っていうことを自分のスタイルで示すために、全日本では**レガース**[※132]外して普通のプロレス用シューズを履いて、極力、こういう蹴り（ミドルキック）をやんないで、こういう蹴り（ビッグブーツ）にして。

ガンツ　ＵＷＦ的な動きを封印してプロレスに取り組んだんですね。

髙山　で、馬場さんが教えてくれた動きをやって。全日本プロレス的なことを学んで、それを実践しようと自分なりに努力してた。そしたらなぜか川田が、「なんでレガースつけないんだ」「俺はグローブつけてキングダムのスタイルでやってもいい」と言ってきて。

玉袋　おもしれえ～（笑）。

髙山　そういう鬱憤が溜まってたときに、あのシングルが組まれたの。それで「チャンス、やってやろう」と。

ガンツ　お望みどおり、キングダムのスタイルでやってやるぞと（笑）。

椎名　なんでそんなこと言ったんだろう？　自信があったのかな？

髙山　あったんじゃないですか？

ガンツ　それで試合では、おもいっきり掌底とかハイキックを入れて（笑）。

髙山　グラウンドでわざと上に乗らせて、スイープしたりね（笑）。

椎名　エンセンさんと練習した新しい技術も（笑）。

髙山　そう、エンセンに教わったやつ全部やってやろうと思って（笑）。

ガンツ　柔術知らない相手には、おもしろいようにかかるという。

玉袋　燃費がいい！

ガンツ　打撃もマジで崩れ落ちるぐらい入れてましたもんね。

髙山　でもやっぱり大したもんですよね。最後までやりきったから、それは凄いと思った。

ガンツ　やっぱりプロレスラーは身体は強いと。

玉袋　そのあと、周りのレスラー反応はどうだったんですか？

髙山　ゲーリーと**スティーブ（・ウィリアムス）**[※133]は喜んでましたけどね。「コイツは俺の仲間だ」みたいになって、ほかのガイジンは俺にあれこれ言わなくなりました。

玉袋　うおー、カッケー！

ガンツ　やっぱり、「強い」っていうことは、ドレッシングルームの力関係に大きな影響を与えるんですね。

椎名　あと、オブライトとウィリアムスも川田さんが嫌いだったんじゃないですか？（笑）。

髙山　そうそう。

玉袋　ホントにそうなのかよ！（笑）。

ガンツ　なんで嫌われてたんですか？

椎名　やっぱり（カタい打撃を）入れるからじゃないですか？

髙山　そう。ガイジンはそういうの「ビッグヘッド」って言うんだよ。意味は日本語と一緒。頭でっかち。いわゆるお互いを高め合うプロレスじゃなくて、自分の好きなことをバーってやるヤツのこと。

玉袋　ああ、そりゃダメだ。

ガンツ　それをこらしめて「よくやった」みたいになったと（笑）。

髙山　でも、俺はあの試合で、馬場さんにこれ（クビ）されると思った。

ガンツ　そうですよね。

髙山　それも覚悟してたんだけど、馬場さんからは試合後、「蹴ったり殴ったりだけじゃなくてレスリングもできるだろ？」って言われて「はい、できます」つって、「じゃあこれからはちゃんとやれよ」「はい、わかりました」、それでOKだった。

一同　ええー！（笑）。

玉袋　おとがめなし！　それが「シュートを超えたものがプロレス」ってことだよな。あとは、それぐらい髙山さんのことを買ってたんだろうしね。（馬場）[※134]元子さんはどうだったんですか？

髙山　優しかったですよ。馬場さんに会うときは、かならず元子さんから電話がかかってきて。「馬場さんがお話あるみたいだけど、○日にオリガミに来れる？」とかって。

玉袋　へえー！　でもそれは全日にいる選手はジェラシー感じちゃうんじゃねえのかなあ。「髙山ばっかよお」みたいな。

髙山　それはあんまり感じなかったな。

ガンツ　でもオリガミに呼んでもらえるレスラーってそういないですよね。

玉袋　まさに折り紙つきだよ！

三沢光晴の男気

ガンツ　で、馬場さんが亡くなって、全日本は大きく変わったと思いますけど、あの頃の全日本内部っていうのはどうだったんですか？

玉袋　お家騒動的なこともあったからね。

髙山　俺は馬場さんが亡くなったあと、全日本に入団したんだけど、それがちょっと問題になった。

ガンツ　なんで問題になったんですか？

髙山　馬場さんが亡くなって、社長が三沢さんになったとき、三沢さんから電話があって、「これからも参戦してもらいたいんだけど、フリーよりは所属にならないか」って言われたんですよ。俺はもう、馬場さんが元気な頃から気持ちはそうだったから、「じゃあぜひお願いします」って。それで入団発表したんですけど、元子さんが「聞いてない」ってなっちゃったんですよ。

玉袋　うわあ。

髙山　三沢さんは、馬場さんの全日本を変えたかったから、元子さんとこう（対立）なっちゃって。俺を入れたのも三沢さんの独断だったから。まあ、三沢さんがかばってくれたから、俺は大丈夫だったんだけど。あとで三沢さんと一緒に馬場さんの家に謝りに行って、三沢さんが先に帰ったあと、元子さんが「私もいろいろ言っちゃったけど、大丈夫だから、これからがんばってください」って。

玉袋　それ凄いなあ……（笑）。

髙山　馬場さんが亡くなった直後じゃないですか。元子さんもやっぱり気が動転してたんだろうから、しょうがないなって。そのあと、ちゃんとそういうふうに言ってくれたから、俺は大丈夫だったんですけどね。

ガンツ　そういう三沢さんと元子さんのズレが大きくなって、分裂になっちゃったんでしょうね。

髙山　やっぱり三沢さんが新しいアイデアを出すと、元子さんが裏で「ああいうことやるのは全日本じゃない」とか言ってるのが、人を介して聞こえてきちゃうわけですよ。そういうのが続くと、三沢さんもストレスだろうし。

玉袋　女将さんとの関係っつうのは、大変なんだな。

ガンツ　そして髙山さんはノアに行くわけですけど、これは三沢さんに誘われたんですか？

髙山　そうですね。当時、全日本には巡業のバスが3台あったんですよ。ガイジンバス、日本人バス、あと三沢さんが乗ってる社長バス。それである日、三沢さんの社長バスに俺と垣原さんが呼ばれて、巡業中に三沢さんのバスだけ、みんなと違うホテルに泊まったんです。そのとき三沢さんに「じつは全日本を出て、違うとこでやろうと思うんだけど、髙山選手と垣原選手にも来てほしい。どうなんだ？　どっちでもいいんだよ」って言ってくれて。「ボクは行きます」と。そういうことがあった。

玉袋　へえーーーー。いい話だよー。ホテルが違うってとこがまたいいね。

ガンツ　三沢さんは「そんなにたくさん（ノアに[※135]）連れてくつもりじゃなかった」って言ってましたけど、髙山さんは最初から必要なメンバーのひとりだったんですね。

玉袋　最初は「新しいプロレスが、髙山さんとならできる」ってことだったんだろうな。

ガンツ　結局、ほとんどみんなついてくるって知ったのは、いつ頃なんですか？

髙山　ちょっと記憶が曖昧ですね。俺は、まっぷたつに分かれると思ったんですよ。半々ぐらいに。それが川田さんと渕（正信）さんだけ残って、あとは全部来ちゃってね。

ガンツ　なんであのふたりだけ残ったんですかね？

髙山　川田さんが完全に三沢さんとソリが合わなかったんですよ。俺が全日本に上がってるときも、ほとんど口きいてなかったし。で、渕さんは馬場家にべったりで、渕さんと川田さんもべったりだった。

ガンツ　なるほど。

椎名　思ったとおりだったね（笑）。

玉袋　「やっぱりそうだったんだ」って（笑）。事実を確認できた。

ガンツ　でも、ふたりを除いて全員来ちゃうって凄いですね。

髙山　それは計算外だったらしいですね。

玉袋　大所帯、大変だぜ？　でも三沢さんはしっかり受け止める親分だったんだろうな。

髙山　フロントもほとんど来ちゃったもんね。

玉袋　それは大変だよ。来てくれるのはうれしいけど、うれしい誤算すぎるよなあ。三沢さん、苦労したと思うよ。

ガンツ　それが最終的には、あのリング上の事故にまで繋がっちゃったんでしょうね。

玉袋　そうなんだよ～。

髙山　三沢さんは責任感があるから。ホントは試合できる身体じゃないのに、休まなかったから。

玉袋　見てたらそうだったもん。

椎名　「休んでいいじゃん」って凄い思ってましたよね。

玉袋　髙山さんは、そっからPRIDEにも出て。

ガンツ　それも三沢さんのGOサインがあってこそですよね？

髙山　ノア所属のままでも出ていいって言われてたんだけど、所属のままだと日テレとの契約があるから、PRIDE出てもフジテレビに映らなかったんですよ。

ガンツ　ノア所属＝日テレとの契約選手でもあったわけですもんね。

髙山　でも俺としては、フジの電波に乗らなかったら出る意味がないんで。深夜しか出ないタレントが、ゴールデンのタレントになるチャンスだったから（笑）。

玉袋　わかるわかる。

髙山　それで三沢さんに相談したら、「ノア退団してフリーになっても、ちゃんといままでどおりレギュラーで呼ぶから大丈夫だよ」って言ってくれて。

ガンツ　どんだけ男気があるんだっていうことですよね。

髙山　それで、「じゃあ俺と一緒に、PRIDEのところへ行って話に行こう」って、一緒に**森下**[※136]（**直人**）社長のところに行ってくれたんですよ。

玉袋　すげー！　やっぱ三沢だよなあ。

ガンツ　三沢さんはホント、「親分」ですよね。

玉袋　おおーーーー。いい話だよ！

椎名　その三沢さんが亡くなっちゃうなんて、ホントに大きな損失ですよ。

高山　あと、ＰＲＩＤＥと言えば、**百瀬（博教）**[※137]さんの存在もデカいですよ。百瀬さんには、ＰＲＩＤＥと関係ないときから可愛がってもらって。

ガンツ　そうだったんですか。

玉袋　百瀬さんとの出会いは？

高山　出会いはＰＲＩＤＥの大会後にやる髙田道場の打ち上げなんだけど、俺がＰＲＩＤＥのプの字も言わないときから、家によく呼んでくれて。

玉袋　青山の家ですよね。

高山　そう。それで一緒にメシ食いに行ったりとか、おもちゃの話をしたりとか。で、俺が「ＰＲＩＤＥに出たいんです」って言ったら「おまえはやめたほうがいいんじゃないか」って言って（笑）。

玉袋　ワハハハハ！

椎名　なんでですか？

高山　「あれは、子どもの頃からケンカばっかりしてるようなヤツがやるもんだから、おまえのようなおぼっちゃんはダメだろう」って、そんな感じのこと言われましたね（笑）。

玉袋　最高だよ（笑）。

椎名　大学出のおぼっちゃん（笑）。

玉袋　髙山さんと百瀬さんの関係もいいんだよなあ。

高山　だから、俺にとったら、髙田さんがいて百瀬さんもいたから、自然と導かれるようにＰＲＩＤＥに出た感じがありますよね。

玉袋　ＰＲＩＤＥのレギュラーだったサクちゃんのほうが、意外と百瀬さんと距離を取ってた気がするけど、髙山さんは普通に仲よかったんだね。

高山　俺は大好きだった。サクはああいう人が苦手っていうか、慣れてないんだよね。俺は錦糸町生まれだから（笑）。

玉袋　さすが楽天地！

高山　百瀬さんはもともと浅草じゃないですか。錦糸町周りもけっこう知ってたらしいんですよ。それで「あ、おまえあそこの子だったのか」って距離がガッと縮まって（笑）。

椎名　あのへんは東京でもちょっと違いますよね。

髙田からの電話

玉袋　柳橋キッドだからな。そっからPRIDEでね。あんときのさ、**髙山さん**[※138]**とドン・フライがやった大会**（『PRIDE21』）なんてさ、俺は『SRS』に出てたから観てたんだけど、前半は「大丈夫かなこれ」って感じだったんだよ。しょっぺえ試合ばっかでさ。

ガンツ　カード的に谷間の大会で、しかもサッカーのワールドカップとぶつかってたんですよね。

玉袋　でも、最後があんな凄え試合になってさ、スタッフルームはプロデューサーから何からみんなで握手ですよ。「やったー！」って。

椎名　へえー。テレビ関係の人がそこまで喜ぶんだ。

玉袋　制作の部屋があるんだよ。それが「やったー！」ってみんな言ってたよね。あと**島田裕二**[※139]がなぜか泣いてね。

髙山　あの日は帰りにクルマに乗ってたら髙田さんから電話がかかってきて、「髙山、ありがとうな。おまえのおかげでPRIDEが救われた」って言ってもらえた。

玉袋　ホントそうだよ。髙山vsドン・フライに救われたんだから。

ガンツ　髙田さんから試合後に連絡が来ることなんて……。

髙山　初めて。

ガンツ　それぐらいのことだったんですね。

玉袋　髙田さんは、フジテレビのチームにいるからさ。現場の空気わかってるよ。全体的にショッパい興行だったとか、わかっちゃってるからさ。それをひっくり返してくれたんだから、そりゃ電話するよ！

椎名　そういうふうにやってたんだね、PRIDE

って。勝つか負けるかで大きく変わるテレビ番組だったんだ。

玉袋 それで、髙山さんはついに8チャンネルでも顔のひとりになるわけだよ。

髙山 俺の感覚では、メジャー団体は、4チャンネル、6チャンネル、10チャンネルとかそういう感覚なんですよ（笑）。だから4チャンネルが全日本、ノアでしょ。6チャンネルは『Dynamite!』※140、と『INOKI BOM-BA-YE』※141、8チャンがPRIDEで、10チャンが『ワールドプロレスリング』。

玉袋 髙山さんは、それを全部渡り歩いてるんだから。巨人は歩幅が違うよな～！ でも、そこを意識するっていうのは、プロ選手として当たり前のことで、実践したってのは凄いよ。

髙山 いちおう、キー局全部制覇したってのが自慢なんですよ。試合じゃなくてもNHKも出てるし。

ガンツ 大河ドラマに出てますもんね。

玉袋 そうだそうだ。だから昔、Uインター時代に「おまえはテレビ出てるのか？ 4チャンか、10チャンか？」って言われた屈辱がバネになってるんだよな。それが全局制覇を成し遂げてさ、髙山さんは、全大陸を渡り歩いた大巨人ですよ。ひとりガリバー旅行記よ！

髙山 あ、うまいですね！（笑）。

玉袋 じゃあ、同世代として、これからもいろんな舞台での活躍期待してますんで、ありがとうございました！

グラバカの総帥

菊田早苗

菊田早苗（きくた・さなえ）
1971年生まれ、東京都出身。GRABAKA（グラバカ）主宰。中学から大学まで柔道で身体を鍛え、プロレスラーを志し、新日本プロレスやUWFインターナショナルに入門するもいずれも退団。その後、総合格闘家となり、寝技を武器に修斗、リングス、PRIDE、パンクラスなどのリングで活躍する。2001年にアブダビコンバットで日本人初の優勝を果たす。2002年にはGRABAKAジムをオープン。その後もPRIDEや戦極、DEEPなどのリングで活躍を続け、2009年には吉田秀彦に判定勝利を収めている。

ガンツ　玉さん、今日のゲストは〝寝技世界一〟菊田早苗選手が来てくれました！
玉袋　いや〜、今日は楽しみだな〜。
椎名　どんなことを、うっかりしゃべってくれちゃうか（笑）。
玉袋　「プロレスラーはロクな死に方をしない」という歴史に残る名言を残している男だからね！（笑）。
ガンツ　有名な舌禍事件。無意識のトラッシュトーカー（笑）。
菊田　いやいやいや、ホントに若気の至りで（苦笑）。
玉袋　だから今日は、これまで散々味わってきた苦渋を、全部しゃべっていただきたい！　なんなら、今日は顔を隠して「K・Sさん」として（笑）。
ガンツ　K・Sさんが体験した「新日道場でのS・Kさん」についても、たっぷり語っていただきたいですね（笑）。
玉袋　S・Kの話は聞きたいね〜。全部ぶちまけて、「正直、スマン！」って言わせねえと。
菊田　S・Kって、佐々木さんのことですか？
玉袋　そこはイニシャルでいきましょう！（笑）。
菊田　いや、ボクはどっちかと言えば、もうひとりのほうが……（苦笑）。
ガンツ　H・Hさんですね（笑）。
玉袋　タイガー・ジェット・シン[※142]に沼に落とされたほうか！
椎名　黄色いパンツの腰振り男。「元・大臣にこんな過去が！」って感じで（笑）。
菊田　いや〜、今日は大変なところに来ちゃったみたいですね（苦笑）。
ガンツ　では、今日は「全部、言っちゃうね」って感じで、よろしくお願いします！（笑）。

タイガージムの怪力小学生

ガンツ　それに最近『１９８４年のＵＷＦ』[※143]という本が話題ですけど、菊田さんは１９８４年に佐山サトルさんのタイガージムに入門という、リアル『1984年のUWF』を体験してる人ですからね（笑）。
菊田　小学6年のときに入ったんですすよ。
玉袋　小6で佐山さんに弟子入りってところが凄えよ！（笑）。
椎名　たっぷりと愛国思想も植えつけられて（笑）。
玉袋　格闘技版・森友学園！
菊田　いやいやいや、そういうお話は当時はされてなかったです（苦笑）。
椎名　当時、菊田さんは怪力少年として有名だったんですよね？
菊田　怪力だったんですよ。初めてベンチプレスを上げたとき、80キロ上がったんで。
ガンツ　小学生が（笑）。
玉袋　凄えな、おい！（笑）。タイガージムに入ったのは、佐山さんきっかけなんですか？
菊田　もちろんです。佐山先生のタイガーマスクに憧れてたんで、引退（新日本退団）したあとにすぐに入りましたね。
玉袋　プロレスラーを目指してたんですか？
菊田　そうです。ただ、その前は、ちょっと芸能方面にも憧れがあって、そっちを目指したい気持ちもあったんですけどね。たのきんトリオとか（笑）。
ガンツ　ジャニーズ入りを目指してましたか（笑）。
椎名　違う意味でアブナイ道に入る可能性もあったんですね（笑）。
玉袋　ケツの穴が危なかったぞ、おい（笑）。
椎名　ある意味でゴッチイズム（笑）。
玉袋　「ユー！」って言われてな。そっちのUもあったか。こえ～（笑）。
ガンツ　「U」と「YOU」を天秤にかけてのタイガージム入り（笑）。
玉袋　くだらねえな～（笑）。じゃあ、小学生の頃から身体は鍛えてたんですか？
菊田　小6でもうやってましたね。背もいまとそんなに変わらないくらいあったんですよ。小6で17

0センチちょっとあったんで。
玉袋　デケエ！
菊田　だから、ちょっと天狗になってた部分もあったんですね。俺は他とは違う人間だから、何を目指そうか、みたいな。
玉袋　ケンカも強いだろうから、不良になるっていう選択肢はなかったんですか？
菊田　不良がケンカ仕掛けてくれたらうれしかったんですけどね。でも、身体がデカいから、誰も来ないんですよ。
ガンツ　デカくて強そうなヤツにケンカふっかけないですもんね（笑）。
菊田　上級生から絡まれたりしたこともないんです。来たらもうボコボコにしようと思ってたのに。だからバーリ・トゥード・ジャパン（VTJ96）に初めて出たとき、あれが初めてのケンカですね（笑）。
ガンツ　当時、ジムにはどんなメンバーがいたんですか？
菊田　平[※145]（直行）さんとか、リッキー・フジ[※146]さん。
椎名　リッキー・フジがいたんですか！（笑）。
菊田　いたんですよ。あと宮戸さんがインストラクターをされていて、仲よくなったんです。
ガンツ　平さんは、佐山さんから「UWFも格闘技じゃなくてプロレスだぞ」って明かされて、ショックを受けたと言ってるんですけど。菊田さんはどうだったんですか？
菊田　ボクはそこまでの話はなかったですね。平さんがインストラクターになったあとじゃないですか？
ガンツ　じゃあ、そういう洗礼を受けずにすんだんですね。

世界一汚い食堂

菊田　タイガージムは当時、格闘技のジムというより、フィットネスみたいな感じだったんですよ。それが物足りなくて、ボクはしばらくしたらやめてしまったんで。それで、プロレスラーになるための時間稼ぎみたいな感じで、柔道を始めるんですよ。

玉袋　柔道は時間稼ぎだったんだ（笑）。

椎名　でも、相当実績を残してますよね？

菊田　いや～、全然ですよ。中学で関東大会優勝して、高校も国体で優勝してるんですけど、それが日体大に入った後は、大学ってもう層が厚すぎてどうにもならない。日体大の柔道部員だけで200人いますからね。

玉袋　その層の厚さっていうのは、武藤さんも言ってたな（笑）。

菊田　そこでだんだん埋もれていくんです。

玉袋　菊田さんの時代の柔道のトップは誰なの？

菊田　篠原（信一）が1コ下で、**吉田（秀彦）**[※147]さんが2コ上ですね。

玉袋　古賀（稔彦）は？

菊田　古賀さんは自分と同じ日体大の先輩なんですけど、あの人はケタ違いですね。

玉袋　やっぱ、そうなんだ！

菊田　日体大はレギュラーが12人いて、ほとんどが100キロ以上の全国入賞者だから、ボクなんか全然勝てないんですよ。それなのに古賀さんは、70キロしかないのに、その全員に勝っちゃうんです。

椎名　そんな違うんですか⁉

菊田　あれを見て、自分なんかが柔道を続けていくのは無理だな、と。もうボクレベルだと、古賀さんと練習すらやらせてもらえませんでした。

玉袋　国体で優勝して入学しても、そうなんだ～。

菊田　だからボクら1年生はゴミ拾いからやって、7畳の部屋で7人寝て、それで常に正座か体育座りじゃなきゃいけないんです。

玉袋　出家だな（笑）。

菊田　初めて日体大の寮で寝たとき、天井を見たら「1年、雑草。2年、平民。3年、天皇。4年、神様」って書いてあって、「これはヤバイところに来たな……」と思って（笑）。

玉袋　それを寝るときに見たと（笑）。

菊田　ウォークマン禁止、サンダル禁止、短パン禁止、食堂以外でものを食べてるところを見られちゃダメ。見られた瞬間、先輩から夜中に1年生全員呼び出されて、みんなぶん殴られるっていう。

玉袋　小林まこと[※148]先生に俺は教えたいよ。『柔道部物語』の三五十五どころじゃねえぞ、これ（笑）。

菊田　2年生になると髪の毛を伸ばせるんですよ。で、点呼のときに「髪の毛を伸ばしたヤツ！」って言って、毎回2年生が数人出てくるんですが、3、4年生の先輩たち全員から頭を容赦なくぶっ叩かれてるんです。一度なんて、鉄のスパイクでぶん殴られて血がピュ～って（笑）。そのまま病院直行。あんなの見たら髪の毛伸ばす気なくなりますよ。

椎名　ぶん殴るのが、髪を伸ばすことの解禁の儀式なんですね（笑）。

菊田　でも、ボクらの世代は、先輩に言わせると「まだ甘い」と。「おまえらは日曜休みだけど、俺らは日曜に出稼ぎのバイトに行かせられてた」って（笑）。

玉袋　その稼ぎは、すべて先輩への上納金になっちゃうんだろうな（笑）。

菊田　で、朝はなぜか先輩を10分刻みに起こさないといけない。「朝練30分前です！」「朝練20分前です！」「朝練10分前です！」って、先輩全員のところにトレーニングジャージを持って行って正座して、10分おきに起こすんです（笑）。

玉袋　人間スヌーズ機能だよ！（笑）。

菊田　それで「トレーニング開始です！」って言った瞬間、「わっ～！」といきなりみなで起き上がる。だったらこの前フリいらないじゃんと（笑）。あと食事も作らなきゃいけないんですけど、これがまた凄いんです。日体大寮の食堂って、世界一汚い食堂で。フライパンにいきなり10匹ぐらいゴキブリがいるんですよ。でも、もうゴキブリも逃げなくなってて、それをコンロの火力全開にして、殺してから食事を作るっていうやり方を先輩から習って。

ガンツ　まず、料理の前にゴキブリを火あぶりですか（笑）。

玉袋　とんでもねえ生活を送ってたんだな。

新日本道場、脱落

菊田　そんな日々を送ってたんで、途中でやっぱりダメだと思って。また、レギュラーになるのも時間がかかるなってことで、プロレス入りを決意するんですよ。

椎名　学校やめたんですか？

菊田　まあ、親が休学にしておいてくれたんですけどね。それでボクは坂口さんと知り合いだったので、そのツテで新日本に入ろうと。

椎名　坂口さんは柔道関係で知り合ったんですか？

菊田　（息子の）**征夫と憲二**※149が柔道部の後輩なんですよ。

ガンツ　ああ、明大中野高校で。

菊田　憲二なんて柔道やったことがないのに、柔道部推薦で入学ですからね（笑）。

一同　ダハハハハ！

玉袋　坂口家の血筋で推薦（笑）。

菊田　またあの兄弟、ふたりとも柔道がけっこう弱くて！

玉袋　全然荒鷲じゃなかったんだな（笑）。

菊田　お父さんが優しかったんでしょうね。

玉袋　まあ、坂口さんも普段はプロレスの巡業でいねえから、オフは子どもに優しかったんだろうな。

ガンツ　で、その坂口兄弟同様、菊田さんも坂口征二さんの推薦で新日本プロレス入門という（笑）。

菊田　いま思えば、一番危ないパターンでしたね（笑）。

玉袋　縁故で入ると、やっかみがあったりするんだろうな〜。

菊田　で、ボクが入る前、坂口さんから「いま俺が信頼してるヤツが道場仕切ってるから、話を聞いてもらえ」って言われて紹介されたのが、**馳浩**[※150]さんだったんですよ。そのときは凄くいい人で（笑）。

ガンツ　そのときは（笑）。

菊田　入る前に会ったときは凄くいい人に見えたんですけど、入った瞬間、人格が豹変して。あれはヤバかったですね〜！

玉袋　蝶野さんも『バラいろダンディ』で「馳浩は裏表がある」とか言ってたもんな（笑）。

椎名　「あれを大臣にしていいのか」って言ってましたよね（笑）。

菊田　いま思えば、道場を任されていた責任感で厳しくされてたと思うんですけど、まあ異常でした。

玉袋　日体大の寮生活を経験してる菊田さんが言うんだから、相当なもんだよ！

菊田　のちに、いろんなプロレスラーの方ともお話しさせていただいたんですけど、やっぱりあの時代の新日本はとくに異常だったみたいですけどね。

玉袋　どんな練習だったんですか？

菊田　ボクは足をケガして入ったんで、練習自体はそんなにやれてないんですよ。ただ、ほかの新弟子たちは、ボコボコにされて、落とされまくって寮に戻ってきたり。ボクも腕の練習はできたんで、「腕立て600回！」って、足を高いところに乗せてやらされるんですけど、「1！　2！」って数を数えるたびに木刀でボッコボコにされるんです。木刀って凄く痛いんですよ（笑）。

玉袋　そりゃ痛いよ！（笑）。

菊田　竹刀とは痛みが全然違うんです。周りのみんなは、スクワットでも何でも木刀でぶん殴られながらやってて。ボクも背中が内出血で真っ黒になっちゃって。挙句の果てには、懸垂やっててもう上がらなくなったときに、馳さんに「荷物をまとめろ！」って言われて、そのまま近くの土手に荷物を思いっきりぶん投げられて、追い返されたという。

玉袋　木刀でボコボコにされた挙句、追い出されるって。相撲部屋のかわいがりどころじゃねえよ（笑）。

菊田　で、その足で坂口さんのところに挨拶に行って、「すみません！　ちょっと厳しすぎました」って言ったら、坂口さんが「そんなキツイのか？」って。道場の内情を知らなかったんですよ（笑）。

玉袋　また知らされてねえんだ。「人間不信」って置き手紙また書いちゃうよ（笑）。で、そんときの道場にはＳ・Ｋもいるわけでしょ？

菊田　そうですね。ただ、ボクは佐々木さんとはあんまり絡みがなくて、馳さんだったんですよね。

ガンツ　坂口さん推薦で入ったから、道場長の馳さん自ら手をくだす、と（笑）。

玉袋　ある意味、エリートだよな（笑）。

菊田　佐々木さんは、その後がヤバかったみたいですけどね。だから、ボクの同期は**小島聡**[※151]さんと**ショー・フナキ**[※152]さん、**池田大輔**[※153]さんとか何人もいたんですけど、みんな1週間ぐらいでやめてるんですよ。生き残ったのは小島さんだけで。だから、ふるいにかけてるんですよね。「こんなところには絶対にいたくない」っていう思いにさせて、それでもプロレスがやりたいのかどうかを測られる。

玉袋　プロレスを嫌いにさせるわけだもんね。

菊田　だから小島さん以外、「それでもプロレスが好きだ」という気持ちが足りなかったんでしょうね。あれを生き残った小島さんのことを、ボクは尊敬してますよ。

椎名　のちに「ロクな死に方をしない」とは言ったけど（笑）。

菊田　いやいや、それは小島さんを名指しで言ったわけじゃないですから！（笑）。あとで、それも説明しますけど。

Uインター合宿所、脱落

ガンツ　で、まずそこでプロレス界「バツ1」になって（笑）。次はUWFインターに入門するわけですよね？

菊田　そうですね。バイトしながら身体を鍛えなおして、2年後ぐらいに、タイガージムで知り合いだった宮戸さんにお願いすることになるんですけど。
ガンツ　タイガージムをやめたあとも、連絡は取り合ってたんですか？
菊田　全然取り合ってなかったんですけど、事務所に電話して繋いでもらって。
ガンツ「あのときの中学生ですけど」と。
菊田　そう、それで宮戸さんが「おーっ！」って。
椎名　ちなみに、大学時代とか第2次UWFが盛り上がってたとき、どういうふうに見てたんですか？
菊田　そのときはですね、あの……。
玉袋　言葉を選んでますね（笑）。
菊田　さすがに（笑）。やっぱりプロレスのスタイルの違いっていう感じで見てましたね。
玉袋　大人だな～（笑）。シューティングはどうだったんですか？
菊田　シューティングに関しては、まったくやる気はなかったですね。柔道でさえ、どんなに強い選手でも4年に一度のオリンピック以外では恵まれない中で、シューティングはそれすらなかったじゃないですか。
ガンツ　世間的にまったく日の目を見てませんでしたもんね。
菊田　それで、ボクは強さと同時に、華やかな世界に憧れてたので、全然ピンと来なかったんですよね。
ガンツ　たのきんトリオみたいな華やかな要素はゼロですもんね（笑）。
玉袋　ゼロだったよな～。
菊田　それに柔道だけでも大変なのに、シューティングは打撃、投げ、寝技も全部やって、それをまとめる総合格闘技なんて、「試合になるの？」って、イメージが全然わかなかったんで。
椎名　総合黎明期に活躍した人たちって、UWFをガチだと思って憧れてたのに、のちに違うと気づいて「裏切られた！」って思いの人が多いじゃないですか。中井祐樹[※154]さんとか、佐藤ルミナ[※155]とか。でも、菊田さんはもう10代の頃からUWFがどんなものかわかってたんですね。

菊田 ボクの場合はですね、タイガージムにリッキー・フジさんがいたじゃないですか。リッキーさんが新日をやめたあと、ボクが中学時代にお会いしたことが会って、そのときに全部教えてくれたんですよ（笑）。

一同 ダハハハハハ！

椎名 リッキー・フジがそれを言うか！（笑）。

菊田 リッキーさんはやっぱり「裏切られた」っていう思いがあったみたいなんですよね。

ガンツ リッキーさんって、いまでこそあんな格好してますけど、若い頃はフロリダまで行ってカール・ゴッチ[※156]に弟子入りしようとするほど、格闘プロレス志向だったらしいですもんね。

菊田 だから内情を知ってショックを受けたみたいなんですけど、それを聞いたボクももちろんショックで。柔道をやっていたこともあって、「なるほどな……」って、実感していくという。

玉袋 それでもUWFを観に行ったりはしてたんですか？

菊田 行ってたんですよ。やっぱり好きだったので、もうファンとして観てましたね。

椎名 じゃあ、UWFがどんなものかわかったうえで、Uインターに入ったんですね。

菊田 はい。高田延彦vsトレバー・ハービック[※157]戦を見てとにかくUインターに入りたくて。入門テストはいい成績で受かったんですけど、入ってみたら、これがまたとんでもなくキツいんですよ。

ガンツ 90年代前半は、新日本同様、Uインターのキツさも伝説的ですからね（笑）。

玉袋 物騒なところ、物騒なところに行っちゃってるんだよ。

椎名 タイガージム、日体大、新日本、Uインターですもんね。木刀に次ぐ木刀（笑）。

菊田　またUインターは練習もそうなんですけど、私生活が厳しいんですよ。ボクが入寮したのは日曜日だったんですけど、金原さんとか若手がみんなリビングで、暗い顔して体育座りしてるんですよ。「あれ、どっかで見たシーンだな」と思って（笑）。

ガンツ　日体大の1年生と同じだぞ、と（笑）。

菊田　もうデビューしてるのに、誰も外出できないんですよ。そしたら金原さんが新弟子の誰かに「もし田村さんが来たら、ちょっとコンビニに行ってすぐに帰ってくるみたいだとか言ってごまかしておいてくれ」って言って、ほんの数分外出する姿を見て、「えーっ、もうデビューしてる選手でさえ、日曜日すら外に出られないんだ……」って思ったら、いきなり心が折れそうになって。いまもそうなんですけど、ボクってその後のことを予想して考え込んじゃうんですよ。

ガンツ　「こんな生活が最低2年は続くのか」とか（笑）。

菊田　そうなんです。髙山さんがすぐ上の先輩で、いろいろ道場のしきたりとか、雑用のやり方を教えてくれたんですけど、とにかく細かい決まりがたくさんあるんですよ。食事の鍋を洗うときは「もし、少しでも洗剤の流しもれがあったらやばいから、必ずお湯で洗えよ」とか。風呂掃除の隅々まできれいにするやり方とか。それを教えてもらいながら、また気が滅入ってきて（笑）。

ガンツ　練習前に覚えることが細かすぎて（笑）。で、道場では宮戸さんが厳しく、合宿所は田村寮長の絶対王政が敷かれてたんですよね？（笑）。

菊田　そうなんですよ。同じように細かいルールがたくさんあって。例えば、田村さんがお風呂に入るまでは、誰も入れないんです。それなのに田村さんはなかなか入らないから、夜中の1時くらいまでみんな無言でリビングで待ってて（笑）。

玉袋　刑務所以下だね（笑）。

菊田　だから、しまいには風呂はあきらめて、入らなくなったりとか。そういう臭い状況になったんですよ。

玉袋　世捨て人だよ！（笑）。

菊田　それで金原さんからは、「おまえはキツいと思ってるかもしれないけど、俺らのときと比べたら全然甘い」とか、ずっと吹き込まれてたんですよ（笑）。それでだんだん怖くなってきちゃって、「この先どうなるんだよ……」って。で、ほんの2週間ぐらいでやめちゃったんですけどね。

玉袋　バツ2になったんですね（笑）。

菊田　その直前まで全然やめる気はなかったんですけど、たまたまみんな外に用事があって合宿所にボクひとりという瞬間ができたとき、ふと「いま誰もいないな」って思っちゃって（笑）。

ガンツ　『大脱走』のテーマが聴こえてきましたか（笑）。

玉袋　スティーブ・マックイーンだよ！「よし、いまだ！」っていう（笑）。

菊田　あれは何なんですかね。やめようと思ってなかったのに、みんな一瞬いなくなったら、「いましかない！自由を勝ち取るには！」っていう感じになって（笑）。

ガンツ　看守が背中を向けたスキに（笑）。

菊田　プロレス界の風習として「夜逃げ」というものがあるのを知ってたんで、思わず逃げ出しちゃったんですね。気づかないうちに限界に来ていたというか。ちょっと特殊な道場だったんで。例えば、安生さんと宮戸さんが毎日のようにケンカしてたりとか。お互いに腕を後ろにやって、胸を突き出しながら「おー！」「なんだこの野郎！」ってやってるのを見てたらだんだん怖くなってきちゃって（笑）。

玉袋　それ、昭和のプロ野球の監督と審判だよ！（笑）。

菊田　しまいには「表に出ろ！」ってふたりで出て行って、安生さんが「こないだ俺の車に乗ったとき、シートの隙間に、鼻をかんだティッシュを詰めたろ！

そんな人間が俺に何を言ってるんだ！」とか言って、凄い話に発展してて（笑）。

玉袋　子どものケンカ以下だよ！（笑）。そりゃもう逃げたほうがいい。

菊田　もう短い間にいろんなことがありすぎて、頭の中がだんだんわけわからなくなって。それでヒュッと逃げちゃったんです。脱出に成功したあと、真っ先に友達に電話して、「やったぞー！」って（笑）。

ガンツ　それで逃げてバツ2と（笑）。

菊田　恥ずかしい話ですね（笑）。

玉袋　でも、そこで終わらねえところが凄いんだよ。もう1回、Uインターに出戻りしたんでしょ？

菊田　そうなんです。1回、大学に戻るんですけど、プロレスから逃げてきた人間に居場所なんかないんですよ。で、バイトを通じて飲食業が好きだったので、もう就職しようと思って、柔道部の恩師に「就職しようと思います」って報告したら、「じゃあ、不動産屋を紹介してやるよ。不動産屋は儲かるぞ！」って言われて。「そういうことじゃないんだよな。何でもいいから儲かりたいんじゃないんだ」と思ったんですね。それだったらやっぱり、一度はプロの世界で名を成したいと改めて思って。それで前回は、宮戸さんに挨拶もなしに逃げちゃったので会いづらかったんですけど、2年半ぶりに宮戸さんの家に行って、ピンポーンって鳴らしたんですよ。

玉袋　お～！

菊田　それで「すみません！　菊田ですけど、前にやめた……」って言ったら、「えっ、どちらの菊田さんですか？」って言ってて。

玉袋　カマしてくるんだな～。

菊田　ぶん殴られると思ったんですけど、「菊田です。もう一回やりたいのですが……」って言ったら、出てきていただいてですね。宮戸さんが「誰だって逃げることはある。高山だってそうだったんだ。そんなことより、おまえには2つの道がある。1つはもう1回テストを受ける、もう1つは諦める。どっちだ?」って言われて、「もう1回やりたいです!」と。「じゃあ、テストを受けに来い」って言ってくださって、凄く感動しちゃったんですね。

玉袋 「許しきる」という猪木イズムだな。

菊田 それでもう1回受けに行ったんですけど。そのテストっていうのを、ボクは一度やめたわりにはのんきに考えてたんですけど、出戻りじゃないですか。みんなが狙ってたんですよね(苦笑)。

ガンツ 当時のプロレス界は、出戻りに対してとくに厳しい時代ですもんね。

菊田 夏の40度ぐらいある道場で、凄くきついテストをやって、もう脱水症状でボロボロになったところで、「じゃあ、最後に若手とスパーリングだ」ってことで、相手がヤマケン(山本喧一)さんだったんですね。それで、当時はボクも極め方がわからなかったんで、押さえても何もできないし、極まらないから終わらないんですよ。それで疲れきったところで腕十字を極められて、参ったを無視しておもいっきり折りにきたんですよね。ボキーッて。

椎名 タップも無視なんですか!?

菊田 そうなんですよ。「もう、おまえは用なしだ」みたいな感じだったんですね(苦笑)。

玉袋 うわ〜。

椎名 腕は折れちゃったんですか?

菊田 結局、外れただけだったんですけどね。接骨院で戻してもらって。いま思えば、ヤマケン選手もあれでボクに負けてたら、先輩から同じ目に遭ってたんだろうなって(笑)。

ガンツ きっと、負けたら道場に残れなかったんでしょうね。だからこそ、生きるか死ぬかの気持ちで向かって来て。

菊田 ボクはそんな心がまえができてなかったから、気持ちで負けちゃってましたね。それで不合格みたいな感じで道場を追い出されたんです。3度目ですけど(笑)。

玉袋 バツ3か(笑)。そっから、〝さまよえる格闘家〟になっていくわけだもんな〜。

K-1を干される

ガンツ その後、オーストラリアの**スタン・ザ・マン**[※158]のところに行ったのは、何だったんですか?

菊田 自分の人生考えたとき、「あのとき、プロレスに行けなかったけど、それでよかった」と思えるようにしたいじゃないですか。それでK-1のスタン・ザ・マンが、ボクと同じぐらいの体格でがんばってるのを見て、ワーキングホリデーでオーストラリアに行ったんです。

玉袋 ワーホリなんだ(笑)。

菊田 帰国後、タイガージムの頃から知ってる平さんが正道会館に入ってたんで、「ボクも格闘技がやりたいんですけど」って挨拶に行ったんですよ。で、ボクはK-1を目指したかったんですけど、平さんに「練習パートナーがいないから寝技やらない?」って言われて。それでやるようになって。

ガンツ 平さんがバーリ・トゥードをやろうとしていた時期ですね。

菊田 そうなんですよ。当時、UFCが始まったばかりで、ホイス・グレイシーが活躍してて。あれを見たとき、ボクは「あれ!? ホイスがやってることは柔道だぞ」って思ったんですよ。それで、ボクは柔道をスポーツだと思ってたんですけど、「闘いに使えるもんなんだ」って気づいたんです。柔道のポイントの意味がわかったというか。投げれば上から殴ることができるし、押さえ込みも当時は脚を絡めると押さえ込み解除になるんですけど、要はガードポジションで安全になるから、押さえ込みとして認められてないんだなとか。実戦を想定した上でスポーツ化したルールであることを、だんだん理解したんですね。

玉袋 そっから目覚めたわけか。

菊田 「自分がやってきた柔道を応用すれば勝てる

かもしれない」と思ってきて。それまで寝技は大っ嫌いだったんですけど。

椎名　えーっ、そうだったんですか!?

菊田　柔道やってた頃は、寝技は避けてたくらいなんですけど。考え方を変えたら、凄い得意になっちゃって、「あれ?」って（笑）。

ガンツ「俺、超寝技に向いてんじゃん!」と（笑）。

椎名　誰に教わったんですか?

菊田　そのときは平さんと、**カーリー・グレイシー**[※159]とかも来てましたね。

ガンツ　平さんは日本人選手で、グレイシーから柔術を習った第一人者ですもんね。

菊田　それで、ボクが**『トーナメント・オブ・J』**[※160]（1996年）に優勝したあと、平さんから「石井館長に言って給料払うから、ここ（正道会館柔術クラス）で指導者として働かないか?」って言われて。でも、ボクはやるなら選手一本でいきたかったんで断ったんですよ。それで初めてプロとして『VTJ96』に出たんですけど、アラブ人（**ムスタク・アブドゥーラ**[※161]）に大負けしてひどい目に遭ったんです。それまでパウンドの練習とか1回もしたことないのに出たもんだから、ボッコボコにされて。いまならすぐレフェリーストップなんですけど、当時はその基準もないから、ボコボコにされたままで。試合後、2週間ずっと頭がぐるぐるしてて、寝てても船に乗ってるように揺れて、ヤバかったんですよね。

椎名　当時、よくあれで事故が起きませんでしたよね。

菊田　そんな目に遭ったんですけど、ようやくプロの舞台に上がれたし、ボクは負けたんで、次の試合がしたくてしょうがなかったんです。でも平さんからは、相変わらず「指導員になれ」っていう勧誘が続いてて。ボクは「フリーでやりたい」ということを言ったんですけど、許してもらえなくて。それで改めてお断りを入れた瞬間、これが業界で言う……。

玉袋　干されるみたいな。

菊田　干されました（苦笑）。

玉袋　〝のん〟状態だな（笑）。

椎名　じぇじぇじぇ〜！（笑）。

菊田　そのときは修斗の**坂本（一弘）**[※162]さんとかも、「ウチはK‐1と関係ないから出すよ」って言ってたんですけど、全然声をかけてくれなくなって（笑）。まあ、そりゃそうですよね。こんなまだ実績がない人間をリスクを背負ってまで上げないですよね。

椎名　ようは、K‐1からお触れが回っちゃったわけですか（笑）。

菊田　回っちゃったんですよ〜。**東孝**[※163]先生にお会いして、**大道塾**[※164]の**WARS**[※165]という大会のメインで、**秋山（賢治）**[※166]さんとの試合が決まってたんですけど、それも平さんからのクレームでなしになっちゃったんです。

玉袋　えーっ⁉

菊田　言っちゃっていいのかな？　まあ、平さんにはお世話になったし。最近はグラバカも離脱が多いから、いまは平さんの気持ちもわかるんですけどね（笑）。ただ、当時の気持ちは、なんでそんな意地悪するんだって思って。

ガンツ　流浪の格闘家になったのは、そういう理由があったんですね。

菊田　そうなんです。どこからも無視されるようになって。唯一、前田さんだけは、「出たらええやんか」って、リングスに出させてもらったんですよ。

ガンツ　当時そういうのありましたよね。リングスをやめた**長井満也**[※167]さんは、K‐1に場所を求め、パンクラスをやめた**柳澤（龍志）**[※168]選手はリングスに上がるとか。みんなお触れが回らないところに行くという（笑）。

菊田　それでもう大丈夫かなと思ったんですけど、何か試合に出ようとすると、邪魔する動きがあって。ブッカーK、**川﨑（浩市）**[※169]さんに「菊田くん、このままじゃ逃げられないよ。**石井（和義）**[※170]館長と一度会ったほうがいい。ちゃんと話せば大丈夫だから」

って言われて。石井館長にお話させていただいたら、「わかった。俺から平に言っておく」みたいな感じで、解除されたんですよ。

玉袋　トップダウンだ。やっぱり親分は違うな〜。

菊田　だから石井館長には、凄く感謝してます。

新宿スポーツセンター伝説

玉袋　そっから、グラバカが結成されていくわけか。

菊田　最初は、正道会館を離れて練習場所がないから、新宿スポーツセンターに集まって、みんなで練習してただけなんですけどね。ルミナくんとかも来てくれてて。で、ボクらの隣では、お笑い芸人さんが集まって、趣味で寝技の練習をやってたんですよ。いま思うと、あの人たちも早いですよね。

玉袋　誰だろ？

菊田　いまのピコ太郎さんとか、鈴木拓さん、三又（又三）さん、ビビる大木さん、アンタッチャブルの柴田（英嗣）さん、スマイリーキクチさんとかがいつもいて、それで仲よくなって。

ガンツ　そんな豪華なメンツが、売れない頃は寝技研究会やってたんですね（笑）。

玉袋　そういやその話、三又から聞いたことあったな。いま出てこれないけど、あいつ。お触れが回ってるかもしれねえな（笑）。

椎名　何かやらかしちゃったんですか？（笑）。

玉袋　何かあったんだろう（笑）。でも、当時のスポーツセンター幻想ってあったな。

ガンツ　いわば、ジャパニーズ・トップチームだったわけですもんね。

玉袋　オーちゃん（**小川直也**）[※171]も来たとかって話もあったりよ。

菊田　あ〜、来ましたねえ。

ガンツ　あれも伝説ですよね。なんで来たんですか？

菊田　ＵＦＯという団体を始めて、やっぱり選手がほしかったんでしょうね。それで柔道の後輩である

ボクのところにきて。一緒に寝技をやったんですけど、いや凄かったですよ。こんなに寝技が強いんだ、と思って。

椎名　マジなんだ！

菊田　あんなに身体が大きいのに器用でうまいし、センスがいいんですよ。

玉袋　またオーちゃん幻想が膨らむな〜！　当時の寝技ナンバーワン集団に入っても強えっていう。

菊田　たぶん、小川さんが一番いいときじゃないですかね。歳も30ちょいぐらいで。スピーディーだし、下からもうまいし。どこで習ったんだろうって。やっぱり凄いですよ。

玉袋　なるほどな。で、その後はＰＲＩＤＥか。

菊田　『ＰＲＩＤＥ2』は、石井館長からいきなり連絡が来て、出ることになったんですよ。

ガンツ　ＰＲＩＤＥ初期は、館長が関わってたんですよね。

菊田　じつは『ＰＲＩＤＥ1』の前に、**和術慧舟會**※172

が『エクストリームチャレンジ』という大会を開こうとしてて、そこに出るって話があったんですけど、たしか中止になったんですよね。で、そのカードがいくつか『PRIDE1』にそのままスライドしてたんですよ。

ガンツ **村上（和成）**[※173]選手の試合とか、**小路晃**[※174]vs**ヘンゾ・グレイシー**[※175]っていうのは、そういうことだったんですね。どっちもブッカーKのブッキングだし。

玉袋 『PRIDE1』はスライドワンだったんだな（笑）。

椎名 うまい！（笑）。

ナチュラル・ヒールの誕生

ガンツ そしてPRIDEに上がり始めた頃、菊田さんは『**紙プロ**』[※176]誌上で「プロレスラーはロクな死に方をしない」という、歴史に残る名言を吐くわけですね（笑）。

玉袋 あれは「格闘家が何か言い出してるぞ」って、ざわざわしたよな〜（笑）。

椎名 『紙プロ』が売れるようになった要因でもあると思うよ、あれ（笑）。プロレスと格闘技の価値観の対立が、凄くおもしろかったもん。

菊田 あれは、担当した**（松澤）チョロ**[※177]さんがヘンなカットの仕方をしたから、えらい目に遭いましたよ〜。

玉袋 言わされた部分もあるんじゃないの？

菊田 初めからプロレスを煽る感じで、「こいつらだったらしゃべるだろ」と思って来てるのを、こっちも素人だから全然わからなくて、ベラベラしゃべっちゃったんですよ（苦笑）。ホントにボクが言いたかったのは、一個だけなんですよ。あの頃、武藤さんが新日本で**（ペドロ・）オタービオ**[※178]とやって、簡単に勝っちゃったでしょ？ あれがボクは許せなかったんですよ。だってその前に、**骨法**[※179]の**大原学**[※180]さんがやったのをボクは観に行ったんですけど、体格差があるのにボコボコにされても最後までがんばってる姿に感動したんです。その直後にプロレスのリングに上げて、簡単に勝つって、あれはないだろうと思って。

椎名 ボクも武藤vsオタービオは観に行きましたけど、ズッコケましたもんね（笑）。

菊田 でも、当時は誰もそれを言わなかったんですよ。だったらボクはフリーで何のしがらみもないし、正しいことを言おうと思って。それに、こういうことを明らかにすれば、プロレスファンが格闘技に移ってくると本気で思ってたんですよ。

ガンツ 菊田流の「プロレスファンの皆様、目を覚ましてくださ〜い！」って感じだったんですね（笑）。

菊田 自分の中でホントにその気持ちがあったんです。ただ、ボクは「ろくな死に方をしない」とは言ったんですけど、「天山[※181]（広吉）&小島」とは言ってないんですよ。ふたりの名前は、別の話で出してたのがなぜかくっついちゃってたんです。

椎名 チョロマジックで（笑）。

菊田 しかも、ボクはゲラチェックもしてるんですけど、本が出来上がったら、いろいろ端折って、そうなっちゃってるんですよ（苦笑）。

ガンツ チョロさんって、例えば1万字にまとめなきゃいけない原稿を、1万3千字でまとめてゲラチェックに出して。その後、校正で大幅に削るという悪い癖があるんですよ。たぶん、それをやられたんですね（笑）。

椎名 チェックした意味ねーじゃん、それ！（笑）。

菊田 小島さんと天山さんには、まったく悪い印象はないんですよ。ただ、「プロレスラーはああいうことをやってると、ろくな死に方をしない」とはたしかに言いました（笑）。ところが、本ができたら「天山、小島はろくな死を方をしない」になってるから。

玉袋 テンコジに対しては、なんて言ったんですか？

菊田 「天山&小島がメインに出てるけど、本当は中西[※182]（学）さんや藤田[※183]（和之）さんのほうが強いだろ」って言っただけで。それも余計なことなんですけど（笑）。

ガンツ　完全に余計なことですね（笑）。

椎名　武藤vsオタービオ批判のはずが、なぜかテンコジに飛び火してるんだもんね（笑）。

菊田　でも、あのインタビューは、当時の格闘家みんなが思ってたことを言っただけだから、もしかしたらファンも「よく言った！」みたいに思ってくれるかなと思ったら、次に『ＰＲＩＤＥ４』に出たとき、もの凄いブーイングなんですよ（苦笑）。

ガンツ　また対戦相手がちょうど、元Ｕインター＆キングダムの**松井大二郎**[※184]選手だったんで、松井選手も「Ｕインターから二度もケツまくったヤツが、ふざけんな！」みたいに言って（笑）。

菊田　いや、だから「『紙プロ』のパワー凄えな」って思いましたよ。ホントに凄いブーイングでしたからね。ドームの大観衆が、みんな自分に対して憎悪を向けてるんで、怖くなりましたもん。

椎名　でも、あれで名前が売れましたよね（笑）。

ガンツ　〝ナチュラル・ヒール〟菊田早苗というキャラクターができ上がって（笑）。

菊田　本人は望んでなかったんですけどね……。

ガンツ　でも実際、〝プロレスの敵〟というイメージが、その後のパンクラスで活きましたよ。

椎名　あれは大成功だったと思う。

ガンツ　プロレス側であるパンクラスに対する、反プロレスの外敵軍団のボスっていうキャラクターになりましたもんね。

椎名　あの対立構造が凄かったもんね。「パンクラス、観に行かなきゃ！」って、思いましたもん。

菊田　まあ、考えてみれば、やってることは格闘技でも、パンクラスはプロレスラーが作った団体だし、その後のＰＲＩＤＥもアレク（**アレクサンダー大塚**[※185]）というプロレスラーとやってるわけで、結局、ボクは敵役としてプロレスラーとばかりやってるんですよね。そういう意味で、自分も嫌いだって言いながらプロレスの人間だったんじゃないかなっていまは思いますけどね。

椎名 ヒールという役目だったということですね。

アブダビの快挙

ガンツ で、菊田さんはその後、**アブダビコンバット**[※186]で優勝して、ようやく初の〝ベビーフェイス〟として日の目を見るわけですよね（笑）。

菊田 あれは、ボクにとって凄く大きな1日でしたね。優勝したのもありますけど、もう1つ、同じトーナメントに田村さんも出てたんですよ。Uインターをやめてるボクが、10年後にここで会うというのは、自分の中で最高のストーリーになってて。

玉袋 脱走して10年後に行きついた先、アブダビで寮長に会うんだもんな。凄い話だよ（笑）。

椎名 「やれば勝つぞ」っていう思いは当然あったんですよね？

菊田 まあ、当時は自信ありましたけどね。それで大会前日に日本人みんな集まって練習したとき、ボクと田村さんが軽くスパーリングやるってなって。そのとき、ボクはまだ名前がないから「ここで何かやらなきゃいけない」って思っちゃったんですよ。それで東スポとか雑誌のカメラがみんな集まってきたんで、田村さんに「軽くやろう」って言われたのに、いきなりバックに回ってチョークを取ったんですよ。そしたらバシャバシャってカメラのフラッシュたかれて、それが翌日、新聞に大きく出ちゃったんですけど。田村さんが怒っちゃって（笑）。

椎名 それは怒りますよ（笑）。

菊田 「軽くって言ったのになんだいまの？（怒）」って感じですよね。その後、1時間ぐらいずっとスパー（笑）。結局、翌日大会なのに、もうお互いムキになって、さんざん体力使って極められなくて、最後は誰かに止められたんですけど。結局、悪いことをやるとこうなっちゃうんですね（笑）。

玉袋　無意識のうちに敵を作る、菊田イズムだな（笑）。

ガンツ　あと、あの大会には、山梨学院大学のレスリング部の選手も出ていて、その引率兼選手として**谷津（嘉章）**[※187]さんが出てたのがおもしろかったですよね（笑）。

菊田　異様でしたよね、大人がひとり混じってて。格闘家は誰も話しかけられないいんですよ（笑）。

玉袋　社会人プロレスが、なんでアブダビにいるんだよ（笑）。

ガンツ　それでプロレス用の田吾作タイツでアブダビの試合に出てるという（笑）。

菊田　試合前なのに、谷津さんがタバコ吸いに行っていなくなっちゃったり（笑）。ボクが「谷津さん、アップやりましょうよ」って言いにいったら、「いまさらジタバタしてもしょうがねえだろ！」って（笑）。「さすがプロレスラーだな」って思いましたね。

玉袋　谷津さんおもしろすぎるよ（笑）。

菊田　それで帰りの飛行機がたまたま谷津さんの隣で、ボクはプロレスファンの気持ちに戻っちゃってたんで調子に乗って、「こんなことを聞いちゃいけないと思いますけど、長州さんの〝**噛ませ犬事件**〟[※188]ってホントなんですか？」とか聞いちゃったんですよ。そしたら、「バカ野郎！　プロレスは全部最初から決まってるに決まってんだろ！」って言われて（笑）。

一同　ガハハハハ！

玉袋　谷津さんのどうしようもないところが最高だな（笑）。

椎名　さすがですね（笑）。

さまよえる格闘家として

ガンツ　そして菊田さんは、アブダビ優勝で名を上げて、パンクラス王者にもなり、ついにＰＲＩＤＥ再登場で天下を獲るかと思われたが、アレク戦がひどいことになったわけですよね（笑）。

菊田　あれも、こっちは全然悪気はなかったんですよ。最初は対戦希望選手として、**（ヴァンダレイ・）シウバ**[※189]と**ミルコ**を出してたんですけど、そのふたりがメインで闘うからってダメで。次に**（クイントン・"ランペイジ"・）ジャクソン**[※190]を提案されたんですけど、「体重合わせてほしい」とお願いしたら、向こうがノーの返事で。最後、**（ヒカルド・）アローナ**[※191]とかアレクの名前が残ってて。これはヘンな話じゃなくて、彼はPRIDEで**マルコ・ファス**[※192]を倒してスターになった選手だから認めてたんですよ。それで、堂々と闘えると思って指名したら、あんなことになっちゃって。

ガンツ　アレクが「俺だったら勝てると思って来やがった」って受け取ったんですよね（笑）。

菊田　そんなふうに思われるとは、ボクもホントに読み切れてなくて（苦笑）。いま思えば、PRIDE側に"因縁の対決"で煽られて、エンターテインメントに乗せられてたんだなって思いますけど、当時は気づかなかったんですよね～。

玉袋　バラさんマジックにはまったんだな（笑）。

菊田　それで**尾崎（允実）**[※193]社長なんか、試合前から「PRIDEがなんかやってくるぞ」って、凄い警戒してて。控え室に入ったら、豪華なお弁当が用意されてたんですけど、「菊田！　これは毒が入ってるかもしれないから食うな！」とか叫び出して、「えっ、そんなバカなこと絶対ないだろ!?」って（笑）。

玉袋　ガハハハ！　金平の**毒入りオレンジ事件**[※194]じゃないんだから！（笑）。

菊田　それでガマンして食べなかったら、なんてことはない、尾崎社長は普通に食べてるんですよ（笑）。

ガンツ　あのときPRIDEとパンクラスは、決して友好的な関係じゃなかったですもんね。

菊田　全然ないですね。

ガンツ　PRIDEが巨大化していく中、パンクラスもまだ両国とかでビッグマッチやってて、"メジャー〟って感じが残ってたから、団体同士のリアルな対抗戦みたいになって。結果、菊田vsアレクは格闘技史に残る泥試合になるという（笑）。

菊田　でも、いま見たら凄い盛り上がってるんですよ。

玉袋　盛り上がってたよ。客席からお互いのファンの罵声が飛び交って（笑）。それで最後は「負けた者は去れ～～！」だもんな。

菊田　あれはもうマジで頭にきてね。バカですね～（笑）。

玉袋　その後が、東京ドームでやった『UFO LEGEND』[※195]かな？

菊田　よく知ってますね（笑）。

ガンツ　アレク戦の4ヵ月後なんですよね。アントニオ・ホドリゴ・ノゲイラ戦で、これも勝てば大変なことになるビッグチャンスでしたよね。

菊田　これはアレク戦で、まさか「勝てそうな相手を選んだ」みたいな批判を受けると思わなかったんで「じゃあ、もう一番強いヤツとやろう」ということですよね。

ガンツ　でも戦前、寝技勝負になったらイケるんじゃないかという下馬評もありましたよね。

玉袋　ところがノゲイラが打撃できちゃったという（笑）。

ガンツ　もの凄いストレートが飛んできましたもんね（笑）。

菊田　あれで失神KO負けだったんですけど、控室で目が覚めたとき、1ヵ月前からの記憶がなくなってたんですよ。

椎名　え～～っ!?

菊田　後輩が「試合だったんですよ」って言うから、「俺、誰とやったの？」って聞いたら、「ノゲイラです」って言うんで「ノゲイラとやるわけねえだろ。階級が違うんだから」って言って（笑）。試合が決まってから1ヵ月のことをすべて忘れてたんですよ。あとでだんだん思い出してきたんですけどね。

玉袋　あのKOシーンは凄かったよな。

菊田　ヤバかったですね。アゴにジャストミートしすぎで。

玉袋　いや〜、菊田さんはアブダビ優勝で「ブレイクするか!?」ってなってからも、パンクラス、PRIDE、LEGEND、そして**戦極**[※196]と、さまよっちゃってるのがおもしれえよ。

菊田　華やかな世界に憧れてたわりには、エンターテインメントというものが、全然わかってなかったんですよね〜。やり方次第では、もうちょっと人気出てたと思うんですけど（笑）。

ガンツ　実績はあるのに、天下を獲り損ねちゃったという（笑）。

菊田　でも、柔道出身のボクとしては、吉田さんと試合をやって勝てたということが、凄く「格闘技やっててよかった」と思えたことでしたね。

玉袋　柔道時代、雲の上だった人に勝てたんだもんね。本人としたら、そうだよ。

菊田　ボクは柔道をやめてるし、その後、プロのリングで吉田さんと会うなんて思ってなかったじゃないですか。しかも、大学時代にいじめられた先輩方も、あの日はみんな観にきてて、「俺のこと覚えてる？」なんて聞いてきて。みんな、いい人になってましたね（笑）。

玉袋　プロの舞台で、あの吉田秀彦に勝つっつーのは、柔道やってた人たちにとったら、とんでもねえことなんだろうな。ちなみに、戦極はおコメ（お金）はよかったんですか？

菊田　いや、それは……（笑）。

椎名　いいに決まってますよね（笑）。

玉袋　そりゃ、いいよ。格闘技版SWSで、〝激安の殿堂〟の正反対だったたって有名なんだから。

菊田　いや、ボクも言えばもっともらえたと思うんですけど、PRIDEから据え置きってことで、自分で値段を決めさせてもらって戦極に行きましたからね。さすがに吉田戦勝利後は交渉し直しましたけど。ただ、あのときは**秋山成勲**[※197]戦の直後だった**三崎（和雄）**[※198]くんとか、**五味（隆典）**[※199]くんなんかはタイミングよく、別格だったんじゃないかな。ほしい選手はカネに糸目つけずという感じだったんで。

ガンツ　**DREAM**[※200]と争奪戦になるような選手は、ガーンと上がったんですよね。

玉袋　ドン・キホーテが逆価格破壊してな（笑）。

菊田　**ホジャー・グレイシー**[※201]が戦極に出る出ないってとき、ボクがドンキの安田会長と食事をしてるときに、ちょうど電話がかかってきて、「いくらだ？　カネに糸目をつけるな！」って言ってましたからね（笑）。

玉袋　そこらへんは、プロの仕入れだな（笑）。

菊田　あの戦極が、最後のバブルでしたよ。

椎名　でも、菊田さんは名選手製造機としても総合に貢献されてますよね。

玉袋　そうだよ。グラバカからいろんな選手輩出してるもん。

菊田　ただ、自分も現役として、もう一回ぐらいやりたいと思ってるんですけどね。

玉袋　年上のTKだって復活してるんだからな。

椎名　また嚙みつくしかないんじゃないですか？（笑）。

玉袋　「あいつはロクな死に方しねえ」って、2度目の発言（笑）。

ガンツ　じゃあ、次回はチョロさんに菊田さんインタビューしてもらいますか（笑）。

菊田　いや〜、それだけはカンベンしてください！（笑）。

Uインターの頭脳

宮戸優光

宮戸優光（みやと・ゆうこう）
1963年生まれ、神奈川県出身。U.W.F.スネークピットジャパン代表。スーパータイガージムでインストラクターなどを務めたあと、1985年に第1次UWFでデビュー。1991年、UWFインターナショナルの旗揚げに参加。通称「1億円トーナメント」開催など積極的な政策を次々と実施したことにとり「Uインターの頭脳」と呼ばれる。引退後は一般会員制ジムであるU.W.F.スネークピットジャパンの代表を務める。2012年7月までIGFのゼネラルマネージャーも兼務していた。

ガンツ　玉さん、今回のプロレス取り調べ室は、デビュー30周年を迎えた宮戸優光さんに来ていただきました！

玉袋　もう、30年になるのか〜。おめでとうございます！

宮戸　ありがとうございます。30年と言っても、過ぎたらあっという間でしたね。その道中は長く感じましたけど、振り返ればあっという間というか。

ガンツ　また宮戸さんは、選手としてデビューして30年ですけど、プロレスとの関わりが始まったのは、もっと前からなんですよね？

宮戸　ええ、14歳からです。

玉袋　14歳！　早ぇな〜！　船木誠勝の新日入門より早えよ。

椎名　**テリー・ゴディ**[※202]のプロレスデビューばりですね（笑）。

宮戸　まず12歳、小学6年生のときに、アントニオ猪木さんと**ビル・ロビンソン**[※203]先生の試合（1975年12月11日）を蔵前国技館で観て、その日に「プロレスラー」と心が決まって。あのときは冬だったから寒かったはずなんだけど、あまりの興奮に震えて、寒さなんかは覚えてなかったですね。

ガンツ　ちょうど12月のいまぐらいの時期ですよね。

宮戸　そうそう。もう、40年！

新日本道場を下見

玉袋　ちゃんとプロレス記念日を覚えてるんだよなあ（笑）。

宮戸　1975年の12月11日というのは、自分の人生が決定づけられた日ですからね。だから小学6年でプロレスラーになると決めて、中学2年の夏休みに「自分が将来入るところを下見しよう」ということで、新日本の道場を下見に行ったんですよ。

玉袋　ちゃんとロケハンしてるっつーのが、宮戸さんの用意周到なところだね。

宮戸　それで道場の前に**小林邦昭**[※204]さんがいらして、小一時間くらいお話させてもらってたら、ドン荒川さんが道場から出てきて、「中学生か？　いまから巨人軍のグラウンドまで走るから来い！」って言われて、一緒に走ったんですよ。

椎名　多摩川のグラウンドまで、なぜか一緒にランニングですか（笑）。

宮戸　そのときに背が高いひょろっとした人も一緒に走ってて、それが入門して間もない前田さんだったんです。

玉袋　うわ〜、いいねえ〜！

宮戸　前田さんとはそれからのお付き合いですね。前田さんがまだ19歳だったのかな？

玉袋　**新間（寿）**[※205]さんにステーキ食わせてもらって、入門決めた直後だな（笑）。

椎名　でも、一緒にランニングしただけで、なんで個人的にお話するまでになったんですか？

宮戸　いや、巨人軍のグラウンドまで往復で約5キロあるんですけど、そのランニングをして道場に戻ってきたら、**ドン荒川**[※206]さんに「運動していけ！」って言われて、一緒にヒンズースクワットを500回やったんですよ。

ガンツ　今度は中学生が道場で一緒にスクワットまでしちゃいましたか（笑）。

玉袋　それ、ファンとしたら最高ですよ！

宮戸　それで500回やったら、荒川さんが「やるなあ、中学生。リングに上がれ！」って言われて、荒川さんと相撲を取りましたからね！

ガンツ　えーっ、リングにまで上がっちゃったんですか!?（笑）。

宮戸　荒川さんと**大城大五郎**[※207]さんのふたりと相撲を取らせてもらって、そのあと「風呂に入っていけ！」って言われて、風呂に入れてもらって。さらに今度は「メシ食っていけ！」って。

ガンツ　フルコースじゃないですか！（笑）。

玉袋　もう夢のような話だよ！（笑）。凄えな〜、それは宮戸さんの行動力が引き寄せた運なんでしょうね。それがあって、次の日に学校で自慢しました？

宮戸　誰にも話せませんでしたね。なんて言うんですかね、なんか異次元の世界の扉が開いちゃったみたいな感覚があって、自分の中でそれはしまっておきましたね。

玉袋　その感覚わかる！　宮戸さんが中学生のときに下見に行ったように、俺も高校1年のときに、ウチの師匠のところに下見に行ったからね。いつも『オールナイトニッポン』の終了後、焼肉屋に行ってるっつーことは知ってたから、「ここじゃねえか？」って行ってみて。待ってたら、ラッシャー板前さんが出てきたんだよ。で、そのあと師匠に「メシ食っていけよ」って、店に入れてもらっちゃってさ（笑）。

宮戸　ビートたけしさんに言われたんですか？

玉袋　はい。「殿がそう言ってる」って。俺は断ったんですけど、「いいから、食っていけ」って。

宮戸　凄いお話ですね。やはりみなさん、お優しい。

玉袋　そうですね。考えてみると、どこの馬の骨かわからないヤツを入れてくれちゃうって、なかなかないことだろうな〜って。

椎名　出待ちしてる人、みんなが焼き肉食わせてもらえるわけじゃないもんね（笑）。

宮戸　だから、何かが声をかけさせちゃうんでしょうね。だって、「一緒に走れ」とか、荒川さんだってファンみんなに対して、言うわけないですよね。ましてや中学生に（笑）。

玉袋　ウチの師匠なんか高校1年生の俺に向かっていきなり、「生ビール飲んでいけよ」だからね（笑）。

宮戸　それはいきなり目の前でですか？

玉袋　はい。

宮戸　それは凄いですねえ。そういえば、荒川さんもそうでした。「おい、中学生！　ビール飲むか？」って。

玉袋　悪い大人はみんな「ビール飲んでいけ！」だから（笑）。俺はそこで初めてビールの味を覚えたからね。

宮戸　それで荒川さん「俺なんか小学生のときから飲んでたぞ！」って（笑）。

椎名　アハハハ！　凄く言いそう（笑）。

玉袋　だから、宮戸さんと匹敵することを俺も経験してるんですけど、やっぱり俺も学校では言わなかったんですよ。

宮戸　なんでですかね。そうなんですよね。

ガンツ　竜宮城での話は人にしちゃいけないのと一緒で（笑）。

玉袋　そう、一緒なんだよ〜！

宮戸　なぜだか言う気にもならなかった。

玉袋　俺もならなかったな〜。

宮戸　不思議ですよね。

椎名　空気が漏れるのが嫌だったんですか？

玉袋　やっぱり竜宮城で見たことは言っちゃいけないみたいな感じがあったんだよな。また、そういう経験すると、次の日から学校の景色が変わっちゃうからね。「学校の先生なんてどうってことねえな」ってなっちゃうよ。

宮戸　そうですね。先生にはそういう目になっちゃいますね。

前田日明との交流

ガンツ　前田さんとの個人的な交流は、そのあとどのようにして始まったんですか？

宮戸　その道場へ下見に行ったとき、前田さんがいろんなことを話しかけてくれたんです。「何やってんの？」「柔道やってます」、「何歳？」「14歳です」って、そんな会話をして。前田さんも入門したばかりで、東京に友達や知り合いがいるわけじゃないし、道場はみんな先輩なわけじゃないですか。そういう中で、ちょっと話ができる相手という感覚があったんじゃないですかね。そしてボクのほうも、自分がこれから夢として目指している場所に、先に足を踏み入れている前田さんというのは、もう道を示してくれているようなお兄さんというか、先生に思えて。だからホントにうれしくて、ボクもいろんなことを聞いていたら、トレーニングを教えてくれるようになったんです。

玉袋 へえ、前田さんが中学生の宮戸少年に練習方法を教えてくれるようになったんですか。

宮戸 いつも宿題をメモに書いてくれるんですよ。「こういう練習をやれ」って。例えば、「屈伸運動500回」とか。

ガンツ まさに「あしたのために　その1」ですね(笑)。

玉袋 丹下段平の手紙だよ！(笑)。

椎名 それだけでドラマになりそう(笑)。

宮戸 あとは道場に行けば、そこでマンツーマンで教えてくれたんですよね。もの凄く厳しかったですけど。

ガンツ えっ⁉　通いで新日道場にも行ってたんですか？

宮戸 はい。で、時には上の人がいなかったらちゃんこを食べさせてくれたり、練習後には前田さんが「おう、ステーキ食いにいこか？」って連れてってくれたりしましたよ。

玉袋 うわあ、最高だね〜！

宮戸 ただ、「とてもありがたい」という気持ちでしたけど、前田さんというのは後輩の方々みんなにそうされてるのかなと、ずっと思ってたんですけど。髙田さんの本なんかを読むと、「いつもワリ勘だった」とか書いてあったんで、「あれ？　じつは俺は特別にしてもらってたのかな？」って、あとになって思いました。

ガンツ 兄弟のような関係だった髙田さんでもワリ勘だったのに、宮戸さんはおごってもらえてたと。

椎名 でも、中学生に「ワリ勘だ」って言ってたら、それもちょっと考えものですけどね(笑)。

宮戸 それもラーメンとかじゃなく、1枚4000

円くらいするステーキを食べさせてくれましたからね。

玉袋　そこは新聞イズムだね。自分がしてもらったことをしたんだな。

ガンツ　若いヤツにまずご馳走するのはステーキだと（笑）。

玉袋　〝いきなりステーキ〟だよ（笑）。

ガンツ　まさに（笑）。では、ご馳走もしてもらって、練習も見てもらって、しかもそれはマンツーマンだったわけですか？

宮戸　ふたりっきりですよ。いま思うと、かなり厳しかった。だってジャンピングスクワットだって100回5セットとか、あたりまえにやらされましたから。いまのプロだってやらないでしょ（笑）。

玉袋　そのへんは、昭和のど根性論だね（笑）。道場では、スパーリングはさすがにやってないんですか？

宮戸　やりましたよ。

玉袋　やったんだ！（笑）。

宮戸　初めてスパーリングをやらせてもらった相手は、小林邦昭さんでしたね。中3のときに。

ガンツ　えー！　中学3年生が新日道場でスパーリングですか！（笑）。

玉袋　凄いな〜、もう。

宮戸　めちゃめちゃにやられましたよ。もう20分くらい。

椎名　20分もやられてたっていうことが、凄いですよ（笑）。

宮戸　それで終わったあと「おまえ、やる気があるなら、**山本（小鉄）**[※208]さんに話してやるぞ」と言ってくださったんです。ただ、ボクもまだ甘かったんでしょうね、勇気が出なかったんですよ。小林さんにしてみれば、「な〜んだ」でしょうね。

ガンツ　チャンスはあったのに、中卒で飛び込む勇気が持てなかったと。

宮戸　なんか自分の中で踏ん切りがつけられなくて、

結局、高校だけじゃなく、大学にも進学してますから。ずいぶん先延ばしにしちゃったんですよね。

ガンツ 内側を知ってしまったがゆえに、「まだ自分が入れるような場所ではない」って思ってしまったんですかね。

宮戸 そう、凄さを知ったがゆえにね。知らなければ、ポンッと行ってたかもしれないけど、知ったことでリスペクトが深まって、二の足を踏んでしまったんですよね。まあ、いま分析すればですけど。

玉袋 でも、それはいい距離感ですよ。図々しく行っちゃうヤツがいるんだから。

前田の勧めで空手を学ぶ

ガンツ 高校に進学してからも、前田さんとの練習は続いたんですよね？

宮戸 はい。高校進学前に、前田さんから「おまえは柔道をやってて、ここ（新日道場）でもトレーニングして、これで空手もやったらおもしろいよな」って、空手を学ぶことを勧められたんですよ。それで地元で空手道場を探したら**極真**[※209]の道場があったので、高校時代は空手を少しやりましたね。

ガンツ 極真空手をやりながら、新日本のシリーズオフには、前田さんと練習してたんですね。

玉袋 でも、あの頃の新日と極真は、なんかピリピリしたものがあったじゃないですか？

ガンツ たしかに。時期的にちょうど、**猪木 vs ウィリー・ウィリアムス**[※210]の前ぐらいですもんね。

玉袋 そのとき、プロレスに軸足を置いてる宮戸さんとしては、極真に入ることに抵抗はなかったんですか？

宮戸 だからそのときも、「極真とはどんなもんだ？」っていうね。

玉袋 また下見だ！（笑）。

ガンツ 下見というか、内偵ですね（笑）。

玉袋 スパイ行為だよ（笑）。

宮戸　いや、スパイ行為じゃないんですけど、そうやって空手を始めて高校時代のあるとき、新日本の道場で前田さんとの練習のあとに、ちょうど猪木さんが来られたんです。それで応接間にいたら、猪木さんに声をかけていただいて、「キミはスポーツは何をやってるんだ？」って聞かれたので、「空手をやってます！」って言って。そのあと「何流だい？」って言われて。

玉袋　危ねえな、そこ（笑）。

宮戸　それで「極真です！」って答えちゃったら、「ふ～ん、極真か……」ってそこで話が終わっちゃったんですよ（苦笑）。

玉袋　ワハハハハ！「極真だと？　俺は**寛水流**[※211]だぞ！」とは言われなかったんですか？（笑）。

宮戸　まだ寛水流はなかった頃ですね（笑）。

玉袋　ない頃か。でも、それもまたトンパチだよね。当時の猪木さんに向かって、「極真やってます！」って言うなんて（笑）。

宮戸　あのときは、自分でも「よけいなこと言ったな……」と思って。「極真」って言ったあとの、あの沈黙はなかったですよ。そのあと極真をやめた理由っていうのは前田さんで。前田さんが海外遠征でイギリスへと飛び立つとき、「大阪に俺の空手の師匠がいるから、そこに行ってこい」って、小遣いをくれたんですよ。5万円。

玉袋　小遣いまでもらうって、凄いことですよ！

宮戸　ホントはボクが餞別をあげなきゃいけない立場なんですけど、「これで新幹線の切符を買って大阪に行って、合宿してこい」と。

玉袋　そして**田中正悟**[※212]先生に会うわけですか？

宮戸　そうですね。

玉袋　最初の印象はどうでした？

宮戸　空手家っていう感じはしなかったですね。極真とも全然違って、みなさんにわかりやすく言うならば、マーシャルアーツっていう感じでしたね。

玉袋　お～！　**ベニー・ユキーデ**[※213]みたいなスタイル

ですか？

宮戸　もうグローブをつけて練習してたんですよ。だから国際式ボクシングに空手の蹴りを入れた感じでしたね。

椎名　もうグローブ空手だったんですか。それは早いですね！

宮戸　早いです。それでスパーリングをしたら、極真の闘い方では顔面パンチに対応できなかったんですよ。そこで「顔面がないのは通用しないな」って、よくわかって。

玉袋　**アンディ・フグ**[※214]がK-1に転向する10年以上前ですもんね。それは早いわ。

宮戸　ボクが通ってた極真の道場は、おもしろいところだったんですよ。当時、同じ道場で練習してたのが**小笠原和彦**[※215]さん。ほかにも全日本選手権に出場している先輩がいたり、いま禅道会という流派を立ち上げた方もいたりで。

玉袋　へ〜っ！　小笠原先生を高校時代から知ってるんですか⁉

宮戸　当時、あの人は大学生で、ボクは高校1年ですよ。で、ボクは高校2年でベンチプレスは120キロ上げて、神奈川支部全体でやる夏合宿のときには、相撲で30人を抜いたりして、ちょっとみんなに知られる高校生だったんです。

ガンツ　新日道場で鍛えられた怪力高校生だったんですね（笑）。

宮戸　そんな関係で当時、小笠原さんも声をかけてくれたりしました。そんなメンバーと練習してましたから、空手もそれなりにできるつもりでいたけれど、顔面アリになると、それこそまったく違いましたね。

玉袋　田中正悟先生のところに行ったとき、のちにリングスに出た**武南幸宏**[※216]はいたんですか？

宮戸　いました、いました。

玉袋　やっぱり、いたんですか！　リングスでいきなりウィリーとやらされた男（笑）。

椎名　ケンカ屋だっていうだけで、〝浪速のレンティング〟って呼ばれて（笑）。

宮戸　彼とは高校2年のときにスパーリングもやりましたよ。打撃のスパーリングなんだけど、ボクが投げちゃって、寝技までやりましたもん。

ガンツ　グラウンドも有りだったんですか⁉

宮戸　いや、やっちゃいけないんだけどね（笑）。でも、なんでもありみたいな空気だったから。

玉袋　さすが、「空手の路上教習だ」っつって、街にケンカに繰り出してた流派だな（笑）。

宮戸　練習も道場じゃなくて、公園でやってましたからね。

玉袋　公園！　「青空前田道場」のスタイルそのまんまじゃねえか（笑）。

宮戸　あと、リングスを手伝ってた田代さんって知ってます？

ガンツ　はい、公式記録員の**田代徳一**※217さんですよね？

宮戸　あの人も高校生で同じ極真の道場だったんですよ。

ガンツ　ああ、田代さんって公式記録員時代、極真の西湘支部長でしたもんね。

宮戸　もともとはボクと同じ道場で、ボクが高校3年のときに前田さんを紹介したんですよ。それで、ボクとの関係の中で、のちにUWFの会場に遊びに来るようになって、その延長でリングスを手伝ってたんですよね。

ガンツ　しかもそのあと、田代さんの道場・蒼天塾に少年時代の橋本大地が通うようになるという（笑）。

前田と佐山の友情

玉袋　いちいち、いろんな繋がりがあるな（笑）。前田さんがヨーロッパに行ってたころは、交流は途絶えてたんですか？

宮戸　いや、手紙を1、2回やりとりさせてもらってますね。あと一度、ボクがコレクトコールで国際電話をかけてしまったことがあって、あとで前田さんに「おまえのコレクトコール、大変だったぞ」って言われて（笑）。

玉袋 ダイヤルQ2みてえなもんだよ（笑）。

ガンツ 前田さんに巨額の電話代請求がいって（笑）。

宮戸 ハハハ（笑）。

玉袋 でも、前田さんとそれだけつながりがあって、そのあとは佐山さんのタイガージムにも行くわけですよね？

宮戸 そうですね。

玉袋 前田、佐山っていう両巨頭についてたっつーのが凄いよ。

ガンツ 前田さん、佐山さん両方の一番弟子というか、最初の弟子になるわけですよね？

宮戸 そういえば、そうかもしれないですね。

ガンツ 佐山さんのところには、前田さんの紹介で行くんですか？

宮戸 紹介というか、ボクが中学生のとき、佐山先生が海外遠征に行かれる前にもお会いしてますから。

玉袋 中学時代から凄え経歴だよ。京王プラザホテル前で出待ちしてる俺なんかかわいいもんだよ（笑）。

ガンツ 前田さんが凱旋帰国したあとっていうのは、どうだったんですか？

宮戸 前田さんご自身は、変わらず接してくれたんですけど、急にテレビに出て、雑誌にも大きく載って、スターになったじゃないですか？　なんか、ボクは前田さんがちょっと遠くに行ってしまったような寂しい感じもしましたよ。

玉袋 身近だった兄さんが、遠い存在になっちゃったみたいな感じか。

椎名 前田さんって、凄い売り出されてましたもんね。帰国前からプロモーションビデオ流してさ、ブリッジが凄えぞみたいな情報もあって。

ガンツ 「12種類のスープレックスを使う」っていうのが、期待を高めましたよね。しかも半分以上、聞いたこともない技で（笑）。

玉袋　それで「アンドレもジャーマンで投げられる」とかな。

ガンツ　言ってましたよね。「クラッチさえ取れれば誰でも投げられるんだ」って（笑）。

椎名　だから、スープレックスが凄くて、ニールキックもカッコいい、ヘビー級のタイガーマスクだったよね。

玉袋　あのふたりは、凱旋帰国したときから、モノが違ったんだよな。あの前田さん、佐山さんというのを、凄く至近距離から見ていた宮戸さん的には、あのおふたりっていうのはどうですか？

宮戸　おふたりに共通していたのは、優しかったということですね。

玉袋　優しかったんだ！

椎名　プロレス界の二大怖い人なイメージがあるのに（笑）。

宮戸　いや、凄く優しかったですよ。もちろん、練習になると誰よりも厳しい面がありましたけど、ホントにおふたりに共通するのは、優しい方だったなと。だから、ボクより下の世代の人たちは、前田さんや佐山先生が、どれだけ優しかったか、あまり知らないんじゃないかな。

玉袋　そこは素だったんだろうな。宮戸さんに見せた姿っていうのは。

ガンツ　また、前田さんと佐山さんというのは、ずっと仲がよかったんですよね？

宮戸　よかったんですよ。もの凄くよかった。

ガンツ　兄弟みたいな感じだったって聞きますよね。前田さんと髙田さんも、若い頃は兄弟のようだと言われてましたけど。

宮戸　でも、ボクが見たかぎり、前田さんと髙田さんも仲がよかったけど、佐山先生と前田さんのほうが、より以上に手が合われていた気がしますね。

玉袋　そうなんだ！

宮戸　前田さんは髙田さんと一緒のときよりも、佐山先生と一緒のときのほうが、明るく楽しそうだった印象が、ボクには残ってますね。

ガンツ　なるほど。「佐山さん・前田さん」の関係だと、佐山さん持ち前の明るさで前田さんも明るくなって、「前田さん・髙田さん」だと、髙田さんも前田さんカラーになっていたというか。

宮戸　そんな感じがしましたね。でも、佐山先生と前田さんが一緒にいると、とにかく凄く明るい空気だったんですよ。

玉袋　そんないい関係のふたりがぶつかっちゃうんだから、わっかんねえよな～。

宮戸　ぶつかったのか、それをぶつけた人がいたのか、それはわからないですけどね。

ガンツ　第1次UWFの前、佐山さんがタイガーマスクをやめる頃っていうのは、どうだったんですか？

宮戸　あのときも、おそらく前田さんは事前に何か知ってたんじゃないかと思うんですよ。それぐらいおふたりは親しいし、最高のコンビでしたから。だって、前田さんをプロレスに入れたのは佐山先生ですよ⁉

佐山とマンツーマン練習

ガンツ　そうですよね。で、宮戸さんは前田さんの個人的な弟子みたいなカタチだったのが、前田さんに「佐山さんのジムに行け」って言われたわけですけど。そのいきさつは、どうだったんですか？

宮戸　佐山先生がタイガーマスクをやめられたとき、ボクは大学生だったんですけど、じつは前田さんの家に居候みたいなことをしてたんですよ。

ガンツ　前田さんの家から大学に通ってたんですか⁉

宮戸　そういう日も多かったですね。

椎名　凄い生活ですね（笑）。

宮戸　そうしたらある日、前田さんに「佐山さんがこの辺にジムを出そうと準備してるらしいぞ。すぐ近くだから遊びに行ってみようか？」って言われて行ったんですよ。ホントに歩いて10分ぐらいの近所だったんで行ってみて。で、前田さんと佐山先生が話されているのを、ボクは少し離れたところで見ていたんですけど、そしたら前田さんが「宮戸なんか暇で時間を持て余してるんだから、佐山さんのところに練習に来たらいいんだよ。佐山さんだってひとりで練習してるよりも、こいつみたいなのがいたほうがいいでしょ?」って言ってくださって、佐山先生が「ホント、ホント、来て来て」って言われて、お言葉に甘えて翌日から行っちゃったんです(笑)。いきなり練習着を持って行ったら、「おっ、来たな」って、そのまま暗黙のうちに佐山先生との練習の日々が始まる感じでしたね。

ガンツ そのとき佐山さんのところには、ほかに誰もいなかったんですか?

宮戸 いなかったです。ボクとふたりで。

ガンツ また、ふたりっきりの練習(笑)。

玉袋 前田さんに続いて、佐山さんとふたりっきりって、凄いな~!

ガンツ そこから毎日ですか?

宮戸 毎日。週6日。

ガンツ 週6日も佐山さんとずっとマンツーマンで(笑)。

宮戸 佐山先生もタイガーマスクを辞められて2ヵ月ぐらいでしたからね。ずっと練習漬けで。そうやって練習する中、「実は、来年ジムをオープンするんだ。手伝ってくれないか?」って言われたんですよ。佐山先生とふたりっきりで練習しながら、そうやって誘っていただけたのは、なんか自分が認められたような気がして、うれしかったですね。

玉袋 そんなぜいたくな人はいないですよ。

ガンツ 全国のファンの憧れの的ですからね。それがタイガージムになると。

椎名 山崎さんが入るのは、そのあとですか?

宮戸 山崎さんはそれからしばらくしてですね。

ガンツ じゃあ、宮戸さんはタイガージムでは、山崎さんの先輩なんですね。

宮戸　まあ、細かくそういう言い方をすればね。べつに自分が先輩だとか思ったことは一度もありませんけど。

ガンツ　宮戸さんがタイガージムのインストラクターをやってたときって、もう第1次UWFは始まってたんですか？

宮戸　それがまだ始まってなかったんですよ。タイガージムは1984年2月オープンで、UWF旗揚げは4月でしょ？　佐山先生がUWFに加わった『無限大記念日』が7月だから、その時点でボクは、自分がプロレスラーになるとは思ってなかった。

ガンツ　じゃあ、プロレスラーの夢を目指してる途中というより、タイガージムの人間だという気持ちだったんですか？

宮戸　そのときは、そうなってましたね。だから、佐山先生がUWFで現役復帰されるときも「えっ、佐山先生、またリングに上がるの？」みたいな感じでしたよ。うれしかったですけどね。

旧UWF末期の頃

ガンツ　それ以降、宮戸さんとUWFの関係というのは、どうだったんですか？

宮戸　ボクはUWFに入門したわけじゃないし、あくまで佐山先生のお付きでした。ただ、佐山先生がUWF道場に練習に行くときは一緒に行ってましたから、若手とは一緒にスパーリングもして。UWFの若手も、夜はタイガージムに練習に来てくれたり、いい関係でしたよ。あと、カール・ゴッチさんも佐山先生のところに1週間くらい泊まっていたときがあって、そのときボクがお世話をさせてもらったり。

玉袋　じゃあ、ビル・ロビンソンさんより、ゴッチさんのほうが先なんですね。

宮戸　短い期間でしたけど、練習を教わったのはゴッチさんのほうが先ですね。旧UWF時代と、新日との業務提携時代の1回くらい教わるチャンスがありました。でも、それこそゴッチさんと初めてお会いできたのは高校生のときですから、新日本の道場で（笑）。

ガンツ　エリートですねえ（笑）。

玉袋　新日イズムの超エリートだよ（笑）。

宮戸　ただ、旧UWFの道場というのは、前田さん、佐山先生、髙田さん、藤原さん、木戸さんといて、凄い空気でしたよ。

玉袋　そうそうたるメンバーだもんなあ。

ガンツ　第1次UWFの末期、前田さんと佐山さんの仲が悪くなっていったのは、近くにいてわかったんですか？

玉袋　競技化を優先する佐山先生と、団体運営と折り合いをつけようとする前田さんが、意見の相違で対立したって言われてますよね。

宮戸　まあ、揉めていたのかはわかりませんでしたけど、なんかヘンな空気でした。あのときは間にいろんな人が入りすぎたんじゃないですかね。あれがふたりだけだったら揉めなかったと思います。

玉袋　そうか。なんか、焚きつけるのがいて。

宮戸　焚きつけなのか、会話する機会が減っていたのか。

椎名　藤原さんが「佐山もちゃんこを一緒に食っていれば揉めることもなかった」って言ってましたけどね。

宮戸　まあ、UWFとタイガージムという拠点が別々で、少し会話も減っている中、そこをいじる人がいたんでしょう。

玉袋　前田さんと佐山さんが**大阪でケンカマッチ**[※000]になったとき、宮戸さんは現場にいたんですか？

宮戸　会場には行ってないです。あとで映像は観ましたけどね。

玉袋　でも、前田さんと佐山さんの確執が表面化したとき、宮戸さんの心境っていうのはどうだったんですか？

宮戸　あれだけ仲がよくて息が合ってたふたりが、どうなっちゃったんだ？　って感じですよ。だって、ふたりともボクの恩人じゃないですか。

玉袋　そこも引き裂かれる思いですもんね。

ガンツ　しかも、あの大阪の一件があった直後に、宮戸さんはデビューですもんね。

宮戸　そうそう。旧ＵＷＦの最後から２つ目の興行なんですよ。１９８５年の９月11日がＵＷＦの最後で、ボクがデビューしたのは９月６日の後楽園。だから、ボクはデビュー戦を前田さんに観てもらってないんです。

ガンツ　大阪の佐山戦のあと、前田さんは欠場してましたもんね。

玉袋　結局、ＵＷＦと佐山さんはケンカ別れみたいな感じになっちゃうんだもんなあ。

宮戸　それで佐山先生が離れられて、ボクはＵＷＦを選んだことで、タイガージムを出ることになるんですけどね。だけどＵＷＦを選んだはいいけど、合宿所もなければ試合もない、そういう状態だったんで、前田さんに「おまえ、大阪に行ってこい」って言われたんですよ。

玉袋　また、田中正悟先生のところで練習ですか？

宮戸　いや、そのつもりで行ったら、そのときは練習じゃなかったんですよ。田中さんが中央軒というラーメン屋さんをやられていて、そのお店の手伝いだったんです（笑）。

ガンツ　そこで中華の腕を磨いて（笑）。

玉袋　料理人・宮戸はそこでスタートか（笑）。

宮戸　いやいや、皿洗いだけでした。あと出前が大変でしたね。１回、全部ひっくり返したことがありましたもん（笑）。おかもちがあるときならまだいいですよ。少ないときは手で持っていくんですから。ラップでどんぶりを包んでるんですけど、ちょっとバランスを崩すとスープが指にかかって、「アッチィ～！」って（笑）。

玉袋　俺もラーメン屋の出前をやってたから、わかる！

宮戸　そんな生活を1ヵ月半くらい続けてたら、周りから「宮戸はそのままラーメン屋になるんだよ」みたいな話が聞こえてくるんですよ……。

椎名　スーパータイガージムを離れて、ラーメン屋に辿り着いちゃって（笑）。UWFに行ったつもりが、ラーメン屋に辿り着いちゃって（笑）。

宮戸　それで「前田さん、もう帰らせてください！」って、そんな感じですよ（笑）。

ガンツ　前田さんとしてはUWFが潰れちゃったから、就職先を世話してやったくらいの感じだったんですかね？（笑）。

宮戸　いや、前田さんは知らなかったと思いますよ。練習しているものとばかり思ってたようで。まあ、いろいろありましたよ。

ガンツ　そうやって宮戸さんが大阪に行ってる間に、第1次UWFの若手は、ほとんどみんなやめちゃったんですよね？

宮戸　デビューした多くの人間はみんなやめちゃいました。残ったのはボクと安生さんと中野さんの3人だけです。

ガンツ　なんで3人だけ残ったんですか？

宮戸　なんでですかね。こっちが聞きたいくらいですよ。ボクらからしてみれば「なんでやめちゃうの？」っていう。

ガンツ　若手同士でそういう話はなかったんですか？

宮戸　なんかあったみたいですけど、ボクが大阪時代に感謝してるのは、そのやりとりに参加しないですんだんですよ。あとで聞いたら、安生さんたちも含めた若手が集まって、「みんなどうするんだ？上の人は新日でも全日でも行けるけど、俺たちは必要ないんだぜ」「だから、俺たちはお荷物なんだ」みたいな、自虐的な会話がされてたらしいんです。ボクはそういう会話をいっさい聞かずに、業務提携が発表されたあとに行けたんですよ。「どうするんだ、俺たち？」っていう会話の中に入っていたら、ちょっと面倒でしたね。

玉袋　そういうときって、俺たちもありましたよ。「どうなるんだ、俺たち？　殿、太田プロをやめるってよ。新しい会社を作ったら、俺たちは入れてもらえるのかな？」」って。

椎名　たけし軍団の中で、そういう話がされてたんですか？

玉袋　あったよ。俺たち、最底辺の下っ端（たけし軍団3軍）は、太田プロにも存在が認められてなくて、一応、タレント扱いされてたのは、たけし軍団セピア（2軍）までだったから。だから俺たちのやる仕事なんて、ウチの師匠の裁判で、並んで傍聴券を取るぐれえだからね。

椎名　裁判って？

玉袋　フライデー事件の裁判。でも、その傍聴券が取れねえんだよ、凄え倍率だから。それで太田プロに「すみません、取れませんでした」って言ったら、会社が「はい、おつかれさん」って1万円くれるんだよ。収入なんてそれだけだもん。それで新しい会社を作ったときに、一緒に入れてくれるのかなっていう不安が凄いあったよ。（水道橋）博士とふたりで、「俺たち大丈夫かな？」」って、いつも話してたもん。

宮戸　そういうことがあったんですね。

プロとは何かを教えてくれた会話

玉袋　宮戸さんは業務提携で新日に行ったあと、UWFの下っ端っつーことで、居場所がねえみたいなことはなかったんですか？

宮戸　いや、そうでもなかったんですよ。要するに、新日本にもデビューしたての若手選手がいるじゃないですか。そうすると、どうしてもお互い意識するんですよね。「いずれリングで当たるかもしれない」って。それはライバル視で鋭い目線であっても、意識されてるっていううれしさ、心地よさがあるもんなんですよね。

ガンツ　大きな意味でライバルが増えたっていう。

宮戸　そうなんですよ。だから、旧UWF時代よりも業務提携のときのほうがボクはうれしかったですね。

ガンツ　蝶野さん、橋本さん世代が、まだヤングライオンでいた時代ですもんね。

宮戸　あと船木さん、野上、飯塚さん、**松田（納）**[※219]さんが、みんな若手で。ちょうどその時代だから。

玉袋　タマが揃ってるな～！

宮戸　そういう人たちとの緊張感っていうのが、心地よかったんです。

玉袋　宮戸さんは業務提携時代、猪木さんとお話する機会はあったんですか？

宮戸　まともにお話させていただく機会っていうのは、立場も団体も違ったんで、当然そんなにありませんでしたね。ただ、ご挨拶はさせていただきました。当時の上の人って、若手が挨拶しても知らん顔する方が多かったんですよ。長州さんなんか、面と向かって目を合わせて挨拶しても、目線をそらされましたからね。

ガンツ　若手なんて相手にしてない、というふうな。

玉袋　でも、その無視されていた長州さんに、のちには「クソぶっかけてやる！」とまで言わせたんだから、宮戸さんは凄えよ（笑）。

宮戸　いやいや（笑）。そうやって無視する先輩も多かったんですが、猪木さんはご挨拶させていただくと、ちゃんと目を合わせて返してくれたので、それはうれしかったですね。練習中に何度か声をかけていただいたこともありましたし。

玉袋　やっぱり心が広いな、猪木さんは。

椎名　本物のスターですね。

玉袋　やっぱりスターなんだよ。若手にとったら、声をかけてもらえるだけでうれしいもん。

宮戸　ボクらのずいぶん下に、結局デビューできなかったUWFの練習生がいたんですけど、彼がたまたま地方会場のトレーニングルームで練習をしてたら、猪木さんが急に入ってこられて。凍りつきますよね、敵方の大将が来たわけだから。そのとき挨拶をしたら、練習が終わるときに猪木さんが彼に「いま苦しいかもしれないけど、辛抱しろよ。必ずいいことがあるから」って声をかけてくれたらしいんですよ。

玉袋　いい師匠だな〜、おい！

宮戸　だから敵方の大将が、誰も見てない密室で、15〜16歳の一番下の若い衆に言葉を残したっていう。ボクはそれを聞いて、すっげえ人だなって思いましたね。

ガンツ　彼にとっては、一生心に残る言葉ですよね。

宮戸　これがね、ほかに誰かがいたり、マスコミのいる前とかじゃないんですよ。15歳の少年と猪木さんだけの空間ですから。

玉袋　最高の話。シビれますね。やっぱスターだな、アントニオ猪木は。

ガンツ　そういう猪木さんと同じ空間にいられたことも含めて、宮戸さんにとって新日本との業務提携の2年間というのは大きかったんじゃないですか？

宮戸　大きかったですね。もともとボクは猪木さんとロビンソン先生に憧れてプロレスラーを志して、その中で道場の下見から前田さんとの縁というものをいただき、そして佐山先生との日々を経て、UWFでデビューしたら、まさかの新日本へのUターン。そこで、あらためて猪木さんと出会うことができて、その空間で「プロとは何か？」っていうものも見ることができましたよ。

玉袋　プロレスの道場論以外の「プロ」の部分に触れたってことですね。

宮戸　そうなんです。「プロとはいったい何なのか？」っていうね。ボクも14歳から前田さんに練習を教わり、佐山先生にもデビューまで2年間教わりましたけど、それはプロとしてじゃなくて、強さとは何か、あるいはレスリングはどうあるべきかっていう根本的な考え方であったんですよ。じゃあ、それを現場でどうしなければいけないかまでは教わったことがなかったんです。

玉袋　なるほど。客前での心がまえってことですね。

宮戸　その中で業務提携時代、こんなことがあったんですよ。ある地方の体育館で、お客さんが7、8割、満員ではなかったんです。それで試合が始まったら、第3試合ぐらいまで観客がシーンとしていて、ボクが先輩の引き上げを誘導しながら控え室に戻るとき、暗がりで出番を待ってた長州さんと、パートナーの方との会話が聞こえてきたんですよ。「今日は客が死んでるからよ、ゴングが鳴ったらババババッといくぞ！」みたいな、そんな会話ですよ。その瞬間、「はっ！」としたんです。たったそれだけの会話だけど、「なるほど。これがプロなのか」と。

玉袋　ほう、ちゃんと客の空気を読んで試合をするっていうね。

宮戸　ほんの数秒間の言葉ですけど、「メインイベントに出るような人はこうやって試合をしてるんだ」って。それが、のちのUインターに全部役立ちましたね。

玉袋　お〜！　宮戸さんが〝Uインターの頭脳〟と呼ばれる原体験ですか。

宮戸　だから長州さんのあの10秒程度の会話が、ボクにとって「プロレスとは何か？」を理解するための膨大な量の情報をもたらせてくれたんです。そのとき実際、そのあとの長州さんの試合では、客が爆発してましたからね。

ガンツ　凄いですね（笑）。

玉袋　やっぱり、これ（腕を叩きながら）ですよ！

宮戸　その日の大会は、長州さんの試合以降、全部沸いてましたから。「俺はいままで何をやってたんだ……」っていうくらいの衝撃でした。

玉袋　そこは寄席と同じですね。寄席だってさ、「今日の客はどうだ？」って師匠連中が聞いてくるわけさ。それで〝セコ〟だったら、ちょっとネタを変えるとかやるからね。そこがプロなんだよな〜。その最たるものが猪木さんなんだろうけど。

1回こっきりの凄さ

ガンツ　宮戸さんはUインター時代、そういう観客の空気を感じて、選手たちに指示を出したりとかはしていたんですか？

宮戸　はい、言ってましたね。たとえば、ゲーリーに「見ないで勝負をかけてくれ」とか、「最初からいってくれ」、そんなことは言ったかもしれない。

玉袋　またUインターは、そうやって興行内で惹きつけるだけじゃなく、もうカードが発表された時点から、いろいろ巻き込んでたよな。こっちは、試合前から踊らされてるんだもん。髙田vs北尾戦の前なんか、何度それを肴に酒を飲んだことか。あの頃は、その持っていき方が完璧だった！

ガンツ　また、髙田vs北尾が1回こっきりなのが凄いですよね。

宮戸　その1回こっきりの凄さを教わったのは、猪木vsロビンソンだから。

椎名　やっぱり、そこに戻るわけですか（笑）。

宮戸　ボクが小学6年生のときに受けた、あの衝撃をUインターの観客にも感じてほしかったんですよね。それは常に思ってました。ルー・テーズ、ロビンソン、そして**ダニー・ホッジ**[※220]を特別立会人としたのも、あの日への想いなんですよ。

ガンツ　ルー・テーズとカール・ゴッチが立会人だった、猪木vsロビンソンのオマージュ。「それぐらいの試合なんだよ」という。

宮戸　そうです。これはカッコつけて言うわけじゃないけど、猪木vsロビンソンというのは、当時12歳のボクという、たったひとりの人間に伝わったことで、のちのUインター、そして**スネークピット・ジャパン**[※221]につながったんですよ。だから何かを伝えるとき、ひとりにでも伝わったら、そのバトンを渡すことができるんです。だから、これは後づけで言うわけじゃなく、髙田さんがゲーリーとやった大阪のタイトル戦（1992年9月21日、大阪府立体育会館）、それから北尾戦にしても、いつも「あのときの俺に届け！」っていうか、いま客席にいる誰かひとりのバトンの受け手に届けという、そんな想いでやってましたよ。

玉袋　最高じゃないですか、それ。たまらんな〜。そうなんですよね、ひとりにでも届けばいいんですよね。

宮戸　そう、バトンは100本もいらないんですよ。ロビンソンだってまさかあの日の猪木戦の客席にいたひとりの小学生に呼ばれて、のちに日本に10年以上も住むなんて、夢にも思わなかったでしょう。

玉袋　凄いですね。リングから放射したものが、ひとりの心の中に入って、ロビンソンさんの人生まで変わるというね。でも、何でもそうですよね。歌も芸能もそのとおりだと思いますよ。

ガンツ　玉さんもラジオから聴こえてくる、たけしさんの声が心に届いて、いまがあるわけですよね？

玉袋　ホントそうなんだよ。殿のラジオが俺に届いて。あとは、受け取った者の熱量じゃないですか。

宮戸　そう！　受け取った人間は何人もいるかもしれないけど、受け取り側の感度が全然違うから！　ほかの人が聴こえないものまで聴き取ってしまう。

玉袋　電波系なんだけど、それがあるんだよ（笑）。「これ、俺に言ってるんだ」っていうのがね。

宮戸　間違いなくそうですよね。

本当に強かった髙田

玉袋　あと宮戸さんにとっては、髙田さんも欠かせない存在ですよね？

宮戸　そうですね。髙田さんと初めてスパーリングをさせてもらったのは、高校2年のときなんですよ。

ガンツ　また早いですねえ（笑）。

宮戸　髙田さんがまだ入門してどのくらいだったのかな。でも、ボロッボロにやられましたよ。

ガンツ　髙田さんとは歳もそんなには変わらないですよね？

宮戸　１コ違いですね。

玉袋　でも、髙田さんは柔道とか経験せずに入ってるんですよね？

宮戸　そのとおり。それなのに、凄かった。髙田さんとスパーリングをやらせてもらうことによって、「プロレスの道場というのは、何も格闘技を経験してなかった人を、ここまで強くしちゃうんだ」ということがわかりました。それが感激でしたね。

玉袋　凄え。みんな言いますもんね、髙田さんは若手の頃から強かったって。

宮戸　若手の頃から本当に強かったんですよ。髙田さんにはボロッボロにされるだけでしたから。あれでボクは髙田信者になっちゃったです。

ガンツ　高校２年で「この人は強い！」と。

宮戸　髙田さんはあの日でボクを子分にしちゃった。もうボロッボロにやられましたから。もう20分くらい、メッタメタですよ。
玉袋　凄い証言だよ、これ。
宮戸　終わったあと、ショックで落ち込みましたよ。歳もたったひとつ違いで、入門前まで格闘技をやってなかった人に、ここまでやられるのかって。でも、うれしかったんです。「プロレスラーはやっぱり凄えな」って思えたし、「自分が目指すべき道だ」と再確認できた。
玉袋　安生さんも「旧UWF時代から、道場で一番強かったのは髙田さん」って、言ってたもんな〜。
宮戸　いやあ、凄かったですよ。ホントに強かった。だけど練習が終わると楽しい人だったんですよ。だからボクに酒の楽しさを教えてくれたのは髙田さんでしたね。ボクが大学に進学したあと、「飲みに行こうか」って電話で誘っていただいて。
玉袋　宮戸さんは、そのへんの話が、いちいちプロレス入りする前っつーのが凄いよ（笑）。
宮戸　前田さんがいたからこその髙田さんとの関係でもあり。髙田さんにしたって、高校生のボクとスパーリングをやってくれたというのも、それもまたご縁ですよ。

猪木とロビンソンの継承

ガンツ　で、そんな家族のような関係だった人たちが、10年ちょっと経つと、Uインターとリングスに分かれて、骨肉の争いをしてるわけですからね（笑）。
玉袋　だから俺たちとしても、どっちに行ったらいいんだっていうのがあったからね。「前田も好きだし、髙田も好きだから、リングスとUインター、どっち応援すりゃいいんだ」っていう。パンクラスはそこに入らなかったんだけど（笑）。
宮戸　あ、そうだったんですか？
玉袋　当時、俺はなかったんですよ。前田さんの言う「コトナ」的なものを感じちゃって。スタイルとしては画期的なものを出してくれてたんだけど、プロっていう部分で青かったっていうかね。でも、いま鈴木みのるの本なんか読むと、やっぱり鈴木選手自身も「青かった」って反省してたりして、いまプロ中のプロみたいに成長してるのも凄えなって思うんだけど。そう考えると、宮戸さんは早熟だったんじゃないですか？　物の道理やプロ意識という面に関しては。

宮戸　いやあ、どうなんでしょうねえ。ホントの意味での早熟だったら、前田さんともああいう揉め方はなかっただろうし。そういう意味では、いろんな経験と、自分の知識が合致できてなかったというか、まだまだ未熟だったなと思いますね。

玉袋　でも、Uインターはそこの青さというか、「何をやらかすんだ？」っていう危なっかしさも魅力だったからね。

椎名　若さゆえの過激さがありましたよね（笑）。

玉袋　行動も発言もいちいち危なっかしくて、過激だったもんな～。そこが見逃せなかったよね。

ガンツ　宮戸さんは、いま思い返して、前田さんと佐山さんにはどんな思いがありますか？

宮戸　これはもう、ずいぶん前から思ってることですけど、やはりすべてのご縁に感謝の思いですね。まず、前田さんを見出されたのは佐山先生で、その前田さんと私の出会いがあって、佐山先生につないでいただき、デビューまでいけた。でも、その原点にあるのは、アントニオ猪木さんであり、猪木vsロビンソンであるという。そして新生UWFで、恩人である前田さんと揉めてしまうことがなかったら、Uインターはできていないし、Uインターがなければビル・ロビンソン先生と会うこともなかったと思う。

玉袋　なるほど～。

宮戸　だからそこまでひも解くと、やはり蔵前に猪木vsロビンソンを観に行って、あの日に決定付けられた自分の人生というものが、全部繋がっているなとは思いますね。また、その中で数年前にはＩＧＦ※222

の現場部長を4年間やらせていただいて、その4年間というのも、ボクにとっては凄く大きなことだったんです。だって、あのアントニオ猪木さんの目の前でレスリングを教えなきゃいけない状況なんですよ？　そんな図々しいことを当たり前のように4年間もやれたっていうのは、やはりビル・ロビンソン先生との10年間、そしてさらにUインター時代があったから。そうじゃなかったら、とてもじゃないけどできなかった。

玉袋　なるほど。人生に無駄はないね。それは猪木さんが15歳の少年に声をかけた、「がんばってやってれば、いいことがある」っていうことに、全部繋がりますね。

ガンツ　すべて必然だったっていう。

玉袋　必然だよ。偶然の積み重ねなんだけど、必然だよ。

宮戸　そうですね。そして、すべてはご縁というものがつないでくれたもので。だからいま、前田さんはボクに対していい感情はないかもしれない。だけど逆に言えば、うれしい意味じゃないけど、前田さんにとってボクは一生忘れられない人間になっちゃってるわけで……。

玉袋　前田さんの心の中に深く入りこんじゃってますよ、よくも悪くも（笑）。

宮戸　前田さんのファンの人にとったら、あの前田日明さんが一生忘れられない人間って、うらやましがる人もいたりして（苦笑）。もちろん、ボクにとっても一生忘れられない方であり、そのご恩も忘れていないつもりです。また、アントニオ猪木さんで始まったボクのプロレス人生が、ＩＧＦという場所でまたアントニオ猪木さんに戻らせていただき、近くで見た、感じた猪木さんというのは、やっぱり凄かったですよ。なんか、この歳であらためて富士山に登って、その富士山を間近で見たら、富士山はやっぱり凄かった、という感じでした。

玉袋　いいね〜、猪木山脈（笑）。宮戸さん、おもしろすぎるよ。やっぱりこれは、宮戸さんが持ってるアンテナというか、引きが強いんだと思うね。せっかくいろんな出会いや縁があっても、それを繋げないヤツが多いじゃないですか。宮戸さんはそれを繋いで、いまこうやって語れるっつーのは、素晴らしいと思いますよ。

宮戸　いや、だけどボクも来年53歳になっちゃうんですよ。53歳というのは、Uインター時代に初めて会ったときのロビンソンの年齢。だから、**キャッチ・アズ・キャッチ・キャン**[※223]というものにしても、ボクはロビンソンからある種、バトンを受け取ってしまったわけです。心もとない受け手かもしれないけど、ボクもあのときの彼の年齢になったことは、自覚しなきゃいけないと思ってます。ボクが後進の者たちに、ロビンソンのすべてを伝えきれるかどうかはわからないけど、その一部であっても、今度はボクがロビンソンになって、伝えていく必要がある。そうしなければ、ロビンソンの技術や考えといいものが、そのままなくなってしまうことになるから。そういう意味では、ロビンソンから受け継いだもの、猪木さんから学んだものをどう残すかが、自分の今後の人生の課題かなと思ってますね。

玉袋　イズムの継承だ。やっぱり、そうやってつないでいくもんなんだよな。俺もたけしイズムを継承してえ。しっかり、受け継がねえと。だから、椎名はピエール瀧イズムを、ガンツは山口日昇イズムを、いちおう継承しとけよ！（笑）。じゃあ宮戸さん、今日はありがとうございました！

田村潔司

赤いパンツの頑固者

田村潔司（たむら・きよし）
1969年生まれ、岡山県出身。U-FILE CAMP主宰。高校卒業後の1988年に第2次UWFの入団テストに合格し、1989年5月に鈴木実戦でデビュー。UWF崩壊後はUWFインターナショナルに籍を移し、異種格闘技戦などで頭角を現わすが、新日本プロレスとの対抗戦への参加を拒否し、K-1でパトリック・スミスとバーリ・トゥード戦を行なうなど独自の道を歩み始める。1996年、リングスに移籍。前田日明引退後はエースとして活躍するが2001年に退団。以降はPRIDE、HERO'S、DREAMなどで激闘を繰り広げ、現在も新たな闘いを模索している。ブログ「田村潔司.com」。

ガンツ　玉さん！　今回のゲストは満を持して田村潔司選手に来ていただきました！

玉袋　ついに来たか。変態の大好物！

椎名　俺たち、これまでかなりの時間、田村選手について考えてきたもんね（笑）。

玉袋　「髙田さん、ボクと真剣勝負してください」発言からよ、新日との対抗戦拒否、パトスミ（**パトリック・スミス**）[※224]戦、それからPRIDEの吉田秀彦戦とかよ。いちいち心を揺さぶって来るんだよな～。で、あれからずいぶん経つのに田村さんの見た目は全然変わらないっていうね（笑）。

椎名　アンチエイジング（笑）。

田村　玉さんも全然変わらないですよ。でも声が変わりましたよね？

玉袋　これは酒焼けです（笑）。それにしてもね、俺たちがこうやって登戸のカラオケボックスに来てみたら田村さんがうどんをすすってるっていうのがいいよ！

ガンツ　過去に「**うどん屋宣言**」[※225]していた田村さんがいま、やっぱり讃岐うどんをすすっている！

椎名　カラオケボックスのオーダーのうどん！

玉袋　俺の声は変わったかもしれないけど、うどん屋嗜好だった田村さんは変わってねぇや！

ガンツ　田村さん言うところのラーメン＝新日本プロレス、にはけっして行かず、いまもUといううどんをすすり続けてると（笑）。

新生UWFのひとり弟子時代

玉袋　まあ、『1984年のUWF』なんて本も話題になって、やっぱりUにこだわってきた田村さんのキャリアもあらためてクローズアップされると思うんですけど、あの本は読みました？

田村　読んでないです。どんな内容なんですか？

玉袋　まあ、佐山さんの格闘技志向から始まったUWFのノンフィクションなんですけど。第1章では学生時代の中井祐樹さんが〝中井少年〟というカタチで登場して、「UWFこそ本物だ」と心酔していたのに、髙田vs船木がキャメルクラッチで決まる試合を観て、「信じていたUWFに裏切られた！」と感じるという始まり方だったりしたんで。まあ、ファンの間でも論議を呼んでるんですよ。最終的には中井さんも「でもUWFがなかったら総合格闘技はない」っていう話で過去は否定してないんですけどね。

田村　それは大人ですね。

玉袋　ただ、シューティングの現役時代はUWFを敵視していたことも語ってるんですけど。田村さんは当時、修斗、シューティングっていうのは、どういうふうに見てたんですか？

田村　いやあ、まったくない。

玉袋　眼中にない（笑）。

田村　眼中っていうか、情報がないというか。

ガンツ　まあ、修斗もVTJでブレイク前はU系にとって商売敵にもなってなかったですもんね。

玉袋　ただ、当時のシューターっつーのが「俺たちは本物で、U系はニセモノだ！」みてえなことを言うもんだから、俺たちファンもグラングラン揺れながら観てたのもたしかでね。その中で田村さんは要所要所で「Uは本物だ！」ってところを見せてくれた選手だもん。本人を前にして言うのも照れくさいけど、「俺たちには田村がいるんだから！」っていう気持ちはあったもんな。

椎名　田村、TK（髙阪剛）には特にありましたよね。

玉袋　そうそう！　そっからサクちゃん（桜庭和志）も出てきてね。それに田村さんの場合、デビュー当時からずっと観てるから。

田村　ありがとうございます。玉さんはキャリアどれくらいですか？

玉袋　ボクは31年目ですね。

田村　ボクは29年目なんで2年違いなんですね。ボクは玉さんが最初、どういう境遇だったのかに興味があるんですよ。

玉袋　いや、ある意味でプロレスの新弟子と一緒ですよ。最初は風呂なし4畳半共同便所のアパートに住んで、たけし軍団は絶対的な縦社会だし、鉄拳制裁も当たり前なんだけど、それがバネになってね。

田村　あ、殴りもあり？

玉袋　全然ありますよ。プロレスと比べたら違うでしょうけど、しょっちゅうありましたよね。田村さんも第2次UWFで一番下っ端だった頃は相当大変だったと思うんですけど。

田村　当時は当たり前のようにやってましたが、新弟子は二度目はやりたくないですね。あれは大変でした。前髙山（前田日明・髙田・山崎一夫）のお世話を3人同時にやらせていただいた試合もありますから。

玉袋　俺がたけし軍団のゴルフバッグを4つ持ったのと一緒だな（笑）。

田村　もう身体が3つほしかった。たとえば試合後に山崎さんから「絆創膏を部屋に持ってきてくれ」と言われたとき、その前にまず前田さんの用事をすませて、髙田さんの用事をすませて、順番的に最後に山崎さんのところに行くと、「遅い！」って怒られるんですよ。

玉袋　まあ、理不尽だよね。でも先輩の雑用やって小遣いとかはなかったんですか？

田村　前髙山のお三方は1万円で買い物、お釣りはいらないって感じでした。食事は安生さん、宮戸さんもよくお世話していただいて。中野さんは同部屋だったので礼儀など教わったんですが、教わるというより先輩のご機嫌スイッチを探す作業の鍛錬ですね。

ガンツ　あのUWFでひとり新弟子というのは、理不尽さも含めて、想像を絶するキツさなんでしょうね。

田村　後輩が入ってもすぐやめて、ひとりでいる期間が長く続いたんで、愚痴を言い合う相手もいなかったのが辛かったですね。もう、日本語を忘れるくらいだったたから。

椎名　「はい」「いいえ」しか言葉がない世界で（笑）。

田村　だから、Uインターの新弟子時代が厳しかったとボヤくヤツがいるけど、新生UWFに比べたら全然ラクですよ（笑）。

玉袋　でもUインターの田村寮長は凄く厳しかったっていう話をいろいろ聞きますけど（笑）。

田村　寮長ってそんな立場だと思いますよ。それを言ってるのは、あいつだけですよね？

ガンツ　まあ、金原さんを筆頭に（笑）。

椎名　この前、菊田さんも言ってたよね（笑）。

田村　菊田には言われる筋合いはない！　これを読んでたら、二度とその話題に触れるなって言いたい。

玉袋　カ、カテエ……（笑）。でも金ちゃんにしても、田村さんにしても、サクちゃんにしても、そういうプロレス道場で下積みを経験してる選手っていうのは、同じ総合格闘技をやってても、最初から格闘技だけの選手とは匂いが全然違うんだよな。グッと惹かれる感じというかさ。

ガンツ　U系の選手は勝つことはもちろん、「観客を満足させなきゃいけない」っていうことを若手時代から徹底的に叩き込まれてますからね。だからの総合格闘家とはちょっとマインドが違うんでしょうね。

田村　まあ、違うんだろうね。修斗系の選手とかとは。

玉袋　俺はお相撲も好きなんだけど、あれもたんに勝てばいいものじゃないですよね。だからプロレスの道場とか、相撲部屋とか、同じように厳しい縦社会で共同生活の中から育つとことか、共通する部分が多い気がする。

椎名　それは凄く感じますね。たんなる競技じゃねえぞっていう。

ガンツ　Uインターは特にそういう感じが強かった

んじゃないですか？

田村　そうね。だからＰＲＩＤＥ初期のとき、リングにラウンドガールが上がっているのを見て、宮戸さんが「リングにあんな女を上げちゃダメだ」って言ってたことがあるの（笑）。

椎名　宮戸さんらしいですね（笑）。

田村　俺は半々の思いがあったんですよ。ラウンドガールみたいなものも必要という考えもあったんだけど、「宮戸さんの気持ちもわかるな」って。それで時代が変わって、いま修斗系の選手って勝ったらリング上に人を呼ぶじゃないですか。あれは何なんだろうなって（笑）。

玉袋　ああ！　俺もあれには抵抗ある！

田村　あれこそアマチュアじゃないですか。友達とかまでリングに上げて、「あれって誰向けに発信してるの？」っていうのがあって。引退とか特別なことなら理解するけど。

ガンツ　相撲の話で言えば、稀勢の里が優勝しても仲間とか後援者を土俵上には呼ばないですもんね（笑）。

玉袋　呼ばないよ！　神聖な土俵にはどんなタニマチだろうが、師匠でも上がれねえんだから。

田村　あと控え室とかでもいろんな関係者を呼ぶでしょ？

椎名　なるほど。プロレスラーはそういうことをしないですよね。

ガンツ　Ｕインターの控え室なんて、女人禁制ですからね（笑）。

椎名　女人禁制なんだ（笑）。

田村　控え室から闘いが始まってる、という意識ですよね。

玉袋　わかる！　俺も漫才の前、楽屋に誰も入ってほしくないもん。だけどわかんねえバカがくるんだよな。俺はいっさい相手しねえけど。

ガンツ　それだけ、かつてのＵ系レスラーというのは、リングとプライベートの付き合いにしっかり区別をつけていたということですよね。

田村　そうだね。

玉袋　そういう素人が簡単に近づけねえ世界だからこそ、俺たちも憧れたわけだしね。

新日本との対抗戦を拒絶

田村　ボクもこの歳になって思うんですけど、玉さんとかが若いときから試合を観てくれてるというのが凄くありがたい。自分の歴史を知ってもらってるわけだから。

玉袋　いや、こっちはずっと語れるような試合を見せてもらってきたことに感謝ですよ。いまだに酒飲んで、20年前、30年前の試合について語ってんだから（笑）。

椎名　このプロレス取調室なんてまさにそうですよね（笑）。

ガンツ　特に田村さんたち90年代に活躍したU系の選手には、プロレスからプロの総合格闘技が出来上がっていくその過程をすべて見せてもらったので、思い入れも違うんですよね。

玉袋　そうだよ。一番凄いところを見せてもらってるわけだから。パトスミ戦なんて、バーリ・トゥードの本当の先駆けだったわけだしね。なんか節目節目で客席にレガース投げたりとかさ。そういう謎かけがまたいいんだよ。こっちは「おっ、田村から宿題が出ちゃったよ！」みたいな（笑）。

田村　ただ、あの頃っていうのは自分にとって辛い時期でしたけどね。

椎名　新日本との対抗戦を拒絶したことで、Uインター内で孤立しちゃったんですよね？

田村　完全に孤立してましたね。試合に出ないから給料も止まったし。

玉袋　それでもやっぱり、新日本との対抗戦に自分が出たらダメだって思いがあったわけですか。

田村　Uインターで築き上げたものは、Uインターの中でこそ意味があるんですよ。インターの若い選手が新日本と対抗戦をすることによって、その選手個人の価値は上がるけど、インターとしては何も残らない。

ガンツ　同じU系ならともかく、新日本と対抗戦をやってしまったら、Uインターの世界、価値観が崩れてしまいますもんね。

田村　「いままでUインターが築き上げた世界、価値観はなんだった？」って思ったんですよ。東京ドームという大きな会場で、あれだけ注目される舞台という意味では、凄く魅力を感じることもあったけど、冷めてしまう自分もいたりして。道場での練習の温度差があったり。すべて含めて「ちょっと違うな」と思い始めて。Uインターの道場に行かなくなり、ひとりスポーツジムに入会して練習するようになり。そうやって完全に孤立していきましたね。

玉袋　でも、その溜め込んじゃう田村さんもまた魅力なんだよ。「おっ！　悩みだしたぞ！」っていうところがまたさ（笑）。で、絶対にその悩みをどっかで爆発させてくれるんだよ。要所要所の試合につながっていくし、それを見るのが我々としてはたまらない！

椎名　変態心が揺さぶられるんですよね（笑）。

玉袋　そこなんだよ！

ガンツ　パトスミとやった年は、まさにそれが爆発してましたよ。ボクは「1995年の田村潔司」というのは、U系の歴史できわめて重要だと思ってるんですけど。その年、どんなことがあったかと言うと、まず2月のNKホールで田村さんと垣原選手がいわゆるシュートで試合を行ない、6月にはゲーリー・オブライトとの不穏試合があるんですよ。あの、髙田さんが「きわめて近い将来に引退します」って言った両国で。

玉袋　あったな〜。そのあと「さわやか新党」で出馬だもんな。

ガンツ　そして8月のNKで「髙田さん！　ボクと

真剣勝負をしてください！」発言があって、その2週間後には長州力の「よし、押さえろ！」で、新日本vsUインターの10・9ドームが決まるわけですよ！

田村　凄い覚えてるね～（笑）。

ガンツ　そして田村さんだけは新日との対抗戦を拒否して、12月にK-1名古屋大会のリングでパトスミとバーリ・トゥードで対戦するという。

玉袋　田村さんはU系目線で言うと完全に保守なんだよ。だから俺たちU信者は田村さんの行動を支持して、「なんで新日と連立組んでやってるんだ！」って対抗戦を否定しながら、10・9ドームはUインターの応援に行っちゃうんだよな～。

ガンツ　ホイホイ行っちゃうんですよ（笑）。

玉袋　「Uが新日に負けるわけねえだろ！」なんて言いながらドームに乗り込んでいったら、髙田さんが足4の字固めで負けてガックリ来てるんだからいいカモなんだよな～（笑）。

田村　でも、あれはいい試合ですよね。

玉袋　あ、田村さんから見てもよかったんですか。武藤さんの動きとか？

田村　いや、最近YouTubeで観たんですけど、最後の足4の字固めの前に、髙田さんも武藤さんを引き出す素晴らしい受け方をしてるんですよね。

ガンツ　業界用語で言うところのセールがよかったと（笑）。たしかにあのドラゴンスクリューでの悶絶があったからこそ、足4の字のフィニッシュに説得力が出たわけですもんね。

玉袋　髙田さん、がんばったんだろうな。この前、この取調室に出てもらったとき、借金を返すために一生懸命やったって言ってたもん（笑）。その一方で、俺なんかは「いまごろ田村は何をやってるんだろ？たぶんサンドバッグを蹴ってるんだろうな」とか思いながら観てたよ。

ガンツ　それで翌週の週プロを読んだら、「田村と宮戸がふたりだけで道場にいた」みたいなことが載ってて燃えたんですよね。

玉袋　いいね～（笑）。

ガンツ　だからあの頃は、新日の力によって〝U〟が消される寸前だったけど、「俺たちにはまだ田村潔司がいる！」っていう思いになって、だからこそパトスミ戦では本気で応援したんですよね。

椎名　俺、あのとき彼女を連れて名古屋まで観に行ったんだけど、普段はそんなことしないのに、田村さんが入場して来たとき、「田村～！　行け！　頼むぞ！」とか叫びまくったら、彼女が凄いびっくりしちゃって（笑）。

ガンツ　狂ったように応援してる姿に引かれたと（笑）。

椎名　ドン引きでした（笑）。彼女は俺がK―1を観にきたと思ってたみたいなんだけど、「違う！　K―1なんてどうでもいいんだよ！　俺はこれを観に来たんだよ！」とか言って、よけい引かれた（笑）。

玉袋　でもあの試合は叫ぶよ。俺だって叫びまくったもん。

田村　玉さんも名古屋まで来てくれたんですか？

玉袋　行きましたよ。俺なんか前乗りだもん（笑）。

田村　ホントですか？　それはプライベートで？

玉袋　そう。Uインターの試合は全部自腹でチケット買って行ってたし。

田村　へえ～、ありがとうございます（笑）。

ガンツ　だから我々3人とも、田村vsパトスミのために名古屋まで行ってるんですよね。まだ出会ってもいませんでしたけど（笑）。

玉袋　あれは行かざるをえないよ！　こっちも背水の陣だって気持ちで乗り込んだだから。

素手のバーリ・トゥードで激勝

ガンツ　実際、田村さんは負けたら引退する覚悟だったんですよね？

田村　俺の性格で言うとやめてただろうね。もう戻れないから。

ガンツ　だから凄くリスクのある試合でしたよね。

椎名　しかも当時は素手のバーリ・トゥードだしね。

玉袋　乱暴なルールだよな〜。恐怖心はありました？

田村　恐怖心はありましたよ。当時のボクのパトスミのイメージは、UFCで馬乗りになってヒジを落として、相手が顔面陥没した試合（**スコット・モリス戦**[※226]）。

椎名　あれはヤバかった！

田村　あのイメージがあって「俺も負けたらああなるんだ」って。

ガンツ　当時のバーリ・トゥードはリアルに命を危険にさらすような試合でしたもんね。しかもあの日は田村さんの前に**本間聡**[※227]選手もバーリ・トゥードの試合をやって、レネ・ローゼにボッコボコにやられちゃったんですよ。

玉袋　あー、あったあった。

ガンツ　あれ観て「田村もヤバいな……」って超不安になって。

田村　本間さんがいい前フリになってたんだ（笑）。

ガンツ　田村さんは本間さんのあの姿を見ても自信があったんですか？

田村　自信はない。不安ばっかり。あのときだけですよ、緊張しすぎて会話もできなかったというのは。不安というか恐怖心だね。でも本間さんの試合を観たとき、本間さんがずっと立ったまま殴られていて、「なんでタックルに行かないんだろ？」って思ったの。それで「一発目はタックルしかない」って思ったんだよね。

ガンツ　なるほど！　それでいきなりタックルに行ったんですか。

田村　だからある意味で本間さんの試合のおかげで、俺は勝てたのかもしれない。

ガンツ　田村さんは普段はローキックから入りますけど、いつも通りの戦法だったらそこに素手のパンチでワンツー合わされてKOされてた可能性もありますもんね。

田村　しかも黒人に睨まれたら、それだけでもう怖いでしょ？（笑）。

玉袋　わかる。俺、ゾマホンだって怖えもん。

田村　アハハハハ！

ガンツ　でも、その重圧をはねのけてヒールホールドで激勝して、一気に田村さんの評価が高騰しましたよね。

椎名　日本人がバーリ・トゥードの大一番で、あんな秒殺勝利するって初めてだったもんね。

玉袋　あんなうれしい勝利はなかった！

田村　でも、あのあとボクは人間不信になるんですよ。

玉袋　えっ、そうなの⁉

田村　干されて、誰にも相手にされずに孤独だったのが、パトスミに勝ったら急に周りの態度が〝びっくりするくらい〟変わったんで。パトスミ戦前までは関係者、身近な人も含めて気にかけるような言葉はなく、みんな同じ質問ばかりで「対抗戦出ないの？」「いつ出るの？」「なんで出ないの？」って、もううんざり。唯一、『週刊ファイト』の波々伯部さんっていう記者の方だけが「おこめ券」をくれたんですよ。いまでも感謝してます。

玉袋　俺は田村さんのその気持ち、わかる！　浅草キッドも変装免許事件で干されたときさ、誰も声かけてくれなかったもん。（水道橋）博士は書類送検されてさ。謹慎で仕事がねえから、博士の家に行ってふたりで酒飲んでこれからのことを話したりしてたらさ、博士が先に酔いつぶれて俺の横で寝ちゃったんだよ。そしたら寝ながら夢でうなされてるの。それを見たときに俺はもう悔しくてさ、「ぜってえ逆転してやるぞ！」って思ったんだけど、それこそ（たけし）軍団の兄さんからは「おこめ券」のひとつもねえよ。

椎名　「おまえら大丈夫か」とか言ってくれる人はいませんでしたか。

玉袋　「だから言ったろ」って言った兄さんもいたからね。「おめえらのそんな遊びなんかつまんねえんだよ」って。殿（ビートたけし）だけだよ、あのとき声をかけてくれたのは。

田村　やっぱりそういうのは覚えてますよね。

玉袋　うん、覚えてる。周りに誰もいなくなっちゃうんだもんね。

田村　しかもボクの場合、パトスミに勝ったあと、「田村さんだけいい思いをして」みたいな声がほかの選手から聞こえてきたんですよ。負けたらボロクソに言われてたはずなのに、勝ったらそう言われると、もうボクは人間不信になるしかない（笑）。

椎名　「どうすりゃいいんだよ！」ってなりますよね（笑）。

リングスへ移籍

玉袋　それで決定的な溝ができてリングスに移籍か。俺は当時リングスファンだったから、「よく来てくれた」と思いましたよ。

椎名　リングスを選んで大正解だったと思いますよ。

玉袋　絶対にそうだよな。

椎名　田村さんはリングスに行って、一気にブレイクした感がありましたもん。ＷＯＷＯＷの中継も田村さんが来てから急におもしろくなったし。

ガンツ　あれで停滞気味だったリングスに勢いがつきましたもんね。田村さんはリングスの救世主だったと思いますよ。

玉袋　田村さんのリングスの試合は全部おもしろかったもんな。パンクラスもシビアな試合をしてたと思うんだけど、当時はまだちょっと青い人たちっていうかさ。前田さんの言う「コトナ」って感じだったし。

田村　「コトナ」ってうまいこと言いますね。さすがですね（笑）。

玉袋　それは前田さんが言ったんだけどね（笑）。

でもホント、リングスに来てからの田村さんの試合は、日本人とやっても、いろんなガイジンとやっても全部おもしろかったから。

田村　ボクが入る前のリングスってどんな感じだったんですか?

玉袋　初期は前田さんがエースなんですけど、**佐竹雅昭**[※228]とか正道会館が参戦して、**ヴォルク・ハン**[※229]なんかも出てきておもしろかったんですよ。

椎名　「新しいことが始まったぞ」って感じが凄くありましたよね。

ガンツ　それが正道会館勢がいなくなったあと、1993年から1995年ぐらいまでは停滞してた感があって。

椎名　なんか、**ビターゼ・タリエル**[※230]がエースみたいな時代だったしね。日本のリングでグルジア人の空手家がエースってありえなくね?　みたいな(笑)。

ガンツ　そのタリエルも田村さんと試合をしたら凄くおもしろい試合になったんですよね。

田村　タリエルはやりがいがあるんだけど、やりたくなかった(笑)。もう正拳突きひとつにしてもホントに強いの打ってくるんですよ。ダウンしながら、もう何度も「このまま寝てようかな」って思うときがあったから。

玉袋　また田村さんはリングス・ジャパン勢とあからさまにギクシャクしてるところがおもしろかったんだよ!

ガンツ　みんなに狙われてましたよね(笑)。

田村　うん。賞金首みたいなもんだったからね。でもそれもおもしろかったよ。

ガンツ　田村さんはリングス・ジャパン全員を倒してエースになったわけですもんね。

田村　そうね。**坂田(亘)**[※231]とはやってないんで、坂田以外はね。

玉袋　あの日本人同士が直接対決することによって、格付けが決まって行くところがよかったよ。

ガンツ　リングス・ジャパン勢との試合は、毎回果たし合いのような試合でしたけど、田村さん的にはどうでした？

田村　彼らとの試合は刺激的ではあったんだけど、俺としてはパトスミ戦がホントに刺激の究極だったので、たとえば最初に長井とやるときなんかは冷静になれたね。むしろ長井のほうがガチガチになってたんじゃないかな。

玉袋　なるほどね。修羅場くぐってきてるわけだもんね。

田村　でもそういう相手がいて、そのときはお互いにホントに嫌いだったからこそおもしろい試合になったのかなと。そういう意味では彼らにも感謝ですよ。**山本宜久**※232とかもね。

玉袋　田村vsヤマヨシはよかったぞ〜。

椎名　あれはあまりにも名勝負ですよね。シュートのケンカマッチから最後は芸術的な跳びつき腕十字！

ガンツ　福岡の試合ですよね。後楽園のフルタイムも最高でしたけど。

田村　マニアックな世界の話だな（笑）。

ガンツ　いやいや、田村ファンは全員ヤマヨシ戦を名勝負のトップに挙げますよ！（笑）。

田村　俺のファンがマニアック過ぎるんだよ（笑）。

ガンツ　ヤマヨシ戦は事実上のリングスの新エース決定戦でしたから、あそこでもし田村さんが負けていたら、ヤマヨシの下でリングス生活を送ることになったわけですもんね。

玉袋　それは勘弁してもらいたいな（笑）。

椎名　でも、負けるってありえなかったでしょ（笑）。

ガンツ　いや、でもヤマヨシはサミングやったり、鼻の穴に指を突っ込んだり、なりふりかまわぬケンカ殺法できてましたからね。

田村　ヤマヨシとの試合は、勝つには勝ったけど、後半はスタミナが切れて、ダメージも大きかったんで「俺、これじゃダメだ。もっと練習しなきゃな」って思ったんですよ。ところが試合の映像を見返してみると、あいつグーで殴ってるんですよ！（笑）。

ガンツ 掌底を効かされたと思ったら（笑）。

田村 グーのせいなんですよ。「そりゃあフラフラするわ！」と思って（笑）。

椎名 リングスルールのはずなのにパトスミ戦みたいに素手で殴られる（笑）。

ガンツ ヤマヨシの中のリングス・オランダイズムでしょうね（笑）。

田村 実際、目も突いてきたからね。

玉袋 レンティングイズムだな（笑）。

椎名 **ヘルマン・レンティング**[※233]戦法（笑）。

ガンツ だから、いざとなったら相手が何を仕掛けてくるかわからないのが、当時のリングスでしたよね。

時代と価値観

椎名 あと、リングスでは前田日明戦もありましたよね？ あのとき、田村さんが凄くうれしそうだった印象があるんですけど。そんなことはないですか？

田村 やってて、楽しかったは楽しかったです。

ガンツ あの試合は前田さんのリングスでのベストマッチですよね。凄く盛り上がって。最後は前田さんがスリーパーで勝ちましたけど、田村さんが試合をコントロールして「俺の試合だったぞ」っていう思いがあったんじゃないですか？

田村 いやいや、それはないよ。前田さんには新生UWF時代に病院送りにされて、眼窩底骨折で1年間欠場させられたという前フリがあったから、7年ぶりぐらいの試合で「俺の成長を感じてほしい」ということで、思いっきり蹴ってはいったけどね。

椎名 あの左ミドルは怨念がこもってる感じでした（笑）。前田さんの脇腹がみるみる赤くなってきて。

玉袋 あの蹴りがあまりにも痛かったから、それを根に持ってトロフィー投げつけたのかな（笑）。

田村 アハハハハ！

玉袋　なんか丸く収まらない人なんだよな〜。若手の頃から、距離感とか、前田さんに対する思いっていうのは変わらない感じですか？

田村　接すると変わらないですね。でも会いたいとは思わない。緊張しちゃうんで。

玉袋　そうだろうなあ。

ガンツ　実際、前田さんと試合やってみて強かったですか？

田村　いや、それは時代によるじゃん。あのとき、俺はまだ20代で、前田さんは引退する2年ぐらい前なのかな。それは相撲でも千代の富士が引退前に貴乃花に負けたけど、それをもって千代の富士が弱いってことにはならないから。やっぱり一時代を築いた人は強いですよ、そのときは。引退前の前田さんが強かったかはともかく、若い頃、あの当時では強かったと思うし、**アンドレ（・ザ・ジャイアント）**[※234]**との試合**だって、ほかの選手がアンドレとああいう試合ができたかといったらできなかったと思う。

ガンツ　アンドレとやった1986年と、田村さんとリングスでやった1997年じゃ、強さも価値観も比べられないということですね。

玉袋　そりゃそうだよな。

田村　ただ前田さんは、その若い頃の価値観でリングスでもいたから、試合をやる俺らは大変だったけどね。メインイベンターは毎月試合して休んじゃいけないとか。必ず客を満足させなきゃいけないとか、KOKとか後半になってもそれがずっと続くと、やっぱりボクもパンクしちゃいましたね。

玉袋　過重労働。クロネコヤマトみたいなもんだよ（笑）。

ガンツ　（前田の口調を真似て）「田村ね、おまえ、月イチでそんなこと言ってたらね、俺らのときはね、年間250試合やってたんだよ」って、そういう話になるわけですよね（笑）。

田村　そうそう（笑）。

玉袋　その考え方の違い、距離っつーのは縮まらね

えな。

田村　ボクは試合中に鼻を骨折して、鼻骨が「く」の字に曲がったことがあるんですけど。「あっ、これでちょっと休めるかな」と思ったら、1ヵ月後の試合に出させられましたからね（笑）。

ガンツ　鼻が折れてても関係ないと（笑）。

玉袋　乱暴な時代だよ（笑）。

ガンツ　田村さんはリングスで毎月メインを張ってる頃、ところどころで**フランク・シャムロック**[※235]戦とか、いまでいうMMAをやってたわけじゃないですか。それって自分の中でどう消化してたんですか？

田村　まあ、当時はメインの責任感とかあったのかもしれないな。あの頃はリングスタイルのプロレスと、格闘技志向の試合の両方を当たり前のようにやってて、それが楽しかった時期だから。いま振り返ってみたら、毎月試合しながら、当時UFCの現役チャンピオンだったフランク・シャムロックとやるとか、ムチャクチャなことするなって思うけど。

若いときっていうのは、強さを求める中で、自分の立ち位置はどの辺か知りたいっていう願望のほうが強かったから、やってて楽しかった。

ガンツ UFC王者とやって、自分の実力がどれぐらいのものか、確かめたかったと。

椎名 当時は比較するモノサシが定まってませんでしたもんね。

KOKからPRIDEへ

ガンツ それが1999年後半からKOKルールになって、全試合がいわゆるMMAになるわけですよね。

田村 あの頃はキツかったねえ。まず勝たなきゃいけないでしょ。その上で客を満足させなきゃいけない。で、けっこうキツい試合が多くて。

ガンツ しかも当時は無差別級だから、デカい相手ばかりでしたもんね。

椎名 トーナメントだから、勝ったら1日2試合とかやらなきゃいけないし（笑）。

田村 ボクが初めてKOKで対戦したのはデイブ・メネー[※236]っていう選手で。地味だったからそんなに注目されなかったけど、その選手もボクとの試合のあと、UFCチャンピオンになりましたからね。

玉袋 でも、そういう試合も乗り越えて、ヘンゾ戦まで駒を進めたわけだからね。

椎名 あれは試合前、田村さんの勝利を真剣に祈りましたよ！（笑）。

ガンツ 「UWFのテーマ」での入場なんて、伝説の入場シーンですからね。

椎名 いまでも泣く（笑）。

玉袋 イントロだけで武道館が大爆発だもん。ありゃあ泣くよ。なかなかないぜ、あんな入場シーン。また古田リングアナが「田村潔司選手の入場です！」って言ったあと、ちょっと間があってから曲が流れるのがいいんだよ。

ガンツ　2秒くらい間が空くんですよね。
玉袋　わざと遅らせてるよ、あれ。それでイントロが流れてドカンだからさ。あのときは大興奮したなあ。
椎名　田村さんも「曲をこれにしたときに泣くだろうな」って思わなかったですか？（笑）。
田村　まあまあ、ここで使うのは意味があるかなと思って。
玉袋　ある意味で最高のＤＪだよ。見てるこっちの心に、ガンッとアンカーを打ち込んでくれたからね。
ガンツ　「ＵＷＦとグレイシーの決戦がついに始まる！」っていう気持ちにさせられましたよね。
椎名　桜庭さんがその前にＰＲＩＤＥでホイラーを破って、そして田村さんに繋ぐっていう流れもよかった。
ガンツ　桜庭さんがホイラーとやって、田村さんがヘンゾとやって、そのあとに桜庭vsホイスがあって。そして船木vsヒクソンが最後にある。じつは途中で髙田vsホイスっていうのもあったんですけど（笑）。
玉袋　それは忘れていいんじゃねえか（笑）。
ガンツ　髙田さんがずっとガードポジションのまま終わってしまいましたからね。
玉袋　そっから田村さんはしばらくしてからリングスを離脱して、ＰＲＩＤＥ参戦になるわけか。
椎名　いきなりヴァンダレイ・シウバとやったんですよね。
玉袋　そうだ、いきなりヴァンダレイだよ。あの頃はサクちゃんもやられて、日本人がみんなシウバにやられてた時代だから、田村さんがそこに風穴開けてくれると期待してたんだけど、悔しかったな〜。
椎名　パウンドで削られていってね。
玉袋　まあ、シウバ戦も悔しかったんだけど、俺は吉田秀彦に負けたのが一番悔しかったね。もちろん当人が一番悔しいと思うんだけど。
ガンツ　水と油の関係というか、ＵＷＦvs柔道のイデオロギー闘争って感じでしたからね。

玉袋　それでまた、**佐藤大輔**[※237]がそういう煽りをするんだよ！

ガンツ　「Uを背負ってるんですよね？　それってどうなんですかね」とか、吉田さんが薄笑いで語る映像が流されて（笑）。

玉袋　あれ見てムカムカムカムカきてさ、「田村！あの野郎をぶっ倒せ！」って気持ちになったもん。

田村　アハハハハ！

椎名　それでローキック蹴りまくられてたのに、最後は柔道衣で首絞めて勝つとかさ、あんなの反則じゃん。

ガンツ　凶器攻撃（笑）。

椎名　柔道衣だったら許されるなら、「帯で首絞めてもいいのかよ！」ってなるよ（笑）。

ガンツ　タイガー・ジェット・シンが細いひもで首絞めるみたいに（笑）。

椎名　ホントだよ、一緒じゃねえかって（笑）。

玉袋　だから田村さんも靴脱いで、その靴でぶん殴ってやればよかったんだよな（笑）。

椎名　ミック・フォーリー（**マンカインド**[※238]）みたいに靴下を口の中に突っ込んだり（笑）。

玉袋　臭い靴下攻撃な。くだらねえ～（笑）。

髙田の引退を介錯

ガンツ　そしてPRIDEでは、髙田さんの引退試合の相手も務めましたよね。

玉袋　そうなんだよな。Uインターでの「真剣勝負してください！」発言がここに繋がるのかっていうね。歴史が前フリになってるんだよ。

ガンツ　髙田さんからしたら、引退前にあのときできなかったケジメをつけるってことですよね。

玉袋　相手が田村さんっていうのは、髙田さんからの指名だもんな。

ガンツ　だから髙田さんって、やらなきゃいけない試合は最終的に全部やりましたよね。新日との対抗戦もやって、ヒクソンともやって、そして最後は田村さんともやって。

椎名 なるほど。責任を果たす人なんだね。

玉袋 さっきの前田さんの話じゃないですけど、あの試合前での髙田さんとの距離感っていうのは、どうだったんですか？

田村 距離感というか、お会いすることがまったくなかったので、思うことは「なんで？」ばかり。「どうしたらいいのか？」っていう感じでしたね。ホントに複雑。

玉袋 でも、引退試合ではKOでしっかり介錯して、試合後は髙田さんから「おまえは男だ！」って言葉までもらってるわけだからね。

椎名 あの「おまえは男だ！」のマイクが、のちの髙田さんのキャラクターを作りましたよね（笑）。

玉袋 そうだよ。それが「PRIDE男祭り」になって、ふんどし姿で太鼓叩いちゃってさ。あれがなかったらバラエティでの成功だってねえもん。

田村 アハハハハ！

椎名 いまもめちゃくちゃ売れてますもんね。

玉袋 髙田さんがバラエティに進出して、角田（信朗）[※239]さんの仕事がなくなったんだから。格闘家枠みてえな仕事を全部持っていったからね。

椎名 角田さんもいまはブログが変な意味で話題になるくらいで（笑）。

ガンツ でも田村さんも、髙田さんや前田さんが引退した年齢をずいぶん超えてしまいましたけど、今後についてはどう考えていますか？

田村 そろそろ隠居ですよ、隠居（笑）。

玉袋 まだ隠居はしてほしくねえな〜。まあ、このまま巌流島に出続けてほしいかと言われれば、それもまた微妙なんだけど。

ガンツ できればもう1回、桜庭さんとやってほしいんですけどね。ふたりともまだ全然動けると思うんで。

玉袋 うん、それは見たい！

ガンツ　２００８年の大晦日にやったときは、どちらも負けられないってことでカタイ試合になっちゃいましたけど、いまだったらまた違う、いい試合になるんじゃないかなって。

田村　でも、桜庭とはこないだＲＩＺＩＮでやったでしょ？

ガンツ　あれはタッグマッチじゃないですか。しかもグラップリングの。

田村　だけどあのＲＩＺＩＮでやったときはさ、もう前の大晦日にやったときからけっこう時間が経ってるから、お互い大人になって、客のことを考えて闘おうと思ってたら、もう向こうがカタイカタイ（笑）。

玉袋　俺も『ＳＲＳ』を作ってた人たちと一緒にずっと番組をやってたけどさ、「いやあ、赤いパンツの頑固者って言うけど、ホントの頑固者はオレンジのほうだよ」って言ってたもんね。

ガンツ　桜庭さんはあのＲＩＺＩＮでの試合のとき、「田村さん、こうやってカタくこられたらイヤでしょ？」って思いでやった、と言ってましたね（笑）。

田村　それは前の試合のことを言ってるの？

ガンツ　そうです。大晦日で試合したときにカタく来られたから、今度はこっちがカタくいく、という（笑）。

田村　「カタくこられたから」って、それは向こうが「素手で殴りたい」とか言ってきたからだよ。そら、カタくもなるよ！

玉袋　ガハハハハ！　カ……カテエ！（笑）。

ガンツ　こうなったら最後は、原点回帰でパトスミ戦と同じ素手のバーリ・トゥードでやってもらいましょうか（笑）。

玉袋　そうしたらまた名古屋まで行くよ！　ＵＷＦファンの変態は、小太刀持参で集合！（笑）。

格闘魔界転生

長井満也

長井満也(ながい・みつや)
1968年生まれ、北海道出身。スーパータイガージムを経て、1986年にシュートボクシングでプロデビュー。その後、1989年に第2次UWFに入門。首のケガによるリハビリを経て、1991年にリングスでデビューを果たす。リングスでは前田日明に次ぐ日本人選手として活躍し、数々の強豪外国人との対戦を経験した。1998年にリングスを退団後はK-1にも出場。その後はバトラーツや全日本プロレスを経て、新日本プロレスで魔界倶楽部の一員となる。現在は、藤波辰爾率いるドラディションの所属選手として、さまざまな団体で活躍中である。

ガンツ　今回のプロレス取調室のゲストは、デビュー25周年を迎えた、長井満也選手に来ていただきました！

玉袋　いや〜、25周年っつーのは凄いよ。四半世紀だからね。

長井　自分もこんなに生き残れるとは思ってなかったですね。

ガンツ　長井さんはデビュー前、新生UWFの新弟子時代に首の骨を折ってるわけですもんね。

長井　そうですね。普通はデビューもできないような大ケガだったんですけど、せっかく苦しい練習に耐えてがんばってきたので、なんとかデビューだけはして、記念に何試合かできればいいなと思ってたくらいなんで。

椎名　そうだったんですか。

玉袋　ある意味、奇跡ですよね。もちろん、長井さんのがんばりあってのことですけど。

佐山の前では直立不動

ガンツ　今日は、そんな長井さんのこれまでのレスラー人生を振り返ってもらおうと思いますけど、もともとプロレスラーを目指すきっかけは何だったんですか？

長井　ボクが中学1年のときに佐山さんのタイガーマスクが出てきて、そこからですね。それで格闘技経験はなかったんですけど、プロレスラーを目指すようになって。17歳のときに親父が北海道から東京に転勤になったとき、ボクも高校やめて、東京についてきちゃったんです。

椎名　転校じゃなくて、やめちゃったんですか⁉

長井　「プロレスラーになるんだから、高校行かなくてもいいだろう」と思ってしまって。だから高校中退、中卒ですね。プロレスラーになれる保証なんてないのに（笑）。

ガンツ　それで佐山さんのスーパータイガージムに通い始めるんですよね？

長井　はい。ジムが三軒茶屋にあって、平直行さん、のちにWARに行った**北原（光騎）**[※240]さん、ジークンドーに行った**中村頼永**[※241]さんがインストラクターをやられていた時代です。

ガンツ　佐山さんが一番怖かった時代（笑）。

長井　たまにYouTubeに出てるじゃないですか。あの頃ですね（笑）。

椎名　地獄のシューティング合宿の時代（笑）。

玉袋　イヤだよ〜！（笑）。

ガンツ　合宿だけじゃなくて普段からああなんですか？

長井　普段からですよ。キックミットを蹴る練習のとき、佐山先生に「じゃあ長井くん、死ぬ気で蹴ってみようか」って言われて。

玉袋　一番怖いやつだ、それ（笑）。

長井　ボクなりに目一杯蹴るんですけど、「それがおまえの死ぬ気かーーッ！」って言われて。

椎名　得意の追い込み方ですね（笑）。

長井　「ダメだ！」って頭をバチーンと殴られて、「もう1回いけ！」って。自分ではもう何をどうしていいのかわからないんですけど、必死で蹴ったら、「それだよ！」って言われて（笑）。

玉袋　あの頃の佐山さんっていうのは、追い込むことで人間の限界を引き出すっていう**黒崎健時**[※242]先生イズムですもんね。

椎名　でも、それで会員から会費を取ってたんですか？（笑）。

長井　一般会員がみんなそれでしたね（笑）。だから、いま**リアルジャパン**[※243]で佐山先生とご一緒させてもらうことが多いんですけど、いまだに直立不動です。

玉袋　トラウマってやつだな。しかも、その頃の佐山さんって、プロレスを一番嫌ってた頃じゃないですか？

長井　第1次UWFが終わって、プロレスから完全に離れていた時代ですからね。

椎名　前田さんと大阪でやりあったあとですね（笑）。

玉袋　エスエル出版の『**格闘技探検隊**[※244]』の頃ですよ。

椎名　佐山さんにＵＷＦ批判を言わせるミニコミ誌（笑）。

玉袋　プロレスにアレルギーがあった佐山さんのジムに、長井さんみたいなプロレスラー志願者が集まってるっつーのが、なんとも言えないパラドックスだよな。

長井　たぶん、その頃は「総合格闘技」と謳っていても、ほとんどの人がどういうものかはわかってなかったと思いますね。佐山さんの頭の中だけにあるもので、弟子たちですら、どういうものかはみんなわかってなかったと思います。

玉袋　そうだよな〜。

椎名　ＵＷＦだって「これこそガチンコだ！」と思って観てたのに、佐山さんが「ＵＷＦもしょせんプロレス」とか言い出すから、「マジで!?」って（笑）。

シュートボクシングでデビュー

玉袋　青い時代だよ！　長井さんは、そこから第2次ＵＷＦに入ったんですか？

長井　いや、その前にシュートボクシングですね。

椎名　なぜ、シュートボクシングに？

長井　ボクはプロレスラーになるために、シューティングを習ってたんですけど、それまで格闘技経験がないド素人でしたから。殴って、蹴って、投げて、関節を極めるって、全部やるというのは、ボクには荷が重かったんです。だからまずは殴る、蹴るをしっかり覚えたいなって。

ガンツ　でも、当時のシュートボクシングも**シーザー**[※245]**（武志）**さんがバリバリのときですよね？

長井　シーザーさんが現役終わりかけの頃ですから、あそこも厳しかったですねえ。

椎名　ここにも鬼がいた（笑）。

玉袋　凄いよ！　シューティングとシュートボクシングの創成期だからね、よりによって（笑）。

長井　なぜか、きついほうへ、きついほうへと行ってましたね（笑）。

ガンツ　しかも、そのあとが新生UWFですもんね。

椎名　佐山サトル、シーザー武志、前田日明の団体を渡り歩いて（笑）。

玉袋　地獄めぐりだよ（笑）。

長井　また、ボクが入った頃のシュートボクシングは選手層が厚かったんですよ。**大村（勝巳）**※246さん、**大江（慎）**※247ちゃん、**香取兄弟**※248、平さん、**阿部健一**※249、みんないましたから。

ガンツ　黄金時代のメンバーですね。

長井　その頃だったんで、やっぱり厳しかったです。

玉袋　**吉鷹弘**※250はまだいない時代ですか？

長井　いや、ボクのデビュー戦と第2戦の相手は吉鷹さんなんですよ。

玉袋　そうなんですか！

長井　まだ「吉鷹」になってない頃で、2試合とも負けてるんですけどね。

ガンツ　長井さんはシュートボクシングでは何戦されてるんですか？

長井　ボクは7戦して5勝2敗です。

ガンツ　けっこうやってますね（笑）。シュートボクシングをやめて、UWFに行くときはシーザーさんに相談されたんですか？

長井　シーザーさんは凄く怒られましたね。

玉袋　えっ、怒られた⁉

長井　やっぱり、7戦もキャリアを積んできて、これからというときだったので、だいぶ怒られました。電話で報告したら「おまえ、これから事務所に来い！」って言われて（笑）。

玉袋　シーザーさん、本名の村田に戻ったんだな。怖いよ！（笑）。

ガンツ　「事務所に来い」ですからね（笑）。

長井　それで、恐る恐る行ったんですけど、最終的には気持ちよく送り出してくれましたね。「シュートボクシングの代表ぐらいのつもりで行けよ」って言っていただいて。

玉袋 そのあたり会長は一貫してるね。来るものは拒まず、去るものは追わずで。いまは大江さんが戻ってるわけだからね。

長井 それも懐が深いなって思いますね。一回出ていった大江さん、大村さんを最終的にはみんな受け入れてますからね。だからボクも後楽園大会があるときはシーザーさんにご挨拶に行くんですけど、「長井、おまえは身体もデカくなったけど、態度もデカくなったな」って毎回言われますもん。決まり文句で（笑）。

椎名 シーザーギャグ（笑）。

長井 でもうれしいですね。挨拶に行ったらニコニコして話しかけていただけるので。

玉袋 それがシーザー会長なんだよな〜。

椎名 でも、長井さんはスーパータイガージムから、シュートボクシングでプロにもなって、UWFが格闘技じゃなくて、プロレスだってことはわかって入ったんですか？

長井 そうですね。でも、UWFは「凄い」って言われてたんで、自分がどこまで通用するのか挑戦したいという気持ちが凄くあって。あとは「プロレスラーになりたい」という小さい頃からの憧れもあったんで。

新生UWF道場のサバイバル

玉袋 なるほどな。で、UWFには移籍になるんですか？

長井 いや、ちゃんと入門テストを受けましたね。

玉袋 えらい！

ガンツ シュートボクシングのプロで7戦やっててもゼロからなんですね。

長井 第1回入門テストで入ったのが田村さんで、

2回目は誰も残らなくて、3回目がボクと垣原くんと冨宅[※251]（飛駈）くんの3人が残って。

ガンツ　ほかにも同期の合格者はいたんですか？

長井　いましたよ。6人ぐらいで一緒に入ったんですけど、どんどんいなくなって。その度に、補欠が入ってくるんですけど、それもどんどんいなくなりましたね。ちゃんこ番で、「大根買ってきます！」って言ったまま、いまだに帰ってこないヤツとかいっぱいいますよ（笑）。

玉袋　どこまで買いに行ったんだっていうね（笑）。

ガンツ　やっぱり新弟子生活というのは、それまでのスーパータイガージムの練習生時代や、シュートボクシング時代ともまったく違う世界ですか？

長井　違いますね。ボクはシュートボクシング時代から宮戸さんと多少面識があったので、最初、宮戸さんにいろいろ道場のしきたりを教えてもらってたんですけど、初対面のある先輩に「宮戸さん！　これつ、やっちゃっていいんでしょ？」って言われましたもん。

椎名　えっ、どういうこと!?（笑）。

ガンツ　スパーリングとかで、「半殺しにしてもいいんでしょ？」ってことですか？

長井　そうです。当時はそんな世界ですよ。

玉袋　ちなみに、誰なんですか？（笑）。

長井　〝世界一性格が悪い〟って言われてる人です（笑）。

椎名　ああ、言いそう！（笑）。

玉袋　カマシ込むんだよな～、アレは（笑）。

ガンツ　やっぱり、長井さんはシュートボクシングのプロでやってたし、身体もデカいから、「なめんじゃねえぞ！」ってことなんでしょうね（笑）。

玉袋　そういう先輩たちと、寮で共同生活なんだから、大変だよ。

長井　そうですね。当時、寮が2つあって、自分が住んでいたのは2階建てのオンボロの建物で。2階にボクと宮戸さん、下が鈴木みのるさん、垣原くん、あとは逃げていった数名がいた感じで。

椎名　中野さんとは、別なんですね。よかった（笑）。

長井　中野さんは別だったんですけど、当時、中野さんの部屋には、斉藤慶子さんのポスターが貼ってあったのを覚えてますね（笑）。

椎名　斉藤慶子！　クイズダービー（笑）。

玉袋　斉藤慶子ポスターっつーと、ミノルタかJALの黒ビキニだよ。俺も当時、部屋に貼ってたから（笑）。

ガンツ　中野さんと玉さんの部屋には、当時、同じポスターが貼ってありましたか（笑）。

玉袋　まあ、寮生活もそうですけど、道場での練習も相当なもんだったんじゃないですか？

長井　まあ、いまでは考えられないですね。数年前、相撲界では「かわいがり」で捕まった人が何人かいたじゃないですか。当時、UWF道場で行なわれていたことが外部に発覚したら、逮捕者続出だったと思いますよ。

玉袋　狂気だよ、狂気！

長井　またボクの場合は、背がデカいっていうだけで、特にやられましたからね。

椎名　やっぱり、そういうのがあるんですか。佐山さんも、自分より背が高いヤツに対してエキサイトするっていう話を聞いたことありますけど（笑）。

ガンツ　期待の裏返しというわけでもないんですよね？

長井　期待してくれているのは、前田さん、髙田さん、山崎さんといった、上の人たちなんですよ。でも、そうじゃない人たちからは「なんだこいつ、背がデカいからって期待されやがって」っていう、そういう世界です。

玉袋　イヤな世界だな〜。妬み以外の何物でもねえよ。

長井　プロレスの世界って、身長があるだけでも、それは才能だと思うんですけど。その代わり、体格的に恵まれた人が残るのは大変だと思いますね。いまは違うと思いますけど。
ガンツ　だから髙山さんもじつは、Uインターに入る前、UWFで一度逃げてるんですよね。
長井　髙山さんもたぶん苦労したと思いますよ。あれだけデカいんですから（笑）。
椎名　中野、安生、宮戸って、先輩もみんな大きくないしね（笑）。
長井　でも、安生さんは凄いまともな方ですよ。
椎名　それは、そう思います！　前にこの取調室に出てもらったときも、ちゃんとした人でした（笑）。
長井　ああいうキャラクターをやられてましたけど一番まともですよ。だから先輩とのスパーリングでも、安生さん相手だと「よかった〜」って思いますもん。強いからキツいんですけど、いじめられるようなことはなかったんで。だから、ボクら世代のU系の選手で安生さんを悪く言う人はいないし、みんな凄くリスペクトしてると思いますよ。
玉袋　そうかもしれないな。で、髙山さんは、UWFを夜逃げしたあとライフセーバーやってたとき、宮戸さんに海の家で発見されて、Uインターに引き戻されたっていうね（笑）。
ガンツ　みんなそれぞれ、デビューにこぎつけるまでが大変だったんでしょうね。
長井　まだボクらの頃は、根性論があった時代ですからね。

首に大ケガを負う

ガンツ　そんな新弟子生活の中で、長井さんは首の大ケガを負うわけですよね。
長井　入門して9ヵ月のときでしたね。
ガンツ　どういう状況でケガをされたんですか？
長井　田村さんとレスリングの練習をしてるとき、飛行機投げにいったとき、ボクの入り方が悪かったのと、田村さんが腰を引いたタイミングが合っちゃって、ボクの首の上に田村さんの身体がガッと乗っちゃったんですよ。それで5番目の頚椎が脱臼して後ろに飛び出ちゃって。第五頚椎脱臼骨折ですね。

玉袋　うわ〜っ！　普通なら、首の骨を折ったらおしまいだって思うもん。

長井　だからボクもやった瞬間は、「ああ、俺、死ぬんだな」って思いましたよ。その瞬間、経験したことがないような痛みと痺れが襲ってきて。死ぬ前って、いろんな人を思い出すっていうじゃないですか。

ガンツ　走馬灯ですね。

長井　ホントにいろんな人の顔が、パラパラ漫画みたいに頭の中に出てきたんですよ。もう、いままでは覚えてないような、自分が小さい頃、近所でダックスフンドを飼ってたおばちゃんの顔が出てきたり。

椎名　そんな記憶が蘇ってくるんですか（笑）。

長井　それがあって「俺、死ぬんだな」って思って。これはできすぎた話かもしれないですけど、母方のおじいちゃんの顔が出てきたとき、そのパラパラ漫画がパッと止まったんですよ。だからボクの中では、いまだにおじいちゃんに助けてもらったと思ってますね。

玉袋　おじいちゃんが「来るな！」「三途の川を渡るなよ！」と、言ってくれたんだろうな。

長井　ホントにそんな感じだったと思います。

玉袋　で、そのあとはどうなったんですか？

長井　病院に運ばれたんですけど、頚椎の5番目が脱臼して椎間板を潰していて神経に当たっちゃってたので、すぐに手術ができなかったんです。それでお医者さんも淡々と話すんですよ。「首を牽引して状態が戻ってきたら、腰の骨を削って5番と6番の間に移植しますからね」って。

玉袋　建築計画みたいだな（笑）。

長井　で、首を牽引するのも24時間牽引っていう、一日中ずっと身動きとれずに、首を引っ張る状態にするんです。頭蓋骨は厚いので、そこに2ヵ所穴を空けてワイヤーを通して吊すんですよ。

玉袋　うわ〜、頭蓋骨に通し穴を空けるんですか！

長井　で、担架みたいなベッドに寝かされて、両サイドに滑車があって、その先に重りがついていて、ずっと引っ張った状態にする。そのまま2週間。

ガンツ　そんな状態が2週間ぶっ続けですか！

長井　ずっとですね。2〜3時間ごとに、うつぶせと仰向けを繰り返して。それを2週間です。

玉袋　凄えよ。そっから、さらに手術ですもんね？

長井　そうですね。凄く珍しいケガだったみたいで、その病棟にいるインターンの先生とかみんな観に来ちゃって。それで麻酔を打たれて、頭にドリルで穴を空けられて手術です。

玉袋　いや〜、よく復帰できたよ。

長井　ホントにひどいケガだったみたいで、リハビリの先生は「ちゃんとリハビリをすれば絶対に戻れるから」って励ましてくれたんですけど、実際にリングスでデビューしたあと、その先生に会ったら、「あのときは『戻れるよ』って言ったけど、ホントに戻れるとは思ってなかったよ」って言われましたからね。

玉袋　それが人間の生命力なんだろうな。長井さんの「絶対にリングに上がるんだ」っていう強い思いがあったからだと思うんだけど。

長井　ボクはリングに上がることを諦めたら、リハビリ自体がんばれないと思ったんですよ。だから、「ダメなんじゃないかな……」と思いつつも、それを目標にがんばろうと。

玉袋　これはいい話だよ。いま病気療養中の読者がいたら、勇気を与えるんじゃないかな。

長井　ちょっとできすぎたいい話になっちゃうかもしれないですけど、スポーツや事故でボクみたいなケガをした人って、たくさんいると思うんですよ。そういう人たちに、「長井はああいうケガしても、リングに上がれたんだから、俺も諦めなければ大丈夫だ」と思ってもらえたらいいですね。

玉袋　ホントそう思うよ。長井さんのこの話だけで、今年の『24時間テレビ』は必要なくなるな。

長井　今度、黄色いTシャツでリングに上がったほうがいいですかね（笑）。

力をくれた船木の一言

ガンツ　それでUWF解散前に、道場には戻れたんですか？

長井　いや、リハビリで終わりましたね。ボクは1990年の3月にケガをして、6月に退院したんですけど、その時点でまだ脚に麻痺が残っていたんですよ。でも、某先輩から「てめえ、退院したんだったら寮に帰ってこい！」って言われて。

玉袋　このねえ、死ぬような思いで治療、リハビリをしてきた人間に、そういうことを言う先輩がいたっていうのが凄えよ（笑）。

長井　でも、さすがに「いま戻ったら絶対にダメだな」と思って、親が東京にいたので、親の家からリハビリに通ってたんですよ。そしたら8月に「おまえ、同期がデビューするんだから観に来い！」って言われて。ボクはホントは観たくなかったんですけど。

ガンツ　ケガさえしなければ、自分がリングに上がれたのに。ひとりだけリハビリで取り残されたわけですもんね。

長井　でも、同じ苦しい思いをしてきた垣原くんと冨宅がデビュー戦同士で対戦して、凄くいい試合をしたんですよ。当時のボクにとっては、ふたりが凄く眩しかったですね。

ガンツ　同期が横浜アリーナの大観衆の前で闘ってるわけですもんね。

長井　それをボクは半分麻痺が残ったまま、首にコルセットを巻いて、客席から観ていたわけですから。あれはつらかったですね。

玉袋　その状態の長井さんに見せるっていうのも、イヤなプレイだよな（笑）。

長井　でも、その興行が終わったあと、ボクがみんなに挨拶をしたら、「長井、おまえのこと待ってるからな」って言ってくれた先輩がひとりだけいて、それは凄くうれしかったです。

玉袋　そういういい先輩は実名を挙げて言いましょうよ（笑）。

長井　それは船木さんですね。

玉袋　へえ～！　船木さんのイメージが変わったよ。いい人だな～。

長井　まあ、いい人なときだけじゃないですけどね（笑）。

椎名　マッドネスな面も、もちろんあって（笑）。

長井　でも、あの一言は本当にうれしかったです。

玉袋　その何気ない一言が力になるんだよな。

ガンツ　でも結局、長井さんが復帰する前にUWFは分裂してしまうわけですよね。

長井　だから、ボクはUWF解散の経緯をまったく知らないんですよ。リハビリ中で現場にいなかったんで。だから「解散？　俺はどうすりゃいいんだよ！」っていう感じでしたよね。

玉袋　そうだよな。必死にがんばってきたのに、上がるリングがなくなったわけだもんね。それで最初はUインターか。

長井　3派に分かれるっていう話も、最初は「前田さん以外のメンバーでやっていく」っていう話だったのが、船木さんや鈴木さんが出て行ったという認識なんですよ。だからボクは、Uインターに入ったというより、UWFに残っていたら、それがUインターという名前になったという感じでしたね。

ガンツ　それが旗揚げ前にリングスに移ったのは、どういった経緯があったんですか？

長井　Uインターは旗揚げから、タッグマッチ（ダブルバウト）や立ち技部門を作ったりしたじゃないですか。いまの自分だったら、3派に分かれて、個性を出すためにああいうことを考えたんだなと理解できるんですけど、当時のボクにはそれが許せなかったんですね。

ガンツ　あんなのはUWFじゃないと。

長井　ボクはUWFの試合がしたいから、〝かわいがり〟にも耐えてきたし、大ケガをしてまで上がりたいリングはそこじゃないと思っちゃったんですね。だったら、どこまでできるかわからないけど、自分がやりたいスタイルをやろうと思ってリングスに行ったんです。

リングスの長男として

玉袋　でも、そっから前田さんとふたりっきりっつーのは、また相当大変だったんじゃないですか？

長井　道場ではホントにボクと前田さんのふたりっきりだったので、それもまた地獄が続きましたね（笑）。

玉袋　そりゃそうだよな。で、話はまだデビューまでいってねえっつーのが凄いよ（笑）。

ガンツ　デビューするまでが、こんなに大変な思いをしてる人もなかなかいないでしょうね（笑）。

長井　ふたりっきりでも、トップと新弟子なんで、普通にしゃべったりなんかできないじゃないですか？　だから、しゃべる相手もいないし。

玉袋　ヤマヨシ（山本宜久）とか入ってくるのは、そのあとか。

長井　自分が入ったあと、新弟子テストがあって、山本、**成瀬（昌由）**[※252]、あの世代が入ってくるんですけど、後輩ができたらできたで、また大変なんですよ。それまでは自分が一番下のペーペーで、文句を言われていればよかったのが、突然「おまえが道場を仕切れ」って言われて。自分のことよりも、後輩に挨拶の仕方、掃除の仕方とか、プロレス界のルールなんかを教えることが自分の仕事みたいになってしまったんです。

ガンツ　長井さん自身が新人なのに、UWFにおける宮戸さん、安生さんの役割をやらなきゃいけなくなったわけですもんね。

玉袋　いきなり中間管理職だよ（笑）。

長井　あれが当時のボクには、精神的にもの凄いストレスでしたね。

椎名　リングスを観てて、長井さんはずっと〝長男〟の役目を果たしてた気がします。

玉袋　それで、ようやくデビューができると思ったら、わけがわかんない相手だからな。

長井　プロレスラーのデビュー戦の相手がプロレスラーじゃないという（笑）。

玉袋　ありえねえよ。ヘルマン・レンティングだもん。アムステルダムの危険地帯にいるケンカ屋連れてきちゃってるんだから（笑）。

ガンツ　レンティングって、サンボとレスリングの選手って触れ込みでしたけど、バックボーンは完全にストリートファイトでしたもんね（笑）。

長井　だからデビュー1、2戦の相手がレンティングで、3戦目が**ジェラルド・ゴルドー**[※253]でしたから。

玉袋　ヤベえ！　とんでもねえ試練だよ！

椎名　レンティングもゴルドーも、一番の得意技はサミングみたいなもんですからね（笑）。

玉袋　手段を選ばねえからね。長井さんとゴルドーの試合は、俺も会場で観てたけど、首のケガを知ってたから、ゴルドーにフロントネックロックで首絞められたとき、「やっべ〜ぞ！」って思ったもんな。

長井　ボクは試合途中から記憶がないんですよ。あとで観たら、首絞められて落とされて、あとは掌底食らって一度落ちてるんですよね。

玉袋　危ねえ。とんでもねえマッチメイクだよ。

長井　だから、当時はポジション的にもキツかったんですよね。ただのデビューしたての新人なのに、上が前田さんしかいないから、ボクが望まなくても「ナンバー2」になってしまったんで。

ガンツ　前田さんに次ぐナンバー2って、ちょっと前まで髙田さんのポジションですからね（笑）。

長井　それは、当時の自分には無理ですよね。

玉袋　無茶な話なんだけど、やらなきゃいけねえんだもんな〜。

ガンツ　しかも、ゴルドー戦というのは、UWFのプロレスという枠を超えて、完全に格闘技の他流試合だったわけですよね。リングス初期の長井さんは、そういう試合が多かったと思いますけど、UWFスタイルと格闘技の並行をどう消化していたんですか？

長井　たしかに、ゴルドー戦なんかはプロレスとは違いますけど、ボクのプロとしての本当のデビュー戦はシュートボクシングなんですよ。だから、何の抵抗もなかったですね。

椎名　ルールが違うだけで、もう真剣勝負の試合は経験済みなんですね。

長井　だから、そこに関しては抵抗なかったんですけど、ゴルドーは揉みあってるときに、嚙みついてきたりするので、そこは参りました。

椎名　最低限のルールすら守れない相手で（笑）。

玉袋　あの頃のリングスはさ、一番危なっかしくて、言っちゃ悪いけどおもしろかったよ。すみませんけど。

長井　だから競技として成熟する前が一番おもしろいのかもしれないですね。ＵＦＣもグレイシーがボクシンググローブを片手だけにしかつけてないボクサーと闘ったりとか。ああいう時代のほうが、何が起こるかわからなくて、おもしろいのかもしれませんね。

玉袋　いま思えば、その匂いが一番プンプンしてたのは、初期リングスだな。オランダとかロシアから、わけがわからない強豪が毎回来るんだから。

ガンツ　ＭＭＡという言葉がまだなくて、ルールも闘い方も固まってない時代ですもんね。

長井　総合格闘技自体が「夢」と言われていた時代ですから（笑）。

椎名　真剣勝負の総合が観られる時代が来たらいいなっていう（笑）。

正道会館との交流

玉袋　そういう中で、世界中からいろんな格闘家を集めてくるっていう前田さんのコンセプトは、長井さん的にも魅力があったんですか？

長井　というか、リングスのあの世界観っていうのは、偶然の産物だったと思うんですよ。日本人は前田さんと、デビュー前のボクしかいないから、ほぼ無名の、しかもＵＷＦスタイルのプロレスもやったことがない外国人を連れてくるしかなかった。それが、あんなにも長く続くとは、最初の頃は思ってもいなかったですね。

ガンツ　いちおう、知られてるのは、ＵＷＦに出場経験がある**クリス・ドールマン**[※254]と**ディック・フライ**[※255]だけですもんね。

玉袋　仕方ねえから、旗揚げ戦なんか**ビル・カズマイヤー**[※256]連れてきてるんだから。あの単なる力持ちを

（笑）。

長井　だからリングスというのは、ディック・フライとヴォルク・ハン、あのふたりに助けられたんだと思います。

玉袋　ハンは衝撃的だったもんな〜！　旗揚げした年末の有明コロシアムで、ヴォルク・ハンが初登場したときは、俺も会場に観に行ってて、「よかった！これで前田は救われる！」って思ったんだよ。

椎名　あのコマンドサンボっていうのが、「なんじゃこりゃ？　これは凄いぞ！」って思いましたもんね。

ガンツ　当時はまだK-1も始まってない頃ですから、外国人格闘家がスターになる先駆けですもんね。PRIDEでいう、ミルコとノゲイラ、ミルコとヒョードルみたいな関係で。

長井　だから、あのふたりが出てきたというのが、リングスにとって最大のラッキーであり、前田さんが見つけてきたのだとしたら、最大の功績だったと思いますね。

玉袋　2年目のリングスは、そっからさらに正道会館が入ってきてさ。これがまた、他流試合の緊張感があって良かったんだよ。角田さんとロブ・カーマンがヤバイ試合やっちゃったりとかさ。カーマンが倒れてる角田さんの顔面にヒザ落として、鼻がこんなに曲がっちゃってたからね。

長井　当時は頭突きでも何でも、やったもん勝ちみたいな、むちゃくちゃな時代でしたからね。

玉袋　あの正道会館のリングス参戦っていうのは、長井さんはどんな気持ちだったんですか？

長井　ボクは当時の格闘技に疎くて、佐竹さんも正道会館も知らなかったんですよ。

椎名　まあ、**トーワ杯**[※257]（カラテ・ジャパン・オープン）とかで優勝してましたけど、知る人ぞ知るぐらいの存在でしたもんね。

長井　だから、あれは石井館長の壮大な出世ストーリーの第一歩で、まずは前田日明を使って世に出てやろうということだったと思いますね。

椎名　ちょうど、日本人選手不足だったリングスの事情につけ込んで（笑）。

玉袋　そっから、俺たちも「前田と佐竹がやったらどっちが強いんだ？」って話になって。佐竹とか正道会館っていう名前が、一気にデカくなったもんなあ。

長井　だからUWFから続く、リングスのノウハウをうまく吸収して、K-1を立ち上げたんだと思いますよ。

玉袋　当時、正道会館のメンバーとスパーリングとかはやってたんですか？

長井　ボクが向こうの道場に行って打撃のスパーをやったり。あと、リングスの道場には、**後川（俊之）**※258さんがいらっしゃってましたね。

玉袋　あ、**リングス実験リーグ**※259が始まってる頃か。

ガンツ　実験リーグは翌年、1993年2月スタートですね。

長井　第1回の実験リーグで後川さんは平さんとやることになっていたので、その前には来てましたね。

玉袋　平さんがまだ『すき家』の、ゼンショー所属だった頃だよな（笑）。

ガンツ　ゼンショー総合格闘技部所属（笑）。

椎名　牛丼屋で働きながら、格闘技をやって（笑）。

長井　ゼンショーはリングスのスポンサーだったんですよ。いま思えば凄いスポンサーですよね。

玉袋　ゼンショーだぜ。外食の売り上げナンバーワンだもん。総合のメガネスーパーだな（笑）。

ガンツ　そこで長井さんは、選手、前田さんの付き人、後輩の指導というワンオペをしていたという（笑）。

玉袋　そうだ、ワンオペだよ！　うまいねぇ（笑）。

長井　当時、たしかにひとりでいろいろ抱えてました（笑）。

玉袋　いまだったら、「リングスはブラック企業」って言われてるよ（笑）。

長井　でも、ゼンショーさんにはずいぶん応援してもらったみたいですよ。リングスは道場の設備も良かったですから。いま、あれだけの大きさの道場なんか、どこも持てないと思います。

ガンツ　フルサイズのリングがあって、レスリングマットがあって、トレーニング機材があって、身体をケアするトレーナーも常駐ですもんね。

外敵との他流試合

玉袋　その頃、ガンツはファンとして道場に出入りしてたんだろ？

ガンツ　年末の餅つき大会とかだけですけどね（笑）。

長井　あ、餅つき大会来てたんですか。じゃあ、前田さんがファンがいる前で、成瀬をぶん殴ってたのを見てたんじゃないですか？

ガンツ　いや、ボクが行ったときは、なかったと思いますけど。そんなことがあったんですか？（笑）。

長井　リングスの初期にあったんですよ（笑）。

椎名　まだ、ＹｏｕＴｕｂｅにも上がってない、そういう事件があったんですね（笑）。

玉袋　やられたのは、坂田亘だけじゃなかったんだな（笑）。

ガンツ　ちなみに成瀬さんは、なんで殴られたんですか？

長井　あの餅つき大会は、朝イチから準備するスタッフは7時集合で、選手は9時集合だったんですよ。でも、前田さんは7時だと思い込んでたみたいで、「おまえら、もうみんな集まって準備してるのに、何やっとるんや！」って、ボコボコにしたんです。

椎名　ひどい！（笑）。

玉袋　前田さんの勘違いじゃねーか（笑）。

長井　で、ボクらは朝怒られたんですけど、成瀬は別の用事があって、もうファンが集まってる時間に来たんですね。それで、みんなの前でボコボコにされたという。

玉袋　『血と骨』だな～！

椎名　坂田さんは、なんで殴られたんでしたっけ？

ガンツ　あれは他流派の**鶴巻**[※260]**（伸洋）**選手とやって、判定勝ちしたものの、膠着した試合で。それに怒った前田さんが、コメント中の坂田さんをボコボコにしたんですよ（笑）。

長井　あのときは控え室にいたら、ＷＯＷＯＷの人が「長井さん！　前田さんが坂田をぶん殴ってるから止めてください！」って言いに来て。行ってみたら、坂田がパイプ椅子でめった打ちにされてたんですよね。初めてですよ、プロレスの試合以外で、人がイスで殴られてるのを見たのは（笑）。

玉袋　また、イスの使い方がうまいんだよ。縦にいってたからね（笑）。

椎名　イス大王（笑）。

ガンツ　当時は、他流試合で負けたら、鉄拳制裁は当たり前だったんですか？

長井　そうですね。負けたら殴られて、勝ってもしょっぱい試合だったら殴られて。

玉袋　いまだったら問題だよ（笑）。

ガンツ　長井さんは、デビュー4戦目で**木村浩一郎**[※261]選手とやってますけど、あれはリングス・ジャパンの選手による、初の日本人同士の他流試合でしたから。もし負けたら、えらいことだったんじゃないですか？

長井　ボクはもう、負けたらやめようと思ってましたから。

椎名　負けても次勝てばいいっていう、競技の時代じゃないんですよね。

長井　会場からも「長井！　Ｕが**Ｗ☆ＩＮＧ**[※262]に負けるのか⁉」っていう野次が飛んでた時代ですから（笑）。

玉袋　そういう野次が飛ぶと俺は拍手してたよ。「いよっ！　そのとおり！」って（笑）。

長井　でも、そのとおりで。当時は看板背負ってるから、負けたらもうそこにはいられないんですよ。

椎名　公開道場破りみたいな感じだったんでしょうね。

玉袋　それで、看板背負った者同士として、正道会館の佐竹ともやるわけだからね。

長井　そんなのばっかですよ、俺は（苦笑）。

ガンツ　前田さんに次ぐナンバー2だから、他流試合は長井さんが矢面に立つしかないという（笑）。

玉袋　いかに大将を出さねえで止めるかっていう、ポリスマンの役割だもんな。

ガンツ　デビュー半年なのに、それをやらなきゃいけないという（笑）。

玉袋　つれえよ～～！　また、あの試合んときは、リングサイドの石井館長が、凄え怖い顔してんだもん。

長井　あのときは、試合前から凄い駆け引きがあったんですよ。「佐竹はケガをしてるから、このルールが呑めないなら出さない」とか言ってきて。ラウンド制じゃないとダメだとか。

椎名　グレイシーばりですね（笑）。

玉袋　ホリオン役を石井館長がやってたってことだな（笑）。

長井　そういうことが、実験リーグの他流試合なんかでもよくありましたね。で、ボクらリングスの選手というのは興行サイドの人間になるんで、ルールで揉めたときは、必ずボクたちが引かないとダメなんですよ。

椎名　向こうの言い分を全部呑んででも、試合をやらせなきゃいけないんですね。

長井　だから、全然フィフティ・フィフティの立場じゃないんですよね。

玉袋　こっちのホームのはずなのに、ルールは向こう有利なルールでやらなきゃいけなかったわけか。

長井　まあ、向こうは一枚看板だから、どんな手を使っても負けるわけにいかなかったんでしょう。それでボクは負けてしまって。終わってから控え室に戻ったら、ディック・フライがボクのところに来て、

「俺がやってやる！」って言ってましたね（笑）。

玉袋　カッコいいな～！（笑）。

椎名　フライにもリングス魂があったんですね（笑）。

ガンツ　外国人選手もリングスを守るための他流試合に出陣してましたからね。

椎名　**（イリューヒン・）ミーシャ**[※263]とか、バーリ・トゥードに出てたもんね。**（ヒカルド・）モラエス**[※264]とやったんだっけ？

ガンツ　モラエスとはロシアのアブソリュート大会で対戦して、リングスでは**アジリソン・リマ**[※265]ですね。

椎名　あ、そうだ。リマだ。グレイシーだよね？

ガンツ　モラエスもリマも、ヘンゾ・グレイシー柔術ですね。

玉袋　モラエスが来たときは、参っちゃったよな。こんなの誰が倒すんだよって（笑）。

椎名　「グレイシー柔術が使えて、しかもデカいって、ズルくね？」みたいな（笑）。

ガンツ　当時は、柔術家というだけで強敵なのに、モラエスはヤマヨシをパンチで秒殺しちゃいましたからね。

玉袋　みんな、あのへんの柔術家にやられちゃってよぅ、俺たちは「なんで前田がやらねえんだ！　仇取ってくれ！」って思ってたんだけどね。

長井　たぶんですけど、前田さんがそういう外敵との他流試合を、一度でもやってくれていたら、リングスの日本人選手は、最後まで誰もやめなかったと思いますね。

玉袋　うわっ！　いまの言葉は重い！

長井　それは勝っても負けてもですよ。もし前田さんが負けたら、興行的に大打撃を受けていたかもしれませんけど。それでも「よし、俺がやってやる。おまえら見とけ！」ってやってくれていたら、たとえリングスがそれで潰れたとしても、最後まで誰もやめなかったと思います。

玉袋　なるほどな～。で、結局モラエスは誰が倒したんだっけ？

ガンツ　グロム・ザザです（笑）。

玉袋　ザザだ！[※266]　それで、客もみんな「ザザ、よくやってくれた！　リングスが勝った！」って感じで、満足しちゃってな（笑）。

椎名　倒したのは日本人じゃなくて、グルジア人なのに（笑）。

玉袋　それでも「リングスが勝ったんだから、これにて決着」って、なっちゃったんだよ（笑）。

椎名　あとで冷静になってから、「これって、ソ連時代のアマチュアレスラーが強いだけじゃね？」って、気づくんですけどね（笑）。

玉袋　でも、それは言いっこなし！　リングス・グルジアの勝利は、前田の勝利だったんだから！

ガンツ　しかもグロム・ザザは、普通のリングスルールのつもりで来日して、直前でバーリ・トゥードだって聞いてやって、それで勝っちゃったらしいですからね（笑）。

玉袋　えらいよ！

長井　でも、当時のリングスってそんなでしたよ（アッサリ）。

一同　ダハハハハハ！

長井　ホントに試合前日の夕方に「明日行け」って言われるんで。

ガンツ　戦時中の特攻隊みたいですね……。

長井　で、自分たちは何も逆らえずに、「わかりました！」っていう。そんな時代でしたからね。

過激だったオランダ軍団

玉袋　やっぱり、凄えよ！　ちょっとハードな話が続いたんで、リングス・ジャパンのメンバーのことを聞きたいんですけど。ヤマヨシはホントのバカなんですか？

長井　あれはホンモノです（笑）。

玉袋　ホンモノだ！　あ～、良かった（笑）。

ガンツ　愛すべき豪快な男でしたからね（笑）。

長井　古きよき時代の格闘家だったかもしれないですね。

玉袋　ヤマヨシがホンモノでよかったよ。それを聞いただけで俺はもういいよ（笑）。

ガンツ　すぐほかの人の影響を受けちゃうんですよね。

玉袋　ヒクソンの真似して白いパンツを穿いたりよ。なんで自分が負けた相手になりきってるんだって（笑）。

ガンツ　突然、構えがヒクソンポーズになりましたからね（笑）。

玉袋　長井さんから見て、リングスのガイジンで「こいつは怪物だ！」って思ったのは、誰ですか？

長井　みんな凄かったですけど、（ビターゼ・）タリエルは凄かったですね。

玉袋　あの正拳突きが凄えんだ！

椎名　俺は弟のアミランが好きでした。いつも胴回し回転蹴りを空振りして負けるという（笑）。

長井　でも、あいつ凄いんですよ。戦場で人を撲殺したことがあるらしいですからね。

椎名　拳で殺してるんですか⁉

ガンツ　グルジアの内戦時、人を殺めてるんですよね。

玉袋　リングスのガイジンは、そういう物騒な話が多すぎるんだよ！（笑）。

椎名　だって、誰か撃たれなかったっけ？

ガンツ　オランダの**トム・フォン・マウリック**[※267]と、ロシアの**バロージャ・クレメンチェフ**[※268]が銃殺されてますね。

椎名　**ハンス・ナイマン**[※269]も撃たれなかったっけ？

長井　ナイマンも数年前に撃たれて、亡くなりましたね。で、ボクはフェイスブックで**ウィリー・ピータース**[※270]と繋がってるんで、いろんな話を聞いたんですけど。ナイマンはモロッコのマフィアにやられたらしいんですよ。

椎名　モロッコのマフィア⁉

玉袋　もう、それ映画だよ（笑）。

長井　ナイマンとフライはトラブルを抱えていて、ふたりは刑務所に入っていたらしいんですね。それで、フライは刑務所から出たら命を狙われて危ないからずっと出ずにいたんですけど、ナイマンは出所して、自分のジムからクルマに乗ったとき、マシンガンで射殺されたらしいです。よく映画とかで、クルマが蜂の巣になって人が死んでるシーンがあるじゃないですか。

椎名　『俺たちに明日はない』みたいな。

長井　そのときの写真を見せてもらったんですけど、ホントにああいう映画のままでしたね。クルマが蜂の巣になってて。

玉袋　恐ろしいな〜！　当時、外国人にコンプライアンスなんてねぇ時代だから、リングス・オランダはみんなリング外でもやべえのばっかりなんだよ。

長井　いまだから話せますけど、オランダ軍団はホントに過激でしたね。たとえば、**トニー・ホーム**※000が来たとき、彼は腕に卍のタトゥーを入れてたじゃないですか。オランダ勢はあれが許せなかったらしくて、「あの野郎、やってやる！」っていう話になってたこともありました。

ガンツ　トニー・ホームって、何度もディック・フライとやって、そのたびに負けてるイメージがありましたけど（ホームの3戦全敗）、そういうことだったんですか！（笑）。

玉袋　結局、鳴り物入りでリングスに来たのに、ビビりまくって終わってたもんな。

長井　とにかくオランダ勢は、気に入らないと平気で仕掛けてくるんですよ。

ガンツ　それを長井さんたちは、プロの試合として成立させなければいけないわけですよね。

長井　成り立たせる努力をするのはいつも日本人なんですよ。それで、やってきたら、やったほうを怒るんじゃなくて、前田さんは「やられたおまえたちが悪い」って言いますからね。前田さん自身は怒ってフライを壊しちゃいましたけど（笑）。

玉袋　試合後に、前田さんがフライの背中を踏んづけたやつだよな（笑）。

椎名　イス攻撃とか、ストンピングがやたらうまい（笑）。

守られなかった男の約束

玉袋　まあ、みんな荒っぽかったよな〜。そんなリングスを、長井さんも離れるときが来るわけですよね？

長井　そうですね、はい。

ガンツ　あれは、田村さんがリングスに来てから、ギクシャクしだしたんですか？

長井　いやあ、どうなんですかね。たぶんこっちも「田村さんが来ても負けないぞ！」っていう気持ちがあったし、田村さんも「おまえたちには負けないぞ！」っていう、いい感じのギクシャク感は凄くあったと思いますね。

椎名　その対立はもの凄く見えてました。

長井　だから、現場サイドも活気づいたし、ビジネスとして田村vs山本とかを組んだのは、興行サイドとしても凄くよかったんじゃないかなって思いますね。

玉袋　田村vs山本は最高だったよ。

ガンツ　緊張感がありましたよね。その田村さんが来て、ジャパン勢と対戦する一発目が長井さんだったじゃないですか。

長井　なんでも一発目なんですよ。「まずは長井で様子を見よう」みたいな（笑）。

玉袋　長井さんが比叡山に行ったのはその前でしたっけ？

長井　それはもっと前ですね。ボクの発言が、前田さんの逆鱗に触れて、比叡山に飛ばされるという。

ガンツ　あれは、前田さんがリング上から「リングスでやりたいのは格闘技であり、残念ながらプロレスじゃありません」とマイクで言ったあと、長井さんが「ボクはプロレスラーです」ってコメントして、激怒されたんですよね。

椎名 それで比叡山に飛ばされちゃったの⁉

玉袋 言わずにはいられなかったのかな。

ガンツ でも、長井さんはプロレスじゃない格闘技の他流試合を、リングスで何試合もやってるわけじゃないですか。それでも、そこは譲れなかったわけですか?

長井 だって、俺はプロレスラーですから。プロレスラーになりたいから、かわいがりとか、いろんな嫌なことも我慢して、大ケガしても必死にリハビリしてやってきたんです。だから、前田さんがなんと言おうと、俺はプロレスラーだし、職業欄にも「プロレスラー」って書いてましたからね。

椎名 純粋な思いだったんですね。

長井 それに俺は、「プロレスラー」という言葉をひとことも悪い意味で使ってませんから。いざとなれば、二つ返事で格闘技の他流試合だってやるし、リングスの中のプロレスもやる、それを全部こなせるのが、俺は「プロレスラー」だと思ってたんで。普通のプロレスだけ、格闘技だけじゃなくて、その両方ができるリングスのプロレスラーであることが、俺の誇りでしたからね。そういう思いを言っただけなんですけど……。

椎名 それが前田さんに刃向かったように、とられてしまったと。

玉袋 やっぱり、俺らも当時のリングスのファンもみんな前田信者だからさ。あのときも、「長井、かんしゃくを起こしちゃってるな。まだまだ子どもだな」って、俺は見てたかもしれない。でも、そういう思いを聞くと、俺のほうこそガキだったなって思い知らされるね。ホント、すみません。

長井 だから、その頃から前田さんファンからの俺への当たりっていうのは、キツかったですよ。カミさんの実家が飲み屋をやってたんですけど、そこの住所を調べて、「おまえのいる場所なんてリングスにはないんだ。前田に謝れ！」っていう手紙が、わざわざ送られてきましたからね。

椎名　えーっ⁉　そんなイヤがらせもあったんですか。

ガンツ　当時はSNSとかないですし、信者であるがゆえに、そういう過激な行動に走ってしまう人もいたんでしょうね。

長井　だからファンってありがたいんですけど、怖いなって思いましたね。

椎名　そういう手紙をもらった挙句、比叡山に飛ばされて（笑）。

玉袋　その、しくじってお寺に飛ばされるっていうのは、競輪業界と一緒だからね（笑）。競輪は反則2回で1週間、お寺に行かされるんです。長井さんは、どれぐらい行ってたんですか？

長井　ボクは2ヵ月ぐらいです。

玉袋　2ヵ月！　長えな（笑）。

ガンツ　比叡山でどんなことをするんですか？

長井　弁天堂というところがあるんですけど、そこで朝早く起きて読経をやって、座禅をやってという日々でしたね。それから2～3週間経ったあと、比叡山の千日回峰行っていうのがあって、それをやらされたんですよ。

玉袋　俺も聞いたことありますけど、大変ですよね。散々、山を歩かされて、小屋みてえなところに入れられて、何もしゃべっちゃいけねえ、動いちゃいけねえっていうのを最後にやらなきゃいけないという。

長井　ボクは懐中電灯ひとつ持って、夜中じゅう山を回って、朝6時か7時に帰ってきて、ちょっと寝たあと、お寺と同じ作業をするというのを、1ヵ月近くやってましたね。

玉袋　凄いよ！　だから山伏みたいな感じの頭になってるんだな（笑）。

長井　でも、冗談抜きにそのストレスが髪にきましたね（笑）。

玉袋　だけど、山籠りをしたことあるプロレスラーは何人かいるけど、ホントにやったのは長井さんぐらいじゃねえかな。

ガンツ　東スポのカメラマンなしでやってたのは（笑）。

長井　ボクはただただ、我慢を覚えるだけでしたからね（笑）。

ガンツ　比叡山修行が終わって戻ってきたあとっていうのは、またすんなり溶けこめるもんなんですか？

長井　まあ、普通にやってましたけど、ボクは自分の気持ちを曲げるつもりはなかったので、俺は俺のスタンスでやっていければいいんだなって思いましたね。

椎名　比叡山に行かされて、そこは変えられませんよね。

長井　そんなスタンスなんで、最終的にはまた揉めて、やめさせられるんですけど（笑）。

ガンツ　結果的にリングスラストマッチとなった、前田さんとの試合（1997年11月20日・大阪市中央体育館）は、もうやめてもいい覚悟の試合だったんですか？

長井　前田さんは言わないでしょうけど、ボクと前田さんの間には、デビューするときに男と男の約束がひとつあったんですよ。あの試合は、それを前田さんが守ってくれなかっただけですから。

玉袋　また重いぞ。この言葉は重い。

長井　それが、あとで「あいつは俺を潰しにきた」と言ってることが、こっちに伝わってきて。数日後に解雇通知の書類が書留で送られてきたんです。

椎名　あの試合のあとですか？

長井　はい。でも、潰すも何もあれがリングスなんですよ。俺たちはあれをやってきてたんです。普通のプロレスの常識に当てはめたらとんでもない世界ですけど、リングスの試合はそういうのと隣り合わせなんで。相手が飛び越えてきても、それをプロレスの試合としてまとめるのが、リングス・ジャパンの選手の役割でしたから。そういう意味で、その後、フリーになってからも、何をされても動じない度胸はつきましたね。

ガンツ　リングスには、のちのMMAとは別の怖さがあったわけですね。

長井　だから当時のボクらは、まだMMAがなかった時代に、それを作っていこうということと、リングスのスタイルで試合をまとめるという、両方の作業を並行してやっていた感じがしますね。

佐山からプロレスを教わる

玉袋　でも、リングスを退団したあと、これからの不安があったんじゃないですか?

長井　「もう俺は、プロレス業界では生きていけないな」って、思ってましたからね。それでK-1に出たりしてたんですよ。

椎名　K-1ジャパンシリーズに出てましたもんね。

長井　そのあと佐山さんの**掣圏道**[※272]、**SAプロレス**[※273]に出させていただいたんです。そこで、あらためて佐山さんからプロレスを教わることができて、ボクのいまのスタイルの師匠は、佐山さんなんです。

玉袋　リングス退団後、佐山さんからプロレスを習うっつーのも凄いな（笑）。

長井　当時、ボクがお世話になった人が、佐山さんとのコネクションを持っていて、「プロレスをやるなら、一番の人に教えてもらったほうがいい」ということで、間に入ってもらって、当時は掣圏道のSAプロレスは、北海道の旭川を拠点にしてたので、ボクもずっと旭川で教えてもらってたんですよ。

玉袋　いっときだけ掣圏道入りした、**坂本一生**[※274]とはかぶってないんですか?

長井　ほんのちょびっとかぶってました（笑）。

玉袋　掣圏道はロシア人の強豪から、坂本一生までいるんだから凄いよ（笑）。

長井　それでボクは、リングススタイルしかやったことがなかったので、プロレス用語から、プロレスの腕の取り方とか、プロレスの考え方といった基礎から、すべて佐山さんから教えてもらえたんですよ。

玉袋　うわ〜、凄え！

長井　それって、ほかの人に聞いてもなかなかないことみたいで、いまのスーパータイガーに聞いても教えてもらったことがないって言ってますから。ボクは佐山さんからプロレスを直接教えてもらった、凄く数少ないひとりかもしれないですね。

玉袋　シューティングとか、格闘技は教わってても、プロレスを教われた人はなかなかいないんだろうなあ。

長井　ボクはプロレスに関しては、凄く出会いに恵まれてるんですよ。そのあと全日本に行ってからは、渕さんに弟子入りみたいなカタチで、全日本のプロレスを教えてもらって。新日本では、**星野[※275]（勘太郎）**さんにお世話になって。

玉袋　**魔界倶楽部**[※276]だ！　長井さんが魔界に入ったときは、驚きましたよ。

長井　自分も最終的にヒールになるとは思ってもいませんでしたね。そこは寛大な星野さんが、ボクや**柴田**[※277]**（勝頼）**くんのような〝はぐれ者〟の身元引き受け人みたいな感じになってくれて。試合が終わったら、どんな試合でも必ず褒めてくれましたね。だから、星野さんには感謝しかないですし、ボクはいつか魔界倶楽部を再結成できたらなっていうのを、夢としてもってるんですよ。

椎名　それは見たい！　柴田選手と組んでましたもんね。

長井　魔界4号と5号で、**破悧魔王Z**（はりまおうず）[※278]っていうのをやってたんですよ。まあ、いまは新日本が認めてくれないでしょうけど（笑）。

玉袋　いや〜、星野勘太郎メモリアルナイトで、魔界倶楽部1日限定復活とかやってもらいたいよ。じゃあ、ちょっと時間もなくなっちゃったんで、最後の質問として、いま前田さんに対してどういった思いがあるか、教えてもらえますか？

長井　いろいろありましたけど、やっぱり前田さんはこの世界で一時代を築いた人ですし、プロレスラー前田日明としては、凄くリスペクトはしてますね。

玉袋　いや〜、いいね！　それを言える長井さんもいい！

長井　ただ、ボクと歩んでいる道は違うという。

玉袋　深いなあ。じゃあ、最後に長井さんのデビュー25周年を祝って乾杯させてください。長井さん、25周年おめでとうございます！　乾杯！

一同　カンパーイ！

世界のＴＫ

髙坂剛

高阪剛（こうさか・つよし）

1970年生まれ、滋賀県出身。ALLIANCE主宰。実業団で柔道部に所属し、1994年、リングスでデビュー。1998年、アメリカに拠点を移す。同年3月、『UFC16』でキモに、10月『UFC Brazil』でピート・ウィリアムスにそれぞれ判定勝ちを収める。2000年、リングス『KING OF KINGS 2000』のエメリヤーエンコ・ヒョードルにドクターストップ勝利。リングス解散後は、UFC、パンクラス、アブダビコンバット、DEEP、新日本プロレスなどで活躍。2005年4月よりPRIDEに参戦し、ヒョードルやマリオ・スペーヒーらと激闘を展開する。2006年に現役引退。現在は後進の育成に励む一方、解説者としても活躍する。

ガンツ　では、今回のゲストを紹介します。世界のTKこと髙阪剛さんです！

玉袋　よっ！　世界のTK！　でも「世界の」TKが、中野坂上の加賀屋にって失礼だろ！

ガンツ　でも、呼んじゃったんです！

玉袋　いや〜、TKがゲストか。こりゃ、うれしいね〜。

髙阪　よろしくお願いします。ちょっと腹減っちゃったんで、注文していいですか？

玉袋　どうぞどうぞ。（店員に）生ビールともつ焼き、豚足、あと適当にみつくろって、ジャンジャン持ってきて！

ガンツ　いや〜、髙阪さんが「腹減ってる」というと、ちょっとどんだけ食べるのか恐ろしいですけどね（笑）。

椎名　もの凄く食べるって有名ですもんね。

玉袋　底なしだもん。現役の頃とか、凄かったでしょ？

髙阪　自分は現役時代、毎日、鶏の胸肉2キロ食べるのをノルマにしてましたから。

玉袋　鶏を2キロ！　動物園で猛獣の飼育係が用意する量じゃねえんだから！

髙阪　やっぱりヘビー級にこだわってたんで、自分、食わなきゃ体重減っちゃうんですよね。

ガンツ　でも、髙阪さんがいまUFCで闘ってたら、**デイナ・ホワイト**[※279]に「おまえはミドル級でやったほうがいい」って言われるんじゃないですか？

髙阪　言われるかもしれないけど、俺はやるならヘビー級。

椎名　ライトヘビー級でTK vs **ラシャド・エヴァンス**[※280]とか観たいですけどね。

髙阪　だけど、俺はやるなら**ブロック・レスナー**[※281]とやりたい。

玉袋　うわっ、それ観てぇ〜〜〜！

髙阪　自分、バケモン大好きですから。デカいヤツが向かってきてくれたほうが燃える。

玉袋　柔よく剛を制すだよなあ。
髙阪　最近はみんな減量減量で大変じゃない？
玉袋　そうですよね、三崎和雄選手も階級を落とすって言ってたし。
髙阪　だからいまの選手と話すと「俺も大変だったよ、増量」って真逆なことを言って、いっさい話が合わない（笑）。
玉袋　増量って、昭和のプロレスイズムだよな。
ガンツ　リングスはある程度の体重までいかないと、デビューできないんですよね。
髙阪　それもあるし、メシのノルマがあるんですよ。自分が入門して2日目か3日目、先輩の長井さんに言われたんです。「前田道場は、どんぶりでちゃんこ5杯、メシを5杯食べるのがノルマだからな」って。自分はそれを6杯目のおかわりを食べてるときに聞きましたからね（笑）。
椎名　すでにノルマすらオーバーしてる（笑）。
玉袋　『ドカベン』の単行本1巻じゃねえんだから。
ガンツ　髙阪さんは学生時代、鞄が弁当だけで一杯になってるという〝リアル・ドカベン〟だったんですよね。

髙阪家の食卓事情

髙阪　ちょっと、今日はそんな俺の話？　ＵＦＣを語ろうと思って来たんだけど。
玉袋　こっちはＴＫのそういう話が聞きたいから。最終的にＵＦＣに繋がれば何でもいい！
髙阪　じゃあ言いますけど、自分は高校のとき、もの凄く米が好きで、1日に2升食ってたんです。
ガンツ　合じゃなくて升！（笑）。
玉袋　ごはんをおかずにごはんを食ってたってくらいでしょ？
髙阪　実際、自分は『餃子の王将』でチャーハンをおかずにごはん食べたことありますからね。
椎名　それがおかしいことだって気づかなかったん

ですか？

高阪　おそらく高阪家の常識と世間の常識が違ったんでしょうね。ウチではチャーハンが山盛りのほかに、白いご飯がちゃんと用意されてましたから。で、『王将』で同じことをしたら「お客さん、冗談はよしてください」って言われたんだけど。

玉袋　高阪家の常識は『王将』では通用しなかったわけだ。

高阪　通用しない。何の違和感もなく頼んじゃったんですけどね。

玉袋　いい話だなあ～！

椎名　お母さん、炊事が大変だったでしょうね。

高阪　多分、大変だったと思いますね。だからウチは炊飯器が2台、フル稼働だったんです。1台はパロマのガスので。

玉袋　あれ、うまいんだよね。

高阪　それプラス、2升炊きの電気炊飯器。いま思えば、その電気炊飯器はオレだけのものだった。

玉袋　マイ・ジャーね（笑）。

高阪　おふくろは、毎日それだけの米を研がなきゃいけなかったから。これマジな話なんですけど、水泳選手が手に水かきができるって言うじゃないですか？　おふくろも水かきが生えてきたんですよね。

ガンツ　ダハハハハ！　またまたご冗談を（笑）。

高阪　いや、ホントだから！（笑）。

玉袋　高阪家はファンタジーだよ～！　じゃあ、TK。パンクラスが出てきて、一時期ハイブリッドボディとか言われてたとき、どう思いました？

高阪　正直、「もったいないなあ」と思いましたね。鶏の皮を取るとか、玉子は白身だけ食べるとか、いまでこそ常識ですけど、当時は「もし捨ててしまうなら、頼むからその部位を俺に回してくれ！」って思ってましたね。

玉袋　ガハハハハ！

高阪　玉子の黄身なんて、あんなにおいしいのに。

玉袋　そうだよう。

ガンツ　前田道場は玉子食べ放題でしたっけ？
髙阪　何でも食べ放題。練習し放題、メシ食い放題でしょ。しかも住むとこがあって、ここはホントに桃源郷かと思いました（笑）。
玉袋　でも、そこをみんな脱走するんだからね。
髙阪　いっぱいいましたけど、逃げ出す人間の気持ちがホントわかんなかった。なんでこんないいところから逃げるんだろうって。
玉袋　ホント、恵まれた環境だよね。
髙阪　いま格闘技を目指してる連中はみんなアルバイトしてるじゃないですか。
玉袋　そうだよ。食い物だって、このあいだ小滝橋通りの近所で打ち合わせしてたら、**今成（正和）**[※282]と**北岡（悟）**[※283]を見かけたんだよ！
ガンツ　DEEP[※284]道場近くにあるんですよね（当時）。
玉袋　そしたら、彼らがサイゼリヤに入ってったんだよ！
椎名　サイゼリヤ？　おもしろい！
ガンツ　道場から近いんで、みんなけっこう行くみたいですね。
髙阪　それがいまの現実なんでしょうね。
ガンツ　髙阪さんだったら、サイゼリヤでも凄い金額になるんじゃないですか？
髙阪　だから自分でサイゼリヤに行こうと思わないです。なんか、損してるような気がして（笑）。
椎名　サイゼリヤなのになぜか高くつくから（笑）。
髙阪　なんて言うのかな、外食って他人に1食の量を勝手に決められた料理じゃないですか。俺は自分で決めたいんですよね。例えば肉だったら自分の中で最低限の厚さがあるし。ごはんも料理も皿の上で3次元であってほしい（笑）。
椎名　平らな2次元はダメなんですね（笑）。
ガンツ　やっぱり、かつてのプロレス道場システムっていうのは、大相撲からきたものじゃないですか。プロを育てるシステムが完成してたんでしょうね。
玉袋　でも、サイゼリヤに行ってる、いまの格闘家も強いんだよね。

髙阪　強いですよ。

玉袋　俺たちなんか昭和の道場システムにロマンを感じちゃうんだけど、そういう環境がない中であれだけ強くなる彼らも尊敬しちゃうよな。

椎名　メシの問題って重要ですもんね。

単身アメリカへ

玉袋　TKはその前田道場という強くなる環境を捨ててシアトルに行くわけじゃない。俺はあのとき、〝脱走犯〟だと思った。TKはショーシャンク刑務所から先に抜けたティム・ロビンスじゃないかと思ったんだよね。

椎名　ファンはみんなそう思ってましたよね（笑）。

玉袋　TKの顔的にはモーガン・フリーマンだけどね（笑）。でもあれ、円満だったんでしょ？

髙阪　前田さんには1年ぐらい前から「海外に目を向けてやっていきたいです」って伝えてあったんですよ。

椎名　きっかけは何だったんですか？

髙阪　モーリス（・スミス）[※285]と試合したあと、モーリスの道場に招待されたんですよ。そのとき向こうの連中のMMAに対する思い入れだったり、ギラギラした熱意に触れて、「このままじゃ、日本はヤバいな」って思ったんですよ。

椎名　当時、まだ日本にはバーリ・トゥードが定着してませんでしたけど、UFCとか、アメリカは凄いことになってるぞって思いましたもん。

髙阪　自分は1996年からシアトルに行き始めて「やばいな」って感じ始めて、1998年には「向こうに住むしかない」ってことでシアトルに引っ越したんですよ。

玉袋　あのとき、リングス・ジャパンのほかの選手とは話さなかったのかなぁ。「このままじゃ日本はヤバくなるから、アメリカに行かねえか？」とか。

高阪　言ってないですね。

玉袋　うわ～、凄え。ひとりで気づいて、ひとりで実行したんだ。

高阪　当時の日本とアメリカの関係って、いまと状況がけっこう似てる気がするんですよね。リングスってアメリカ人の選手が少なかったんですけど、たまに元UFCの選手とか、向こうで総合やってる選手が来たんですけど、みんな技術レベルが進んでて、強かったんですよ。だから、このままだと全然無名のヤツがポンと来て、たとえばヴォルク・ハンに勝っちゃったりする時代がすぐ来るんじゃないかと思ったんです。

椎名　アメリカ人のほうがMMAへの理解度が進んでたんですよね。

高阪　「これはマズいな」と思ったんで、そこで自分は〝番場蛮の親父〟のやり方しかないな、と。

玉袋　『侍ジャイアンツ』ね。クジラの胃袋に自ら入って、腹を裂いて出てくるという。

高阪　「わかんなかったら飛び込んじゃえ！」ってやり方のほうが、手っ取り早いと思って。

椎名　それでシアトルに行ったんですね。なるほど。

玉袋　でも、普通はそこで前田さんとの関係でしくじったりするんだけどね。「リングスじゃダメなのか」って話になったり。そこを円満でできたのが凄えよ。

高阪　「自分が向こうに行って、アメリカの選手がリングスに上がる状況を作る糸口になれる」とか、そんな話もしたんですよ。

ガンツ　うまいこと言っちゃったんですね（笑）。

高阪　いや、マジメにそう思ってたんです。逆に、そうならないとリングスはやばい。

椎名　自分が行くことがリングスのためにもなるってことですね。

ガンツ　当時、リングスは強いガイジンがゴロゴロいますけど、みんなバックボーンだけで勝負してる部分が多かったですもんね。

高阪　だから、**ジェレミー・ホーン**[※286]**や****パット・ミレ**[※287]

ティッチなんかの橋渡しをしたのは自分なんですよ。
玉袋　身体一つで行って、時代の橋渡しをやってたんだなあ。ちなみに、シアトルのメシ事情はどうだったんですか？
高阪　最高です。「なんていい国だ！」って思いましたもん。味はともかく、どんな料理も盛りが〝3次元〟だったんですよ（笑）。
玉袋　3Dだ。
椎名　ボクはアメリカに行ったとき、何でも凄い量で食いきれなかったですもん。
高阪　そこで自分は「オッケー、俺の国だ」って思いましたから。
玉袋　向こうの練習はどう思ったの？
高阪　けっこう衝撃でしたね。ある日、モーリスが1人でサンドバッグ相手に練習してたとき、中学生ぐらいの会員が「モーリス、そんなキックじゃダメだよ。ノーグッド」とか言ってるんですよ。
椎名　中坊がダメ出しですか。
高阪　モーリス怒るんじゃないかと思ったら「何がダメなのか教えてくれ」って言って、その中学生も「回し蹴りはちゃんと腰を回転させて、こうやらないとダメだよ」なんて言って。モーリスも「サンキュー」で終わりですからね。
玉袋　普通はシメられてるよね。
高阪　自分も「モーリスどうなの？」って聞いたら、「じつは、あいつは回し蹴りを習ったばかりだから、基本に忠実な回し蹴りが頭にある状態なんだ」って言うんですよ。やっぱりモーリスはベテランだから、自分でも気づかないところで、ヘンな癖がついてしまっている。「そういうときは、純粋なヤツの意見聞くのが一番なんだ」って。
玉袋　日本の縦社会では考えられない発想だね。
高阪　自分なんかそれこそ体育会系で生きてきて、上級生には自分から話しかけちゃいけないような世界でやってきて。リングスもしっかり上下関係が構築された世界だったから、あれは衝撃でしたね。でも、あの姿を見て、キックボクシングの頂点に立ったモーリスが、総合にイチから挑戦した謎が解けていくような気がしたんですよ。

玉袋　なるほど。それ見たら、変わるよな。

髙阪　見た瞬間、また「まずいな」って思いましたね。なぜかと言うと、当時1997年ぐらいはリングスの中で自分もそこそこ評価されて、新弟子や事務所の社員が、自分の鞄を持ったりしてたんですよ。俺はもっと強くなりたいのに、そういう扱いに慣れ始めてて、「いつか俺、勘違いしちゃうな」って思ったんです。

玉袋　これいい話だなあ。まだまだこれからなのに、〝アガリ〟になっちゃうってことだよね。

髙阪　それを受けて「このままじゃまずい。俺はもっと強くなりたい」と思って。だったら、自分のことなんて誰も知らない環境に飛び込んで、強い連中の中で揉まれるほうが、いまの俺には必要なんじゃないかと思ったんですよね。

椎名　総合の時代が来るから、それまでにもっと強くならなきゃって思いもありました？

髙阪　それもありました。だから、当時の環境とかいろいろ考えると「これはアメリカ行くしかねえんじゃねえか」ってなったんですよ。

前田に見せたスイープ

ガンツ　当時、リングスファンもそれは感じてましたよね。「リングスは完全な総合格闘技になるしかないんだ。UFCの連中やグレイシー柔術に勝つために、早くそれに着手してほしい」って。だからみんなアメリカに行った髙阪さんを応援したんですよ。

髙阪　そういう時代が来ることってね、ずいぶん前に前田さんも気づいていたと思うんですよね。山本さんがヒクソンとやるもっと前の話なんですけど、自分がガードポジションを取ってたんですよ。当時はまだ「ガードポジションって、なんじゃそりゃ？」

って時代だったんですけど、自分は柔道でいう引き込みから、いまで言うスイープで返して上を取るやり方をやってたんですよ。
椎名 スイープなんて名前、誰も知らない時代ですよね。
髙阪 それを見ていた前田さんが「おまえ、それなんや?」って言ってきたんです。
ガンツ UWF系の技術って亀になることが基本ですもんね。
髙阪 そうなんです。でも、自分は柔道やってたんで、こっちのほうがあたりまえだったんで「これはガードと言います」って言ったら、「ほうほう。で、そっからどうするんや」「例えば足を取りにいってこうやると……」って、いまでいう潜りスイープをやって「こうやって上になれます」ってやってみたんです。そしたら、「おまえ、それちゃんとやっとけよ。これから必要になるぞ」ってボソッと言ったんですよね。前田さんは感覚的に、必要になるって気づいたんだと思うんですよね。
ガンツ 「グレイシー」っていうものに、かなりムキになってましたしね。
髙阪 そのあと山本さんがヒクソンとやるってなったら、前田さんが「おまえ、張りついてやれ」って言って、スパーリングパートナーやることになったんですよね。
玉袋 でも、なんであんときTKがいかなかったんだろうって、ファンは思ってたんですよ。
髙阪 自分もムチャクチャやりたかったんですよ。
玉袋 やりてえんだ!
髙阪 そんでもう、「速攻で勝ってやる、ボコボコにする」って凄い思ってたんですけど、順番的に山本さんが「やる」と言った以上、自分が「やる」と言ったら失礼にあたる。
玉袋 それがさっき言った縦社会だ。
髙阪 正直なところ、そういうジレンマもありましたね。ただ、当時の自分はまだデビューして1年経ってなかったんで、しょうがないんですけど。

ガンツ　プロ1年生が「ヒクソンをボコボコにしてやる」って思ってたんですか！（笑）。

玉袋　実際にヒクソンの実力はどう思いました？

髙阪　もちろん強そうだとは思ってたんですけど、なんかね、当時の自分は根拠のない自信にあふれてたんですよ。いま思えば完全に若さなんですけど。山本さんがヒクソンとやったのは1995年4月だから、自分は25歳。誰が来ても絶対に勝てると思ってましたね。

玉袋　やっぱ、当時プロの世界に飛び込んでくる人はみんなそうでしょう。じゃあ、いま振り返って、当時の自分はヒクソンに勝てたと思う？

髙阪　ここで「あのときの俺は勝てたと思う」って言っちゃったら、逆に自分の負けだと思う。だって試合してないんだもん。ホントに前後不覚になったら「自分にやらせてください」って手を上げてたはずなのに、周りの状況を判断して手を上げなかった。その時点で自分の負けですよ。

玉袋　いや、たいしたタマだよ。

ガンツ　だから髙田さんがヒクソンに負けたとき、我々ファンは絶望の淵に落とされましたけど、当時若手だった髙阪さんや桜庭さんが「俺、ヒクソンに勝つ自信がある」って明らかに本気で思ってたのは、もの凄く頼もしかったですね。

ヘビー級という夢の闘い

髙阪　自分は髙田さんがヒクソンとやったとき、まったく時を同じくしてアメリカで試合してたんです。**トム・エリクソン**[※288]と。

玉袋　またスーパーヘビー級だよ。

椎名　あの頃、トム・エリクソン最強説ってありましたよね。

ガンツ　なんでエリクソンとやったんですか？

髙阪　たまたま、モーリスのジムに「エリクソンの相手がいないんだよ。ヘビー級で誰かいない？」って連絡が入ったんですよ。そしたら「ここにいるよ」って、モーリスが自分を推薦したんですよ（笑）。

椎名　またモーリスも無茶ぶりしますね（笑）。

高阪　でも「コーサカ？　そんなヤツ知らないな」って反応だったんですけど、自分がモーリスにヒールホールド極めて勝った試合のビデオを送ったら「知らないヤツだけど、モーリスに勝ってるならやらしてみるか」ってことで、トム・エリクソンと試合をすることになったんです。

ガンツ　それでトム・エリクソンにも足関極めて勝ちそうになったんですよね。

玉袋　トム・エリクソンといったら白鯨だよ？　だからまさに、『侍ジャイアンツ』番場蛮の親父だよな。

高阪　結局、判定で負けちゃったんですけど、最初は「知らねえな」って言ってた**コンテンダーズ**[※289]のプロモーターが「こいつはおもしろい」ってなったみたいで。コンテンダーズはあまり視聴率が獲れなくて1回で終わったんですけど、そのプロモーターだったヤツは手腕を買われてUFCのマッチメイカーになったんです。そして「ちょっとUFCに出したいヤツがいる」って自分を推薦してくれて、それが**キモ戦**[※290]につながったんですよ。

玉袋　いや〜、まさにそれが肝だ！　道が切り開かれていった瞬間だな。UFCに参戦するときは、どんな気持ちだったの？

高阪　当時のUFCというのは、まだ自分の立ち位置を確保できてない場所だったんですね。リングスっていうのは、前田さんが作ってくださった場所で、そこに入門して育った人間イコール、ステージに立つ資格があるって周りの人が見てくれてたという、そういう感覚があったんですね。

ガンツ　デビューした時点で、「リングスのファイター」として認められてたけど、UFCはそうじゃなかった、と。

高阪　そうなんです。前田さんを含めて、周りの人がそういう状態を作ってくれたんで、自分はそこに乗っかっていけたんですけど、UFCの場合は、「こいつ誰？」っていうところから、始まるんですよ。

玉袋　リングスでの実績なんて、関係もんな。

高阪　「なんだ、このアジア人？　どんなもんだ？」っていう。

ガンツ　まだ、YouTubeもない頃ですからね。

玉袋　言ってみれば島耕作が海外の工場に行って、新しくやってみるかっていう、究極の営業マンでもあるわけだよね。リングスっていう本社はあるわけだけど、あえて厳しいところで自分の名前を売るっていう。そこが凄えや。

椎名　いまのUFCも最高におもしろいけど、高阪さんが出てた当時はなんかロマンがありますよね。

玉袋　そうなんだよな～。いまはもの凄えレベルが高いのはわかるんだけど、ちょっと競技として完成されすぎちゃってる面もあるからね。

高阪　ただね、ヘビー級だけはまだ夢が残されてる。自分、ブロック・レスナーとか、**シェーン・カーウイン**[※291]なんか見るとうれしくなるんですよね。

玉袋　怪獣だもん。怪獣大戦争だ。

高阪　ライトヘビー級もそれに近いところはあったんですけど、最近急激に技術を使い始めたなと思ったら、**ジョン・ジョーンズ**[※292]みたいなわけのわからない進化を遂げた人間が出てきて（笑）。

ガンツ　宇宙から来たみたいなファイターですもんね。まさに「宇宙人ジョーンズ」という（笑）。

椎名　UFCは「新しいな！」って思うヤツがどんどん出てくるんだよね。

玉袋　そこがおもしれぇところなんだけど、その一方で俺らはノゲイラ、シウバ、ミルコなんかに思いを寄せながら観てる部分があるんだよな。で、TKはPRIDEファンがセンチメンタルにWOWOW中継を観てるのを見越して、俺たちに期待を持たせる解説をしてくれてるんだよな。

高阪　じつはそうなんですよ。いや、よく気づきましたね。

玉袋　あれ、うまいんだよ。ちゃんと俺たちに希望を残してくれてるんだよね。

髙阪　やっぱり自分のベースにあるのは〝夢〟なんですね。こういう格闘技の世界、とくにプロの世界では凄く大事だなって思ってて。

椎名　デイナ・ホワイトもそういうところあるよね。ブロック・レスナーとか大好きでしょ？

ガンツ　デイナはスーパースターが大好きなんですよね。

玉袋　やっぱりさ、選手っていうのは俺たちが見上げる星であってほしいわけだからさ。夢のテイストっていうのは重要なんだよな。

ガンツ　リアルファイトだからこそ、ファンタジーが必要ですよね。というかUFCはリアルがファンタジーに昇華してる。

玉袋　大晦日にやるブロック・レスナーvs[※293]**アリスター・オーフレイム**なんて凄いぜ。人間同士とは思えねえもん。TKはどうなの？

髙阪　この試合は、どっちが勝っても負けてもいいんじゃないかって思いますね。たぶん「凄え！」しか言葉が出てこないだろうし（笑）。

玉袋　でも、アリスターって、ホントの意味で強くねえっていうかさ、ケンカが弱いんじゃねえかって思うんだけど、どう？

髙阪　もしアリスターが昔のままだったら、レスナーのパンチでやられちゃうかもしれないですね。オーフレイム兄弟っていうのは、顔を触られるのを極端に嫌がるんですよ。

椎名　そういう感じしますよね。

髙阪　顔を打たれるのはもちろん、ちょっと押されるだけでも極端に嫌がる。だからアリスターなんかは去年のK-1 WORLD GPが凄く印象的だったんですよ。もの凄くガッチリとガード固めてたでしょ？

ガンツ「顔だけは叩かれたくない！」って感じでし

たよね。

髙阪　あれは「顔を打たれたくない」って気質。アリスターはここ数年負けてないんですけど、よくよく考えると顔面を打たれてないんですよ。

玉袋　だから、**ファブリシオ・ヴェウドゥム**[※294]との試合なんか観ても「顔を打たれるの怖がってんじゃないかな？　あいつホントはケンカ弱いんじゃねえか？」って思ったんですよ。

ガンツ　だからヒョードルも**ビッグフット**[※295]なんかじゃなくてアリスターとやったらよかったんですよね。ヒョードルの右ストレートを食らったら、アリスターは戦意喪失するんじゃないかって。

玉袋　ああ、それTKに聞きてえ。ヒョードルに贈るレクイエムを聞かせてよ。

髙阪　ヒョードルについては自分、勝とうが負けようが相変わらずだと思いますね。いまでもとんでもなく強いと思いますよ。ただ、いまのMMAの技術をちょっとないがしろにしすぎてるところがある。

ガンツ　それこそモーリスみたいには、「これどうやってやるの？」って簡単に聞けないのかもしれないですね。

髙阪　たぶん、彼自身は凄くオープンだと思うんだけど、もしかしたら周りがそうさせてるのかもしれない。

玉袋　絶対にそうだわ。

髙阪　ただ、ヒョードルがレスリングの動きして、グラウンドで相手を削るような闘いをやったら、やっぱり冷めますよね。

玉袋　ダメダメ。そんなのヒョードルじゃない。

髙阪　だから、ヒョードルはヒョードルにしかできない闘い方をするから、これだけの評価を受けてる部分もあると思うんですよ。だから周りも「そのままでいいよ」って言ってるんじゃないかなって。もしかしたらヒョードルも純粋すぎるから、情報を遮断されてるのかもしれないし。いまのUFCの映像なんて、見せてもらえてないのかも。

日本はアメリカに追いつけるのか

玉袋　孤高の皇帝だもんなあ。俺たちは「最後まで観させていただく」ってことしかねえよ。で、いまTKは指導者としてもやってるわけだけど、日本がアメリカに追いつくことっていうのは可能なんですかね？

高阪　う～ん、時間はかかりますよ。もの凄く根本的なところなんですけど、いまの日本人選手は技術をやりすぎちゃってるところがあると思います。なんて言うんでしょう、腹の底からわき起こってくる闘争心がもっとあったほうがいいんじゃないかな。

玉袋　さっき言ってた「ヒクソンだろうが、俺がボコボコにしてやる！」みたいな気概ね。

高阪　じつはそういう選手もいるんだけど、枠が勝手に決められちゃってるというか。「おまえはこの中でがんばるんだぞ」みたいなものを感じるんですよ。ホントはもっともっと可能性があるはずなんだから、ウミガメみたいに大海に出ていっちゃえばいいんじゃないかなって思うんですよね。

玉袋　ＴＫはウミガメだったもんな～。

高阪　それで〝子孫〟を残すときに、生まれた浜辺に戻ってくればいいんじゃないかな。やっぱり自分の時代がそうだったように、いまもアメリカのほうが進んでいるわけだから。

玉袋　ホントにそうだよな。

高阪　大海原に出ていけば、たしかにエサが獲れるかどうかは確実じゃないし、身の危険にさらされることも多いんですよ。

玉袋　ウミガメも間違ってビニール食っちゃったりするしな。

高阪　でも、外に出ないと身につけられないものってたくさんあるから。それが自分のためにも、今後の日本格闘技界のためにもなると思うんですけどね。

椎名　ＵＦＣで生き残ってる[※296]**水垣偉弥**（たけや）選手の試合、この前観て素晴らしいと思いました。

高阪　水垣はね、その前の試合がダメだったんですよ。凄く後手後手に回って。だから、そのとき水垣は闘いを競技的に捉えすぎてたと思うんですよ。「いまジャブが入った。ちょっと自分が有利」「ストレートが入った。これで1ポイント」とか。でも、それやっちゃうと、向こうのほうが進んでるから、判定で競り負けるんですよね。でも、このあいだの水垣は気持ちが前に出てたから、一気に試合を決めることができた。だから結局、大海に出るってことは、身を危険にさらしながらも勝負に出るってことなんですよね。

玉袋　いい話だな～。そしてＴＫには先駆者として、今後海外へ出て行く若い選手のために、ＴＫ流の旅のしおりみたいなものも作ってもらいたいね。

椎名　これからの選手のために、『正しいＵＦＣの歩き方』を（笑）。

玉袋　北米版、アジア版とか、いっぱい作ってもらってさ。

高阪　でも実際、そういうのを知っておくっていうのは大事なことなんですよね。

玉袋　そうでしょ？　日本とは違うんだから。

高阪　海外で試合をするということは、日本と違って不都合なことがたくさんあるっていうのは、頭ではみんなわかってると思うんですよ。でも、実際に行ってみたら、ストレス以外の何物でもないことがもの凄くいっぱい起こるわけです。

玉袋　頭でなんとなくわかってても、体感すると違うんだろうな。

高阪　そうなんですよ。だから、それをなんとも思わないようにできる図太さとか、懐の深さも必要になってくる。

玉袋　ＵＦＣなんか、試合の何日も前からタイムスケジュールが全部ピッチリでしょ？　前日の計量から、記者会見から、テレビのインタビューから。

高阪　そうですね。事前に予定表が渡されるんですけど、それをみんながみんな守ってくれるわけではないんですよ。

椎名　なるほど。それでイライラしちゃうわけだ。

高阪　だから、必ずイレギュラーなことは起こるもんだと思ってなきゃいけない。イレギュラーも含めて容認できるかどうかが、まず1つ。

玉袋　想定外でもＯＫだっていう気構えね。

高阪　そうです。こういうもんなんだ、しょうがないっていう。

ガンツ　しかも、減量の最後の最後だから、ただでさえ一番イライラするときですもんね。

高阪　だからまず、そこを最初から腹づもりしておかないと、行ってからそれに気づいたんじゃ遅い。もう修正できない。**宇野**[※297]**（薫）**が**BJ**[※298]**（・ペン）**と試合したときも酷かったですからね。インタビュー時間のタイムテーブルがあって。そのとおりにいけば、あと1時間後ぐらいって言われて待たされてて。そしたらそれが1時間後に前の人が来るから、もうちょっと待ってもらうかもしれないって話で、結局2時間ぐらい待たされたんですよ。

玉袋　2時間！　俺なんかせっかちだから、も～うイライラしちゃって、しょうがねえよ！

髙阪　で、ようやく2時間後にインタビューが始まって、女性のプロデューサー的な人が、「まずカメラに向かって意気込みを言ってください」って言うんで、宇野が「力いっぱい闘います」って言ったら、「ノー！」。

椎名　発言にダメ出しが入りましたか（笑）。

髙阪　「ノー。もっとパッションを！　相手をぶち殺すぐらいのことを言ってくれ」って言うんですよ。

玉袋　「ぶち殺す！」って、宇野君から一番遠いセリフだよ！（笑）。

髙阪　そうなんですよ。でも「それを言ってください、はいどうぞ」って。

玉袋　つれえ！

髙阪　自分なんかも「これ、宇野じゃねえよな」と思いつつも、宇野は「わかりました」って言って。さっきより強い口調で「闘います！」みたいに言ったんですよ。

椎名　言い方だけ変えて（笑）。

髙阪　そしたら、あっさり「ノー」。

ガンツ　またダメ出し（笑）。

髙阪　宇野は宇野なりにがんばって言ってるのに、「モア！　モア！」って言ってくるから、自分が見るに見かねて、そのプロデューサーに「宇野は闘志を内に秘めるタイプだから、そういうんじゃないんだ。試合を観てもらえば充分理解できるはずだ。そういう選手なんだよ」って、なんかもう自分のほうがムカついてきちゃって言ったんですよ。そしたら「わかった、足りないのね」って、ラジカセ持ってきてヘビメタかけだして。

ガンツ　ヘビメタ聴けば、その内に秘めた闘志も外に出てくるだろう、と（笑）。

髙阪　そうそう、こっちの言うこと全部スルーされて。「おまえ、自分のやりてえこと通しやがってコノヤロー！」みたいな。メタリカかけちゃって。

玉袋　メタリカって、また宇野君から一番遠いっつうの！

高阪　で、「シャドウ！　シャドウ！　ボクシング！　ボクシング！」とか言ってシャドウやらせて、プロデューサーが「ハイ！」って言ったらお付きの人が霧吹き持ってきて、シューッて体じゅうにかけさせて、汗だくみたいになって。それで「レディ・ゴー」ってまた合図するから、「宇野、悪い。これ、言うとおりやんねえと終わんねえわ。俺もいまがんばったけど無理だったからごめん」って言って。そしたら宇野がやったんですよ。

玉袋　あの宇野君が吠えまくった！

椎名　〝星の王子様〟って言われてるのに！（笑）。

ガンツ　ビッシビシ言って、星の王子様が、星野勘太郎になっちゃって（笑）。

高阪　そしたら向こうが、ようやく「まあこれでいいか」みたいな感じで。それでラジカセ切って「はい次！」みたいな。

椎名　やっぱり「俺はシカゴのスラム街でネズミを食って生きてきたぜ！」みたいなほうが、求められるんですね。

ガンツ　ロード・ウォリアーズ的なハッタリが必要だ、と（笑）。

玉袋　もう、どんどん要求がエスカレートしていって、最終的に宇野薫がサーベルくわえて殴り掛かるとか、勢いとしてはそこまでいっちゃう可能性もあるよな。

椎名　「おまえ、日本人だろ？」って、**上田馬之助**[※299]みたいな格好を要求されたり（笑）。

高阪　そういう想定外な要求もあったりするんです。

玉袋　もうダブルヌンチャク振り回したりとかしたらいいんじゃねえか？

椎名　まんま、**ザ・グレート・カブキ**[※300]ですね（笑）。

玉袋　宇野くんが毒霧まで吹いちゃったりしてな

（笑）。でも、そういうメディア対応に関しても、TKはいいコーチだよ。だってさ、そんなのわかんないで、ただ「行くぞ！　勝つぞ！」だけじゃさ、そういうことが来たときに対応できないじゃん。

椎名　撮影終わんないですもんね。

玉袋　終わんないよ！　その前にこっちがダブルヌンチャク始めちゃったほうがいいんだから。

高阪　何をやるかはともかく、まずその覚悟で行ったほうがいいですね。ベースのところで。

60ページに及ぶ契約書

玉袋　アウェー感でいうとどうなの？　もうそれを気にする必要ないのかね、ホームとかアウェーとか。

高阪　いまのUFCにはもうほとんどないかもしれないですけど、自分が初めて出た頃は、ぞんざいな扱いみたいなものは、やっぱりありましたよ。自分のときは、じつを言うと控室がなくて。

ガンツ　控室がない！

高阪　なかったんですよ。それで「どこで準備したらいい？」って聞いたら、「こっち」って通されたのがトイレなんですよ。

ガンツ　えぇーっ！　それは人種差別的なものもあるんですか？

高阪　いや、わかんないです。アメリカのルイジアナの会場で、手洗い場がやたら広いんですよ。ここのお店の倍ぐらいの広さがあって。「ここだったら広々使えるからここ使ってちょうだい」って言われて。「おまえ、忘れてたな！」って思ったんですけど。

ガンツ　広いけど部屋じゃねえだろって。トイレだろって。

高阪　そうそう。

玉袋　どこに座りゃいいんだよ、便器に座るしかねえじゃねえか！

高阪　そうなんです。だからバスタオル敷いて、そこで身体休ませて。そしたらほかの選手とか用を足しに来るわけですよ。見えるし聞こえるし、もう！

玉袋 いやあ、過酷だね〜。いまはそんなのはないだろうけどさ。

高阪 いまはないですよ。でも、あのときは「チクショー！」と思いましたよね。それと同時に、そういうことに対して文句が言えるだけの英語力がなかったんですよ。そういう自分にも腹が立って。こういうときに文句を言える英語をまず覚えよう、と。自分の英語を覚えようとするモチベーションはそこからだったんです。

ガンツ こいつらの言いなりにはならない、と。

高阪 「それは違うだろ」って言えるだけの英語力をまずつけようっていうのを、それがモチベーションだったですね。

玉袋 昔の海外武者修行中のプロレスラーみたいに、女を口説くために英語を覚えようっていうのとは違うね。

高阪 残念ながら違いましたね（笑）。

玉袋 ぶっちゃけ、UFCに初めて出るときのファイトマネーって、国内と比べてどうなの？

高阪 正直、基本給はそんなに変わらないです。

玉袋 あ〜、変わんねえんだ！

高阪 もちろん、UFCのほうがちょっと上ではあるんですけど、ゼロが1つ違うとか、そういうレベルの話ではない。ただ、出来高で全然違うんで。あれはだから勝ち取るしかないんですよ。

ガンツ 単純に、勝てばファイトマネーは倍ですもんね。

玉袋 じゃあ、選手としてはやりがいがあっていいよね。

高阪 そうなんですよ。

玉袋 日本だったら、しっかりしてるんだろうけど、勝っても負けても入る金は変わらないけど、勝てば勝つほどもらえるっていうんならね。

椎名 勝っていけば、どんどん上がっていくんですよね？

高阪　そうです。間違いなく上がります。

玉袋　あと、たとえば国内でTシャツ作るときの決まりとかさ、そういうのも全部細かくあるんでしょ？

高阪　かなり細かい部分までありますね。まあ、Tシャツとかマーチャンダイズ関係は当時はOKだったんですけど、ワールドワイドになる可能性があるものに関しては必ず申請しないといけないんです。たとえばゲームだったり、あとは本もそうですね。あとネット関係とか、そういうことは申請しとかなきゃいけない。

玉袋　分厚そうだな～、契約書。

高阪　そうなんですよ。自分が最初にUFCと契約したとき、当時はSEGっていう会社がやってたんですけど、そのときは年間契約でしたけど、契約書が50～60ページありましたね。

玉袋　当時でそれなんだ。

高阪　はい。契約は代理人がやってくれたんですけど。モーリスのマネージャーが目を通して、「いろいろ書いてあるけど問題はないから、サインするとこだけサインしたら俺が送っといてやる」と。でもこんなにいっぱいあるんだから、何かあるだろって思って。

ガンツ　想定外の縛りが何かあるかもしれない、と。

高阪　そうなんです。その「特に問題ない」の定義がアメリカ人はかなり大雑把なんで、「わかんなくてもいいから1回見せて」って言って、見せてもらって。そしたらいわゆるビジネス英語なんで、ものすごく難しい書き方をしてあるんですね。それを電子辞書を駆使しながらなんとか読んだら、たとえば「試合の3ヵ月前までに必ずオファーします。それが叶わなかった場合、その1、その2、その3」ってブワーッと並んでるんですね。

ガンツ　急なオファーの場合はどうとか、そういう規定もあるんですね。

高阪　あとは移動に関してとか。「本人とセコンド1名は代金が出ます、と。宿泊先は1部屋で2ベッド」とか、そのほかもろもろ。あと「宿泊中に火事が起きた場合」とか。

ガンツ　そこまで書いてありますか！

高阪　あとSEGが予期せぬできごと、それが全部こと細かに書いてあるんですよ。洪水が起きた場合、地震が起きた場合、全部書いてある。

玉袋　保険の契約書と一緒だよね。

高阪　で、やっと大会当日のページにたどり着くと、大会当日なんてもっといっぱい書いてある。ようは不慮の事故関係が多いんですよ。

玉袋　向こうは訴訟の国だからね。何か起きたときのことを決めとかねえと、あとで大変なことになったりするんだろうな。

高阪　そうですね。とにかく火災が起きた場合とか、地震が起きた場合とか、あとテロが起こった場合とか。

玉袋　凄え！　テロまでかよ！

高阪　あとは本人の意図せぬところで障害が起こった場合。車に撥ねられたとか、暴漢に襲われたとか、そういうことが起こった場合、ファイトマネーの何パーセント支払うとか書いてある。ほぼみんなゼロだったですけど。火事が起きた場合、ゼロ。地震が起きた場合、ゼロ。じゃあ書かなくていいじゃんって感じですけど（笑）。

玉袋　携帯の「同意します」と一緒だよな。誰も見ねえもんな、もういいやと思って押しちゃう。

高阪　自分も相当労力使って読んだんですけど、たしかに問題はなかったんですよね。で、「大丈夫だったよ」って渡したら、「こんなの見てるヤツ誰もいねえよ」ってみんなに言われて。「え、そうなの？」って。

玉袋　でもえらいよ。こっちはすぐ同意しちゃうもんね、「はい同意します」って。

椎名　早くエロ画像にアクセスしたいとか（笑）。

ガンツ　UFCの契約と、エロ画像を一緒にしないでください！（笑）。

玉袋　岡見（勇信）[※301]選手はそういう苦労ってあったのかな。どうだろう？　試合しか観てないから、裏で代理人がどう動いてたかわかんない、でもタイトルマッチまでいったじゃない。それマネージメントしてる人がうまかったのかな。

髙阪　みんな基本的には同じだと思います。要は選手とズッファの契約なので。

玉袋　チームじゃねえんだ。PRIDEと**ブラジリアン・トップチーム**[※302]、**シュートボクセ**[※303]との契約とか、そういうのとは違うんだな。選手個人とやったほうがいいのか。

髙阪　そのほうがトラブルはないですね。だから試合が終わって控室に帰ったら、支払い係の人が小切手持ってきて。UFCは勝ったときと負けたときの金額が違うから2枚あるんですけど、「今回はこっちだったから反対側をいま破ります」ってビリッとやる。で、もう1枚を渡されて、受け取りのサインをする。「OK」って次の人探しに行く。そういう係の人がいるんですよ。チェックを渡す係の人が。で、デイナ（・ホワイト）が言うロッカールームボーナスっていうのは、直接デイナが来て、本人が渡すんですよ。

玉袋　キャッシュ？

髙阪　いやチェックですね。

玉袋　そのチェックを落とす銀行っていうのはどこでやるの？

髙阪　日本でももちろんできるし、あとはたぶん金額によってはベガスとかはカジノがあるから、換金できるところがあるかもしれない。でもあんまり日本に持ってこれない金額なんで。

玉袋　マカオ大会とかで、現地の通貨に換金されちゃったら困るよな。

椎名　俺たちもUFCマカオ大会観にいった時にカジノやって、少し勝ったんですけど、日本円には変えられなくて。

玉袋　そうだよ！　日本円にできねえなら、意味ねえじゃねえかって。それで椎名なんかもっと勝って、現地で高級腕時計買っちゃおうとしたんだけど、結局、スッカラカンになったというね（笑）。

椎名　あれは頭にきましたよね〜。

高阪　まったく関係ないんですけど、マカオで高橋（義生）[※304]さんが試合したとき（2010年5月21日『Fury 1』）、自分も一緒についてったんですよ。その大会の主催者がかなりいい加減なヤツだったんで、逆にそのいい加減さを利用してうまくやったろうと思って。こっちはほぼ現金持ってってなかったんで、何かしらにつけ、大会主催者の部屋番号を言って、「ここにつけといて」って言って、いっさい金遣わなかったです。

ガンツ　メシ代とか全部主催者につけちゃいましたか（笑）。

高阪　最初にそうやって言われたんですよ、「困ったことがあったら全部俺の部屋の番号言えばそれでOK」って。自分の子供の土産もそいつの部屋番号言ってツケで買って。ハードロックカフェのホテルだったんで、モヒカンでレザーのジャケット着たテディベアを買って、子どもには「これ、お父さんからの土産だぞ」って渡して（笑）。

玉袋　そういうのもあり、と。

高阪　UFCの場合は全然違いますけどね（笑）。

ガンツ　でも、MMAがワールドワイドになって、選手たちの生き方も変わってきましたよね。みんな腕一本で、俺をどこが高く買ってくれるんだってというかたちでやっていて。

教えを乞うてきたキック王者

玉袋　そういう時代なんだよな。あと、TKはなんだかんだ言って、モーリスと出会えてよかったよね。そこから格闘技人生が開けていったわけだし、練習方法もジム同士の壁とかあんまり気にしねえでやろうぜっていう。やっぱそれぞれみんな固くなるじゃん、「あそこには行っちゃダメだ」とか。

髙阪　90年代のシアトルは、それこそいろんなところからみんなが集まる場所で、〝格闘技界のヘソ〟って言われてましたからね、あそこは。いろんな選手が来てたし、なんなら清原（和博）さんまで来てたし（笑）。藤田もいたし、ジョシュ（・バーネット）[※305]もそうですね。

椎名　ボク、髙阪さんのコラムを読んで、叙々苑のドレッシングを買いに行きました。「モーリスが叙々苑のドレッシングが大好きで、いつも大量に購入する」って書いてあったの読んで、よっぽど美味しいんだろうなって。

髙阪　そうなんですか。あいつはホントに叙々苑のドレッシングが好きなんですよ。

ガンツ　髙阪さんがアメリカに行くときは、毎回「買ってきてくれ」って頼まれるんですよね？

髙阪　「とにかく買い占めろ」って言うんですよ。「何回食べてもうまくてしょうがない」って言って。「とにかく買えるだけ買って持ってこい」と。あんまり言われて腹立つから、百均で買ったドレッシングを混ぜたんですよ。叙々苑のドレッシングってキャップが緑なんで、似てるのを混ぜといたんです。そしたら、あいつ気づきやがった。

玉袋　気づいたの！　さすが！

髙阪　気づいたんですよ。「ユー・ガッタ・ミステイク」（笑）。「あ、そう？　ごめんごめん」。ちゃんとチェックしてやがって。

ガンツ　『芸能人格付けチェック』に出られますね（笑）。

髙阪　叙々苑のドレッシングだけは、ひと口でわかる（笑）。

玉袋　でも、モーリス・スミスはプロレス的にいうともともと敵役だったよね。U-COSMOSから始まって、U系のレスラーがなかなか勝てねえ存在で。それがTKと試合してから仲間になって、一緒になって総合格闘技を研究していったっていうのが、俺の中ではすごいイレギュラーだったのよ。

高阪　そうですね。自分も同じです、リングスにモーリスが来たときはメチャメチャ敵愾心があって。「とにかく試合でぶちかまして、恥ずかしくて二度とリングに上がれないようにしてやる」ぐらいに思ってたんですよ。

玉袋　ファンがそうなんだから。黒いボーイング機迎撃を命じられた選手としたら、そりゃそうだよな。

高阪　だから、あいつに「ホントもうこりごりだ」って言わせるための試合だったんです。で、実際に自分はヒールホールドで勝つことができて、そしたら試合後、モーリスが脚引きずりながら自分の控室まで来たんですよ。こっちは「こいつ、まだやる気か?」と思って身がまえたら、「おまえの技術を俺に教えてくれねえか」って言うんですよ。

玉袋　いいねえ!

高阪　当時は自分、英語がまったくわからなかったんで、最初は完全に喧嘩を売ってるんだと思って睨みつけながら聞いてたら、通訳の人がものすごく優しく言ってくるんで。通訳の人が女性で、しかもお歳を召されてた方だったたっていうのもちょっとあったんですけど、すごい優しいんですよ、言い方が。

ガンツ　リングスの名物通訳だった**定家（みさ子）**[※306]さんですね（笑）。凄く育ちがいい方で、チャーミングなおばあちゃんなんですよね。

高阪　だからモーリスは、もしかしたら「おまえ、なかなかやるやんけ」みたいなことを言ってたかもわからないんですけど、通訳の定家さんが「モーリスがね、あなたの今日の技術に感服しましたって言ってます」って言うから、悪い気はしなくて。こっちも睨みつけた手前、「わかりゃいいんだよ」みたいな感じで言って。「できたら私のジムに来て教えてくれないかしらって言ってるんだけど、どう?」って言われて、「行く行く、いいよ」っていうところから始まったんです。

ガンツ　そこから格闘技界のジョン万次郎になるわ

けですね。

高阪　で、実際にシアトルに行ってみたら、向こうでの練習はもうオープンフィンガーグローブをつけて、スパーリングでバカバカやってて。練習が全部終わったあとに、「いまの技どうやってやったの?」とか言って技術練習やったりとか、網が壁にくっつけてあって、「こうやって逃げれば立てるんじゃねえか?」とか、凄い試行錯誤してたんですよ。

ガンツ　まだ日本ではジムにケージ導入どころか、オープンフィンガーグローブをつけての練習もやってない頃ですよね?

高阪　1996年か1997年ぐらいですからね、やってないですよね。

玉袋　その時点ですでに、ジムに網が用意されてるところがいいね。

高阪　それを見たときに、なんともいえないドキドキ感があったんですよね。日本でこんなに細かく練習してないぞ、こいつら総合っていうのを本気でやってるぞっていうのを感じてしまって。「これはマズいな、抜かされちまうぞ」っていうのが正直な気持ちで。それもあるし、いろんな理由はあったんですよね。

玉袋　いやあ、今日は感動した。TKとは付き合い古いけど、初めてちゃんと一緒に酒を飲めたのもうれしい!

ガンツ　リングス時代からの付き合いですもんね。

玉袋　もうTKの話をずっと聞いていてえけど、ガンツ、そろそろ時間か?

ガンツ　そうですね。というわけで、続きはまたの機会としましょう。

玉袋　しょうがねえ、お開きにするか。TK、今日は最高だった。ありがとう!

高阪　自分も楽しかったですよ。

玉袋　また今度、ゆっくり話を聞かせてくれ!

日本柔術界の父

中井祐樹

中井祐樹（なかい・ゆうき）

1970年生まれ、北海道出身。パラエストラ東京主宰。北海道大学在学中、高専柔道の流れを汲む七帝柔道を学んだのちに上京し、スーパータイガージム横浜へ入門。1993年、プロ修斗デビュー。1994年11月には第3代ウェルター級チャンピオンとなる。1995年4月、『バーリ・トゥード・ジャパンオープン'95』に出場。最軽量ながら体重差を乗り越えて準優勝を果たすものの、1回戦のジェラルド・ゴルドー戦で受けたサミングで右目を失明。失明後は総合格闘技を引退し、しばらくは選手活動を停止していたが、1996年に柔術家として現役に復帰。1997年にはパレストラ東京（現・パラエストラ東京）を設立し、後進の育成に尽力する。

ガンツ　毎度おなじみ取調室ですが、今日はゲストとして中井祐樹さんに来ていただきました！

中井　よろしくお願いします。

玉袋　いや〜、中井さんがゲストってことは、ガンツ！　今日のテーマはUFCか？　修斗か？　バーリ・トゥード・ジャパンか？

ガンツ　と言いたいところなんですけど、ちょっと違うんですよ。じつは、中井さんも我々と同じように、幼少の頃からプロレスのことばかり考えていた〝変態〟だという噂を聞きまして。

玉袋　ええっ!?　じゃあ、中井さんも変態だったんですか？

中井　変態……でしたね（笑）。

玉袋　ワハハハハ！　なんだ、同じ変態育ちじゃねーか。

椎名　変態仕込みで（笑）。

ガンツ　しかも、年齢的にもほぼ同世代なんですよね。

中井　ボクは昭和45年（1970年）生まれですね。

玉袋　じゃあ、俺の3つ下で、椎名の2つ下か。

ガンツ　で、ボクの3つ上なんで、モロに〝変態世代〟（笑）。

兄弟でプロレス史跡巡り

玉袋　だからちょうど、豊漁だった時代だよな。大漁旗振って「いいぞ〜、集まったぞ〜、こういうヤツらが！」って。

中井　実際、当時のリングサイドではいつも「世界一強い！アントニオ猪木」っていう旗を振ってましたもんね（笑）。

玉袋　あれがプロレス大漁旗だ！

椎名　で、俺たちはみんな『ワールドプロレスリング』という網に引っかかっちゃって（笑）。

玉袋　引き上げられたんだよな〜。まあ、プロレスファンとしては、すっかり鮮度がなくなって〝加工食品〟になっちゃってるけどな（笑）。

ガンツ　でも、当時はそういう網に引っかかった子どもが、日本全国にわんさかいたわけですよね。

玉袋　うじゃうじゃいた。もう入れ食い、乱獲だよ！

中井さんは、どういうきっかけで〝網〟に引っかかっちゃったんですか？

中井　ボクは祖父母経由ですね。

玉袋　来た～！　俺たちの世代は、ちっちぇえ頃のばあちゃん仕込みって多いんだよ。俺もばあちゃん仕込みだもん。

ガンツ　うちの祖父母もプロレス好きでしたね。ばあちゃんなんて、日曜の午後にやってる女子プロが一番好きで（笑）。

玉袋　なんで、ばあちゃんってプロレス好きだったんだろうな？

椎名　やっぱり力道山を観てたからでしょうね。

中井　ボクの祖父母は、「力道山が死んだときに泣いた」って言ってましたからね。

玉袋　そういう世代ですよね。

椎名　（フレッド・）ブラッシー[※307]の噛みつきを見て、死にかけた世代（笑）。

ガンツ　それはもっと上ですよ！（笑）。

中井　でも、親は全然プロレス好きじゃないんですよ。

玉袋　うちもそう！　親父世代はだいたい「プロレスなんて八百長だ」っていうね。

ガンツ　自分の息子がこんなに大好きなのに、そのプロレスを全面否定するんですよね（笑）。

中井　ウチの親父は相撲は好きだったけど、プロレスは嫌いで。でも、兄貴が好きだったんで、その影響も大きいですね。

椎名　子どもの頃の兄貴の影響って、凄く大きいですよね。

中井　ボクもそうなんですけど、兄貴はいまでも都内の〝プロレス史跡巡り〟をしてるくらいのファンですからね。

椎名　プロレス史跡巡り⁉（笑）。それって、どこに行くんですか？

中井　たとえば、渋谷の**リキパレス**[※308]跡地とか、そういうところを巡って。

椎名　リキパレス跡地！「ああ、ここに建ってたんだ」とか思って、感慨にふけるわけですか？

中井　そうです。だから、ここ赤坂（今回の収録場所は赤坂の喫茶店）なんか、プロレスの史跡だらけですよ。**リキマンション**[※309]はいまだにあるし。

玉袋　そのリキマンションにウチの師匠（ビートたけし）が住んでたんだよ。

ガンツ　えぇ～⁉　たけしさんがリキマンションに住んでたんですか？

玉袋　そう。それで同じマンションに住んでた**添野**[※310]**（義二）**さん系の男と、エレベーターの中で殴り合いのケンカしたらしいよ。

ガンツ　それって、まるっきり『アウトレイジ・ビヨンド』ですよ！（笑）。

玉袋　それに添野さんが間に入って手打ちをしたっていう、そういう事件があるから。

ガンツ　物騒な街だったんですね（笑）。

玉袋　昔は力道山も殺されてるしよ、大変だよ。

中井　ニューラテンクォーターも山王病院も赤坂ですからね。

玉袋　力道山が刺された店と、亡くなった病院ね。

椎名　そこも見に行ったんですか？

中井　行きました。

椎名　「ここで死んだんだ」って（笑）。

玉袋　俺なんかもよ、TBSでの収録帰りは必ず、リキマンション前にある（山本）小鉄さんの家の前を通っていくからね。「小鉄さん、ありがとうございました」って、〝小鉄参り〟してるから。

ガンツ　小鉄参り（笑）。

中井　ボクは先日も兄貴と史跡巡りしたんですよ。リキパレス跡地とか、池上本門寺とか。今日なんかも、帰りにリキマンションに寄って帰ろうかと思ってて。

玉袋　こりゃ、筋金入りだよ～（笑）。

ルーツは力道山

中井　なぜ、ボクがいまでも史跡巡りをしてるかっていったら、昔プロレスファンだったたっていうのもあるんですけど、ボクのホントのルーツを辿ると力道山がいるからなんですよ。佐山先生がボクの先生なんで。その師匠が猪木さんで、さらにその師匠が力道山だから。ボクは力道山がいなかったら、間違いなく格闘技をやってないんで。

玉袋　源流を辿れば、力道山にいきつく、と。

中井　ボクはいわゆる〝プロレス〟はやってないですけど、プロレスのリングでは闘ったことはありますし。

ガンツ　**新格闘プロレス**[※311]と修斗の対抗戦ですか？

中井　そうです（1994年3月11日、新格闘プロレスの旗揚げ戦で修斗との対抗戦が行なわれ、中井は**木川田潤**[※312]と対戦。わずか27秒、ヒールホールドで勝利）。プロレスのリングで修斗の試合をしたんですけど、「プロレスのリングで行われることは、シューティングだろうが、すべてプロレス」という馬場さんの言葉を借りれば、ボクはプロレスをやってるんです。

椎名　そういうシューター側の解釈、初めて聞きました（笑）。

中井　だから、自分の中ではプロレスラーの末席に入ったと思ってるんですけどね。

玉袋　いやあ、考え方が変態だよ。そうやってルーツを辿れば、力道山に行きつくわけですけど、やっぱり中井さん自身が一番影響を受けたのは猪木さんですか？

中井　そうですね。

玉袋　やっぱ、そうだよな～。

中井　自分のプロレスについての最古の記憶をたど

ると、猪木vsアリ戦の入場シーンを覚えてるんですよね。あのときが6歳です。そのあとは小学生時代から猪木さんに憧れて、中学に入るとプロレスラーになることを目標に日々を生きていましたからね。

椎名 もう中学からプロレス入りを決意してたんですか。

中井 「中学卒業と同時にプロレスラーになる」って決めてました。だから中学時代は毎日スクワット1000回。

玉袋 出た！　必修科目だよ〜。

中井 それからプッシュアップ300回、ブリッジ30分とかやって、入門テストに備えて。当時、『プロレス大百科』[※313]とか読むと、入門テストの内容が書いてあったんで、全部チェックして。

ガンツ 受験の〝過去問〟やるみたいに（笑）。

中井 そこには「ブリッジは3分」って書いてあったんですけど、小鉄さんは「30分だ」って言ってたのを覚えてたんですよ。だから、テストで突然「30分やれ」って言われても困らないように、毎日30分やってましたね。

椎名 アハハハ！　偉いですね（笑）。

玉袋 あのブリッジっていうのも、ある意味、オウムで言うところの〝マントラ〟だからね。「修行するぞ修行するぞ」っていう。ヨガのポーズと一緒だよ！

中井 スクワットもブリッジもある一定の時間を超えると、気持ちよくなってくるんですよね（笑）。

玉袋 ある意味、禅の境地だよな〜。

椎名 猪木〝信者〟ですもんね。宗教化していくというか。

中井 だから「プロレスは八百長だ」とか言われると、「猪木を観てみろ！」「格闘技戦で全部勝ってるじゃないか！」ってブチ切れて、論破して、みたいなことをずっとやってました。

椎名 論破（笑）。

玉袋 そうやって論破していくと、だんだんクラスの中で浮いていって、カルト化していくんだよ。ひとりで「猪木だけは違う」とか言ってな（笑）。

ガンツ　そうなんですよね。「馬場は八百長だけど、猪木は真剣勝負だ」とか（笑）。

玉袋　みんなそうだったよ。「ノアだけは」ならぬ「猪木だけはガチ」だよ！

見よう見まねで団体旗揚げ

中井　ボクもそう思ってたんですけど、厄介なことに中学のときにUWFができるじゃないですか。

椎名　「こっちのほうがガチじゃね？」みたいな（笑）。

中井　そう。第1次UWFができた1984年、ボクは中2なんで。そこで「新日に入ろう」と思ってたのが、「もしかしたら、こっちのほうがリアルかも」って脱会し始めるんですよね。

玉袋　猪木教、新日教を脱会して、よりカルトなUWF教に入っちゃうわけだ（笑）。

中井　UWFって関東ではテレビ東京なんかでちょっとやってましたけど、北海道じゃ観れないんですよ。しかも、ボクは北海道の中でも〝村〟出身ですから、雑誌だけが頼り。それで読んでみると、三角絞めとか、見慣れない言葉が次々出てきて。

椎名　チキンウイング・フェースロックとか、クルックヘッドシザースとか（笑）。

中井　それで、ロープにも振ったりしないし、これこそが……。

椎名　真剣勝負だ、と（笑）。

中井　そうですね。雑誌でしか見てないにもかかわらず（笑）。

椎名　ボクも静岡だったんで、まったく同じ状況でした（笑）。

玉袋　俺たちはみんな『週刊プロレス』[※314]に、すっかり騙されちゃったんだよな～。

中井　それでボクは「いま東京で、シューティングっちゅう、えらいことが起きてる」「これをやらないと世界に乗り遅れる」って言って、中学のプロレス好き仲間を全員引き連れて、もう団体作りましたね。

椎名 どんな活動してたんですか？

玉袋 中学で団体旗揚げしちゃったよ（笑）。

中井 休み時間とか放課後とかに、体育館のステージの上でガチンコのプロレスを追求するみたいなことを始めたんですよ。

ガンツ 全日本プロレスの**白石伸生**[※315]オーナー（当時）より30年早く、ガチンコセメントプロレスに取り組み始めましたか（笑）。

中井 シリーズ名も決めて、結果も全戦書き残して。

玉袋 **熱戦譜**[※316]まであるっていうね。

椎名 それって、ホントにガチンコで闘ってたんですか？

中井 はい。

椎名 えぇ〜？　マジで⁉　どうやってですか？（笑）。

中井 サッカーの長い靴下にパッドを入れて。

ガンツ 自作のレガースを着用して（笑）。

中井 見よう見まねで、蹴って、投げて、関節を極めてっていうのをやってましたね。それで柔道始めたヤツらと異種格闘技戦やって、シューティングが最強だってことを証明したり。

玉袋 そんな時代から、他流試合やっちゃってんだもん。

椎名 実際のU系より、シュートになるのがずいぶん早いっていう（笑）。

玉袋 で、中学卒業して、すぐに佐山さんのところに行こうとしたんですか？

中井 いや、ホントは中学出てそのままプロレスラーになりたかったんですけど、さすがにそれは先生に説得されて。「高校には行け」みたいなことになってしまって。

椎名 勉強もできたんですよね？

中井 えー、たしかそうだった気がします（笑）。

ガンツ　出身は北海道大学ですもんね。ボクは母方の郷里が北海道なんですけど、北海道で北大に入るっていったら、東京で言う東大以上の神童扱いですもん。
椎名　それで北海道大学といえば、クラーク博士の「ボーイズ・ビー・アンビシャス」だから。それで総合に行っちゃったという（笑）。
玉袋　とんでもねえ大志抱いちゃったよ（笑）。
中井　で、高校は行かなきゃならなくなって、しょうがないからレスリング部のある高校に行ったんですけど、弱かったんです（笑）。

キャメルクラッチへの失望

ガンツ　でも、やっぱり第1次UWFっていうのが、人生の大きな転機だったんですね。
中井　そうですね。修斗の先輩も後輩も、1次ないし2次のUWFのファンばっかりでしたね。
玉袋　そうかあ、やっぱりそうなんだよな。
中井　でも、どっかの段階で「ん？」ってなって、シューティング（修斗）のほうに行って。
椎名　初期シューターの人たちは、みんなプロレスからの脱会信者みたいなことですよね。
玉袋　ああいうものを信じてた自分を否定するために、突き詰めていくってことでしょ？「あのときの俺は違ったんだ！だからこそ修斗だ！」ってことになってくよね。
ガンツ　中井さん自身は、どこで決定的に「違うぞ」ってなったんですか？
中井　あんまり蒸し返すつもりはないですけど、やっぱり第2次UWFで「ああ」ってわかったというか。「キャメルクラッチはねえな」とか。
椎名　髙田延彦vs船木誠勝（笑）。
玉袋　あの試合は、いろいろ影響与えちゃってんだよな～。
中井　あの頃はもう大学生になってたんですけど、

北大の柔道部でも（首をガードする仕草で）守るところは守るみたいなことはやってたから、「キャメルクラッチでギブアップすることはありえないな」みたいなことを思ってしまって、あれで心がポキンと折れた音がしましたよね。

椎名　やっぱり、実際に格闘技やってると、そうなりますよね。

玉袋　さらに活字のほうでも、エスエル出版とかあいったところが出てくるわけだろ？

ガンツ　ダハハハハ！〝ＵＷＦの真実〟系の話が（笑）。

玉袋　『格闘技探検隊』とか出てくるんだよ。荒井勉さんだっけか？　あの人が出てきちゃったりよ。

椎名　鈴木邦男とか（笑）。

玉袋　中井さんは実際に柔道とか格闘技やってる人だから、そういうのを実感としてわかったんだと思うけど、俺は何もやってないファンだから、ああいう本が俺を悩ませるわけだよ。

中井　ボクもあれを本屋で見て、いてもたってもいられなくなったりしましたよ。

椎名　中井さんもエスエル出版の本を読んでたんですか！（笑）。

ガンツ　「こんなの見ちゃダメだ」と思いながらも読んじゃうんですよね。ああいう〝悪書〟は白ポストに入れないとダメですよ（笑）。

玉袋　でも、読んじゃうんだよ。書泉グランデ行っちゃってよ、書の泉を掘っちゃうんだよ！

一同　ダハハハハ！

椎名　ついでに芳賀書店も経由して（笑）。

ガンツ　書泉から芳賀書店って、プロレス本とエロ本しか読んでないでしょ！（笑）。

椎名　いや、俺はまんがの森も行ってたから（笑）。

ガンツ　ダメな人ですね～（笑）。

玉袋　まあ、水道橋から神保町を放浪するのは、あの頃のボンクラプロレスファンの定番コースだからな。

プロシューターへの道

ガンツ　で、話はちょっと戻りますけど、中井さんは中卒でプロレス入りするはずが、説得されて高校進学したわけですけど、高校卒業後に上京しないで北大に入ったのはなぜだったんですか？

中井　プロレスラーになる夢は、高校時代に諦めちゃったんですよね。高校でレスリングをやり始めたら、やっぱり強い学校との力の差がわかるじゃないですか。それで「もうダメだ」って思って、普通の高校生に戻って、普通に大学も受けたんですよ。

椎名　自己流のスクワットやブリッジじゃ、通用しなかったんですね（笑）。

中井　その後も、ちょうど『**格闘技通信**』[※317]とか出だした頃なんで、買って読んだりはしてましたけど、自分が格闘技をやるとは思ってなかったですね。でも、大学に入ったらそこが偶然、**高専柔道**[※318]の流れとかいうのだったので。

玉袋　それも運命的だよな〜。導かれたんだな。

椎名　北大柔道部時代の話は、増田俊也さんの『**VTJ前夜の中井祐樹**』[※319]っていうので読んだんですけど。あの熱い繋がりの中で、よく大学を中退してプロシューターになろうとしたなって思ったんですけど。

中井　大学はちょっと私的な悩みもあって、留年とかもあったんですけど、大学自体、柔道以外は全然興味を持てなかったんですよ。それである日、大学生協で格闘技雑誌を立ち読みしてたら、「シューティングがプロ化された」っていう記事が載っていて。で、プロ化されたなら、プロで食べられると思うじゃないですか？

ガンツ　まあ、プロっていうのは職業ってことですからね（笑）。

中井　それで、何も調べないまま「東京に行くしかない」って思ったんです。

ガンツ　第1次UWFが現われたときと同じように、いてもたってもいられなくなって。

中井　ただ、大学の柔道だけはおもしろくて、自分にドハマリしてたので、それはとりあえず卒部までやろうと。途中でやめるにはもったいない、おもしろすぎると。でも、それが終わったら一刻も早く大学をやめてプロシューターになろうと思って。だから卒業しなかった（4年時に中退した）んです。

ガンツ　でも、北大を中退して、東京に出てわけのわからない格闘技をやるなんていうのは、ご両親から相当止められたんじゃないですか？

中井　もちろんありましたけど、最後まで説得できなかったですね。

玉袋　「説得」っつうのがまたカルト的だよな（笑）。いわば出家するわけだからなあ。

中井　あの頃は一途でしたけど、いまは人の親ですから、とんでもないことをしたなって思いますけどね（笑）。

ガンツ　だいたいシューティングってなんなんだってことになりますもんね。

玉袋　親に説明できねえよ。

椎名　親はプロレスしかわかんないもんね。

玉袋　「タイガーマスクのところでプロレスラーになるんだろ？」「いや、違うんだ！」っていう親子のやりとりがあったんだろうな。

椎名　「タイガーマスクじゃない。マスクが紫のほう！」って（笑）。

ガンツ　親がタイガーマスクとスーパー・タイガーの違いなんて、よけいわからないでしょ！（笑）。

中井　大学をやめるとき、思いとどまるよう説得する教官みたいな人がいるんですよ。

玉袋　へぇ、「よせ、早まるな！」っていう専門の人が。

中井　だからボクも最後にその先生と面談して、そこで「総合格闘技はこういうことになってて、プロレスじゃなくてスポーツになってるんです」って力説したんです（笑）。

玉袋　力説は得意だからな（笑）。

椎名　頭いいし（笑）。

中井　ボクの北大の最後はそれでしたね。

やること全部、日本初

玉袋　いやあ、総合格闘技の創成期はね、佐山さんも苦労したと思うけども、弟子たちもそこに飛び込むまでに苦労したんだろうな。

ガンツ　海の物とも山の物ともわからないものに、人生を懸けるわけですからね。

玉袋　しかも、「プロ」ってついてるから、それでメシ食えるもんだと思って来たのに、実際入ってみたら……。

中井　食えないんですよね（苦笑）。ボクはジャンボ鶴田が「全日本プロレスに就職します」って言ったように、シューティングに就職したような気でいたんですけど、当時は誰ひとりそれだけで食ってる人がいなかったんですよ。

椎名　それじゃあ、まずはアルバイト探しから始めたんですか？

中井　そうですね。横浜ジムに入った当初は、何も決めないで、身ひとつで来たんで。ところが、まずはアパートを借りようと思ったら、「仕事がない人には貸せません」と。じゃあバイト探そうと思ったら「住所がない人にはちょっと……」ってなって。

ガンツ　文字通り、住所不定無職になってしまって（笑）。

中井　で、公園に行ったらホームレスがいっぱいいるわけですよ。「俺もこうなるのかな……、やべえな」と思って（笑）。

玉袋　修斗の浦田（昇）[※320]会長から仕事を回してもらったりとかはなかったんですか？

中井　いや、とりあえず練習しようと思ってジムに行ったら佐山先生がいて、ちょっと相談したら、「仕事あるよ〜。知り合いに紹介してあげる」って言われて。花市場に住み込みで働けることになったんです。佐山先生の紹介なんで、練習時間も融通きかせてもらったりして、ホント運がよかったというか、佐山先生に感謝ですよね。

ガンツ そういう住み込みの仕事でもなかったら、格闘技を続けることすらできなかったわけですもんね。

中井 だから、ボクはラッキーなんですよ。その2年後にシューティングジム大宮、いまのPUREBRED大宮ができるんですけど、佐山先生に「今度、スポンサーがついて、凄くデカいジムができるから、お前来る?」って言われて、「行きます」って即答して。

玉袋 それで「ゆの郷」に行ったわけですか。

中井 そこにエンセン井上とか、**朝日(昇)**[※321]さんとかが加入して。元祖メガジムですよね。あんな広いジム、当時は見たことなかったんで。そのあいだに、修斗でタイトル獲得があったり、日本初のバーリ・トゥード、**アートゥー・カチャー**[※322]戦、バーリ・トゥード・ジャパンも全部あの時代だったんですよ。凄い、嵐のような日々でした。

ガンツ やはりグレイシーの出現が修斗をドラスティックに変えていって。

中井 でも、UFCでホイス・グレイシーが優勝する前から、佐山先生は「グレイシー柔術」ってずっと言ってたんですよ。

玉袋 へえ〜! もう知ってたんだ。**イワン・ゴメス**[※323]経由なのかね?

中井 ただ、佐山先生の口調が滑らかすぎて、グレイシー柔術じゃなくて「ウデイシー柔術」って聞こえて。「ウデヒシギ柔術ってなんだろうな?」ってずっと思ってて(笑)。

一同 ガハハハハハ!

椎名 たしかに滑らかですよね、佐山さん(笑)。

中井 それで、よくよく聞いたら、「打撃はヘタクソだけど、寝技が超強いのがブラジルにいる」と。「もしかしたらお前も闘うかもね、いずれ」って言われたんですよ。それが1992年ぐらいですから。

玉袋　へぇ〜〜！　インターネットなんてそんな発達してない時代に、佐山さん凄えな。まあ、パソコン使い始めるのも早かった人だったけど。

中井　だから、自分はそういう目利きの鋭い人のもとにいたのもデカかったですね。そのおかげで、のちに自分がやること全部、「日本初」ってついてましたからね。日本初のバーリ・トゥードとか。それはホント、佐山先生のもとにいたからだなって。それは感謝してもしきれないですね。

U系へのフラストレーション

ガンツ　ただ、修斗はそういう先鋭的なことをしていながら食えなくて、かたやU系は完全な〝格闘技〟ではないのに大会場を満員にして、いいお金をもらっている。そこに対して、怒りというか、恨みみたいなものがあったわけですか？

中井　自分らのほうで勝手にあったんでしょうね、いま思うと。

椎名　やっぱありましたか。

中井　ありましたね。むちゃくちゃイライラしてたり。

玉袋　そのイライラが爆発のエネルギーになったってことだよな。

ガンツ　仮想敵だったんでしょうね。

椎名　だから佐藤ルミナさんが、ヒカルド・ボテーリョに勝って、もうかなり有名になったあとでも、「体重80キロにしてプロレスラーを倒す」って言ってたのが、すっげえ印象に残ってるんですよ（笑）。「まだそれ言うんだ？」と思って。

玉袋　「戦争は終わったろ？」「まだ戦後補償しなきゃいけないのかよ？」っていうね。

ガンツ　自分たちが食えるようになっても、U系が食えてるのは許せない（笑）。

玉袋　でもルミナ選手はずっと、そういう思いが残ってたんだろうな。

中井　その頃はまだ総合が巨大になるって思ってないっていうのもあったんですよね。

ガンツ　だから当時はファンの間でも、修斗ファンとU系のファンは仲が悪かったですよね。お互い「認めない」みたいな。で、その「混ぜるな危険」の関係を一緒にしちゃった最たるものが、あの『バーリ・トゥード・ジャパン95』の日本武道館（1995年4月20日）。

椎名　そうか。会場がもの凄く殺気立ってたもんね。

玉袋　佐山サトルの興行に前田日明が乗り込んで来ちゃったんだから、そりゃ凄えことになるよ。あの日は、ヤマヨシ（山本宜久）なんかも1回戦でヒクソンとやってましたけど、中井さんはリングスのことはどう見ていたんですか？　世界の格闘家を集めて「世界最強の男はリングスが決める」ってやってましたけど。

中井　全部「違う」って思ってましたね。見ればわかりますから。いまは、本当に強い人たちが〝約束事〟をやっていたのは理解できます。でも、当時はボクらとは全然違うことだと思ってました。

椎名　簡単に言うと、強くない、ニセモノだろ、と。

中井　だけど、いま思うと全然普通に「できる」人たちだったってことですよね。それが混然となった時代があったんですよ。

ガンツ　まだ勝負論だけで定期的な興行が成り立つかどうか、微妙な時代でしたからね。

椎名　なんか、ほんの数年前のような気がするけどね。

玉袋　だからよ、あの過渡期の時代に「混ぜるな危険」を混ぜてたよな、バリジャパはよお。

椎名　凄い大会ですよね。いまの総合ももちろんおもしろくて観てますけど、それとは明らかに別種の興奮というか。

玉袋　インフラがようやく整備され始めた時代だもん。

椎名　ああいう全然洗練されてない、ムキだしのイベントもまた観たいですよね。進行なんてグダグダで、興行が全然終わらないのに、試合ではもの凄く興奮するという（笑）。

玉袋　道路でいえば、重機がまだ入ってない頃だもん。人足たちが、人力で工事してる最中だもんな～。

運命のVTJ95

ガンツ　中井さんはあの武道館のとき、自分が結果を出すことで、修斗の強さを証明して、格闘技界の価値観をガラリと変えてやるっていう思いがもの凄く強かったんじゃないですか？

中井　そうですね。後楽園がガラガラみたいな状況とはおさらばしよう、みたいな気持ちがあって、そのために、あえて狙って「派手なことをしよう」とは思ってましたね。ただ、結果的に自分の考えは甘かったんですけど。体重差もナメてましたし。

椎名　あ、そうですか、やっぱり。

中井　はい。ゴルドーなんて楽勝だと思ってたんですよ。寝技全然知らないだろうから、3分もあれば勝てると思ってたんですけど、30分ぐらいかかっちゃって。

椎名　予想以上にくせ者でしたか。

玉袋　だってよ、寝技に持ち込もうにもロープをつかんでオッケーなんだもん。やっぱインフラが何にも整ってないんだよ。上下水道も通ってねえような感じだろ？

椎名　レフェリーも含めて、だいぶ荒すぎますもんね。いま観ると怖いですもん。あんだけサミングやって試合が続行されてるって、ありえないですもんね。

玉袋　さっき中井さんが「ゴルドーをナメてた」って言ってたけど、ゴルドーのほうだって、中井選手のことを「あんな小さいヤツ、問題ないだろう」と思ってた可能性はあるよ。だけど、凄い実力者だったから、焦っちまったんだろうな。「こんなはずはねえ」「やべえぞ」ってことで、ロープつかんで、サミングだって使ってたっていうね。

椎名　でも、ゴルドーも「シューターはガチだ」って頭はあったと思いますよ。当時のインタビューで次の試合は誰だってときに「(ちょっとイヤがってる言い方で)……Ｓｈｏｏｔｅｒ？」って言うんですよね。

玉袋　ＵＷＦとは違うぞと。

椎名　アハハハハ。

中井　だから、体重差だとかいろいろ甘く見ていた部分はあったんですけど、「絶対に決勝までは行けるな」って最初から思ってましたね。ヒクソンはどんなものか、やってみないとわからないって思ってましたけど。そこまでは間違いなく行けるって。でも、決勝まで行くのにずいぶん時間がかかっちゃって……（苦笑）。

玉袋　いやね、だから「もし早い時点でヒクソンと闘わば」っていうのもね、ファンのあいだでは考えたよね。「中井さんとヒクソンがもし無傷でやりあってたらどうなってたんだ？」って考えたもん、俺。

椎名　だからこそ、あの大会を最後に中井さんが引退しなくてはならなくなったのは残念ですね。

中井　うーん、でもバーリ・トゥード・ジャパンの話は、いろんな人に年がら年中聞かれるんですけど、もう古いことすぎて、自分のことじゃない話をしてるような感じなんですよ。

椎名　そういうもんですか。

中井　あれから18年経ちますけど、あの映像を観返したのは2、3回なんです。それを観ていても、ホント自分じゃないような感じですね。ただ、あの日は自分にとって凄く楽しい1日だったっていうのはよく覚えてます。ケガをしてしまったのは自分の甘さでしたけど、自分のやったことをちゃんと評価してもらえて、凄く楽しかった。あれは不思議な日ですね。だから、あの試合が格闘技界に与えた影響とかをいろんな人が話してくれるのは大変うれしいんですけど、ボクにとっては、ただただ楽しい1日だったんです（笑）。

玉袋 殺気立った会場で、ひとりだけ楽しんでいた（笑）。

中井 案外、悲壮感も何もなかったんですよね。

ガンツ 自分のやりたいことを、あの大舞台、大観衆の前で、存分に表現できる機会だったっていうのもあるんですかね？

中井 そうですね。まあ、（現役選手として）続きがあったらよかったですけど、あれはあれで終わったことですから。いまの自分にとっては、いまの若い選手とか業界のほうが、より大事なので。だって18年前ですよ？

玉袋 もうそんなに経ったか。

椎名 イヤになっちゃいますね（笑）。

玉袋 俺たちはあの日、客席にいたまんまだもんな。若手を育てるわけでもなく（笑）。

椎名 収入が上がるわけでもなし（笑）。どうしようもないですよ！

玉袋 自分の生活だけでいっぱいいっぱいでな。でも、あのバリジャパから日本の格闘技界が変わったことは間違いない。

椎名 バーリ・トゥード、総合の時代になっていきましたもんね。

玉袋 あれがあったから、髙田vsヒクソンがあって、その後のＰＲＩＤＥ全盛期ってもんがあるわけだからな。

中井 総合をオープンフィンガーグローブつけてやるのは、修斗がルーツだと思うんですけど、それはワールドスタンダードになってますよね。だから、修斗っていう名前じゃないけど、ＭＭＡっていうのは修斗だと思ってます。

椎名 呼び名が違うだけだ、と。

中井　いまのＵＦＣも完全に修斗じゃないですか、言ってみれば。ＵＦＣだって最初は全然違いましたよね。

玉袋　素手で顔面殴ったり、キンタマまで殴ってよかったんだからな。

ガンツ　オープンフィンガーグローブをつけてバーリ・トゥードをやるっていうのは、第1回『バーリ・トゥード・ジャパン・オープン』のとき、修斗で使っていたのをヒクソンが「これはスポーツライクでいいね」って取り入れたから、ああなったんですよね？

中井　そうですね。だから、そこから始まってるんですよ。

3本の川が合流する

玉袋　で、その後ＰＲＩＤＥが始まって、〝グレイシー・ハンター〟が現われるわけですけど。桜庭さんのことはどう見ていました？

中井　桜庭さんは凄かったですね。「どうやったら、桜庭さんみたいな人は出てくるんだろう？」って思いました。ただレスリングやってて、そのあと柔術を覚えたっていうだけでもないじゃないですか。だから「凄いなあ」って。

椎名　しかも、ちょっと前までは、ＵＷＦインターとかキングダムっていうプロレス団体の若手にすぎなかったわけですもんね。

中井　だから、道場でいろんな練習をやってたからじゃないかな、とは思うんですよ。Ｕインターの道場にはキックの先生がいて、レスリングは安達さんがいて。で、エンセン井上も出稽古に行っていたから、柔術も知ることができた。いろんな人が集まる場所で、個々の技術をあまり細かくわけないで、自由に、のびのびといろんな要素を練習されてたからじゃないのかなって。そして、そういう環境の中でこそ、天才って出てくるんじゃないかって思いました。

ガンツ　桜庭選手の強みって、個々の技術はもちろんですけど、その発想の自由さにありましたもんね。

玉袋　そうなんだよなあ。「こんなことやっちゃっていいの?」っていうことをやってきちゃうんだよ。

中井　だからボクの道場も、いろんなところと分け隔てなく交流してってっていうのをずーっとやってきましたし、それは今後もやっていきたいなって思いますね。やっぱり、あんまり細かく縛らないほうが天才は出るって思いましたね。

玉袋　なるほどね〜。

中井　**青木（真也）**※325とかもあんまり縛ってないし。どんどん羽ばたいてもらえばいいんじゃないかなって。

ガンツ　桜庭選手もＵ系の中から生まれた選手ですけど、中井さんの中で、Ｕ系への思いが氷解したタイミングってのはありますか?

中井　そうですねえ……。タイミングというか、ＰＲＩＤＥや**HERO'S**※326のバックステージで、前田さんとか髙田さんと会うようになって、やっぱりめちゃくちゃ魅力的だったんですよ。

ガンツ　おお!　そうですか。

中井　佐山先生もそうですけど、前田さん、髙田さん、それから猪木さんも、みんな人間的な魅力が凄いですよ。

玉袋　みんな笑顔がいいんだよな。アントンスマイルみてえなもんに、会うとみんなやられちゃうんだよ。

中井　あとは、ボクがＨＥＲＯ'Ｓの解説をやらせてもらったり、ＰＲＩＤＥに青木真也が出るようになって、いわば前田さんや髙田さんの団体に、自分たちがお世話になる立場になったんですよ。ボクはＨＥＲＯ'Ｓは前田さんの団体だと思ってたし、ＰＲＩＤＥは髙田さんがカタチの上でトップでしたから。やっぱりあとになってわかることですけど、修斗だけでやっていても、総合がＰＲＩＤＥのように

大きくなったかって言ったら、それは違うと思うし。ボクらだけではワールドワイドにできなかった面があるから、そこは凄いと思うし。みんな、それぞれの立場でがんばってたんだなって、いまになるとわかるんですよ。

玉袋　清濁あわせ呑まなきゃいけない時代もあったってことですよね。

中井　で、いまUFCが世界を制してますけど、そこで「リアルか、リアルじゃないか」って話は出ないじゃないですか。もう「ない」話になってる。だから、当時の恨みがましいような思いも、いまはホントにまったくないですし、そう考えると若気の至りだったなってのもありますしね。やり方や考え方が違っただけで、佐山先生も凄いけど、前田さんも、髙田さんも凄いなって。裏で一緒に仕事をすると、それを凄く感じましたね。

玉袋　そうなんだよな。

中井　そういう話をこないだ、**ZST**[※329]の**上原**[※328]**（譲）**

さんとしましたよ。「佐山派でしょ？」「前田派でしょ？」って（笑）。

ガンツ　そういう修斗系とU系の確執が氷解して、一体となった結果がPRIDE全盛期ですもんね。

中井　なんか、いまになると、すべて自分の中にあるものだって思うんですよ。プロレスのことは、ホントに100パーセント信じてやってきたんで、プロレスの流れもボクの中にあると勝手に思ってやってるんです。力道山がいて、猪木さんがいて、佐山先生がいて、ボクがいるっていう流れなので。あとグレイシーの流れもありますよね。それから木村政彦[※329]の、高専柔道の流れもある。その3本の川すべてがボクのとこで合流してるんですよ。プロレスもグレイシーも高専柔道も。そのクロスポイントにいるのは、ラッキーだったなって思いますね。

椎名　だから、中井さんがヒクソンと闘って、日本のバーリ・トゥードの先がけになったっていうのは、必然だと思いますよ。

中井　そして、いまのボクはその3本の川が合流したまま続いてるんです。だから青木が猪木さんや前田さんと対談しましたけど、そういうのも自分の代わりにやってくれてるんだって、勝手に思ってますから（笑）。打倒グレイシーとかもボクの弟子がやったり、柔術（世界大会）のメダルも弟子が取ったり。そういうのが、とてもおもしろく感じます。

玉袋　大河は続くよね。俺たちは、いつまでもその川の横でフラフラしてるんだけど（笑）。

椎名　リバーサイドでテント張りっぱなしですよね（笑）。

玉袋　だから俺たちは、その大河をこれからもずっと見つめていきたいね。

椎名　そうなんですけど、日本のMMAは、PRIDEが終わってから小さくなっちゃって、凄い残念でならないんですよ。なんとかならないですかね？

中井　大丈夫です（キッパリ）。

椎名　大丈夫ですか？　マジっスか！　よろしくお願いします！（笑）。よく考えたらボク、ＰＲＩＤＥがあるときは名古屋行ったり大阪行ったり、楽しかったなって思って（笑）。いまは嫁を説得して、いろいろなところに行く理由もなくなっちゃったから。

玉袋　よく連れてってもらったよな、いろんなところに。（旅客船の）「飛鳥」に乗せてもらってたようなもんだからな。

椎名　そうなんですよ～。

中井　日本の格闘技界を盛り上げるには、要は日本人が強くなればいいと思うんで。

玉袋　そうですよね。昔だって「日本最弱」って言われた中から、逆襲していって、全盛期を迎えたんだから。

中井　日本人のＵＦＣ王者を誕生させればいいことですから。

ガンツ　それに期待してます！

中井　任せてください。かならずやってみせますから！

玉袋　いや～、頼もしいねえ！　ホント期待してますよ。今日はありがとうございました！　押忍！（敬礼）。

中井　ありがとうございました。じゃあ、これからリキマンション見てから帰ります（笑）。

生ける伝説

桜庭和志

桜庭和志(さくらば・かずし)

1969年生まれ、秋田県出身。高校からレスリングを始め、1992年、中央大学中退後にUWFインターナショナルに入団し、デビュー。Uインター解散後はキングダム、高田道場に所属し、MMAのリングで活躍。PRIDEのリングでグレイシー一族を次々と撃破して、大ブレイクを果たす。2012年より2016年にかけて、新日本プロレスのリングでプロレス復帰。2015年よりPRIDEの流れを汲む新団体RIZINに参戦。2017年、日本人として初めてUFCの殿堂入り(「総合格闘技におけるパイオニア」部門)を果たし、7月にラスベガスの式典で受賞スピーチも行った。MMAを広めたレジェンドとして、世界中の格闘家からリスペクトを受ける存在。

ガンツ　玉さん！　今日は我々の英雄がついにプロレス取調室に来てくれましたよ！

玉袋　やっとここまで来たな～。今日は飲むぞ！って、いつも飲んでるんだけど（笑）。

ガンツ　というわけで、今回のゲストは桜庭和志選手です！

玉袋　よろしくお願いします！

桜庭　よろしくお願いします。

ガンツ　ボクは先日、桜庭さんとＷＯＷＯＷの『ＰＲＩＤＥ極選』という番組で共演させていただいたんですけど。

玉袋　あれはおもしろかったよ！　最高だよ！　ＰＲＩＤＥの名勝負を桜庭さんとＴＫ（髙阪剛）で振り返ってね。

椎名　結果知ってるのに興奮しましたよね（笑）。

桜庭　そんなにおもしろかったですか？

玉袋　おもしろかったよ～！

ガンツ　番組自体凄い反響がありましたから。

玉袋　そりゃそうだろ。あんだけ凄え試合が次々出てくるんだから。

桜庭　ボクも観ていておもしろかったですけどね。

玉袋　そうでしょ？　そん中でも、桜庭さんが総合格闘技の歴史を作ってきたんだなっていうのをあらためて感じさせてもらったから。

グレイシー・ハンター再び

ガンツ　そんな〝格闘家〟桜庭和志のひさびさの大勝負が来月（２０１４年11月）にあるんですよね？

玉袋　ヘンゾ（・グレイシー）ですよ！

椎名　14年ぶりにヘンゾとの試合がアメリカで組まれるって、凄い話ですよね。

ガンツ　11月22日にアメリカのカリフォルニアで行なわれる、プロ柔術の『**メタモリス**』[※330]という大会で、20分1ラウンドのグラップリングルールでヘンゾと対戦することが決定したわけですけど、あれはどんな経緯で決まったんですか？

桜庭　いや、あの大会からは去年とか一昨年にもオファーが来てたんですけど、ちょうど新日のスケジュールが入っちゃってて、ダメだったんですよ。それが今回は早くから連絡をもらってたんで、スケジュールが調整できたんで。

ガンツ　じゃあ、3年目にして、ようやくタイミングが合ったんですね。この『メタモリス』は、日本でもネットPPVで観られる予定なんですよね。

玉袋　そりゃ、ぜってー観るよ！　達人同士のマスターズ・グラップリングは観たいね〜！

椎名　ひさしぶりのガチガチの格闘技は楽しみですか？

桜庭　はい。

玉袋　おお〜、桜庭さんも楽しみなんだ。こっちも楽しみだよ！

椎名　ヘンゾとは個人的な付き合いは？

桜庭　まったくないですね。

玉袋　悪い人じゃないような感じはするんだけどね。

桜庭　いや、たぶん悪い人だと思いますよ？　なんか首絞めたりしてる映像があるって聞きましたから。

ガンツ　もともとリオデジャネイロで有名なワルですからね（笑）。

桜庭　なんかヘンゾが護身術を紹介する映像らしいですけど、強盗に襲われたら、チョークでそいつらを落として、起こして、また落として、起こしてってやってるらしいんですよ。それがYouTubeか何かに上がってるみたいで（笑）。死ぬっていう思いを繰り返し味わわせるために何度も落として。

ガンツ　ただ撃退するだけじゃなくて、地獄の恐怖を味わわせるという（笑）。

玉袋　いや〜、楽しみだなあ。どう闘うんだろうね。ふらっとアメリカ行って、勝っちゃうんじゃないの？

桜庭　でも、今回は打撃がないから、どうやって体力を削ったらいいかなって。

椎名　やっぱりPRIDEルールで闘うのとは全然

違いますよね。

桜庭　全然違いますね。

玉袋　でも、どうなんだろうね、アテンドとかは。やっぱり世界の桜庭が行くんだから、最低ビジネスクラスは用意してくれるんでしょ？

桜庭　そこは言いました（笑）。「それじゃないと絶対に行かない」って。

椎名　そりゃそうですよね。エコノミーで行ってらんないですよね。

玉袋　そうだよ、ヒザだってよくねえのにさ。桜庭さんなんだから、ＶＩＰ待遇が当然だよな。

ガンツ　この前、桜庭さんと対談させてもらったデイナ・ホワイトなんか、「ホテルもファーストクラスの飛行機も全部用意するから、ぜひラスベガスに来てくれ」って言ってましたもんね。

桜庭　ファーストクラスは逆にめんどくさいですけどね。

玉袋　ビジネスくらいがちょうどいいんだ。

桜庭　はい（笑）。

玉袋　ファーストをビジネスにして、家族を全部連れていっちゃえばいいんだよ。

ガンツ　ファーストクラスって、ビジネスクラス3人分ぐらいかかりますもんね（笑）。

椎名　グレイシー・ファミリーみたいにみんなで押し掛けて（笑）。

玉袋　桜庭ファミリーだよ！

椎名　だって、ホイスとかヒクソンがＰＲＩＤＥに出るとき、あそこは子どもまでみんな来てたじゃないですか。

ガンツ　一族郎党みんな来ちゃって（笑）。あれは、ＰＲＩＤＥがお金出したんですかね？

桜庭　それは知らないですけど。本人以外はエコノミーかもしれないし（笑）。

玉袋　ブラジルからだと24時間のフライトだからつらいけどね。ＰＲＩＤＥでは、**ジャイアント・シルバ**[※331]もエコノミーだったたって話だから。

椎名　あんなデカいの、どうやって乗ったんですかね？（笑）。
玉袋　カーゴじゃねえかって話だけど。

計量で腹踊り

ガンツ　貨物扱い（笑）。ジャイシルの話はともかく、今日はあらためて桜庭さんのファイター人生を振り返らせてもらいたいんですよ。
桜庭　もう人生を振り返るんですか？
玉袋　サクちゃんはもう世界のレジェンドなんだから、そういう立場ですよ。年下のシウバも引退表明してるぐれえだから。
椎名　シウバはもったいないですけどね。まだまだできるじゃんって。
ガンツ　ヴァンダレイの引退表明について、桜庭さんはどう思いましたか？
桜庭　やっぱり、打撃系の人は長く続けるのがキツいと思うんですよね。だから、**ピーター・アーツ**[※332]とか凄いなと思って。ヘビー級でボコボコずっとやってて、しかも歳はボクと同じくらいですから。
椎名　ピーター・アーツって弱る気がしないよね。
玉袋　だって、マイク・タイソンが自伝で、「K-1は怖い」っつってたもんな。
椎名　「あんなモンスターたちとやるのはイヤだ」って書いてましたよね。
玉袋　そうそう。まあ、シウバについては、ダメージっていうより、コミッションと揉めちゃったのが原因みたいだけど。あとはお金とか。
ガンツ　ネバダ州のアスレチック・コミッションの薬物検査のやり方とか、それに対するUFCの処遇に不満を抱いて、その抗議のための引退みたいですけどね。
桜庭　向こうはひどいんですよ、チェックが。もう嫌がらせかっていうぐらい。ボクも『**Dynamite!! USA**』[※333]に出たときにチェックがひどくて。

病院に行っても長々と待たされたり、試合直前の2～3日かけてランニングマシンを走らされて心臓のチェックとか、いろんなことをやらされたんですけど、あれは完全に嫌がらせですね。だから、看護師さんに「なんでこんなことやらされなきゃいけないの?」って聞いたら、「私たちも仕事だからしょうがないの」って言うから、「俺はサムライだから、何が起きても自分の責任は自分で取る」って返したら苦笑いしてたので、「まあ、ホントは農家だけどね」って言ったらやっと大爆笑がとれました（笑）。

ガンツ　全選手同じようにやらされるんじゃなくて、狙い撃ちされるんですよね、選手によって。

桜庭　それで頭に来たから、計量のときに仕返ししたんですよ。

玉袋　何したんですか?

桜庭　腹踊り（笑）。体重計に乗ったとき、腹に顔描いてグングングングンやって針を揺らしたら、「ヘイヘイ!　ドント・ムーブ!」って。

椎名　計量でストップ・ドント・ムーブ（笑）。

玉袋　体重計に乗りながら腹踊りするヤツはいないよ?（笑）。

桜庭　で、日本人記者だけがクスクスクスクスって笑っていて、外国人記者は「?」状態（笑）。

玉袋　へえ、でもそのコミッションのやり方に従わねえと、あっちでは興行も打てないんでしょう?

ガンツ　だから、UFCもコミッションとうまく付き合わなきゃいけないから、コミッションの要請に従わなかったヴァンダレイを半ば見殺しにせざるをえなかったんですよね。

玉袋　それでシウバが試合できなくなるんだから、やりきれねえよな。

椎名　ヴァンダレイも、もう日本で試合すればいいじゃない。

ガンツ　でも、向こうでは試合ができないのに、UFCとの契約がまだ残ってるから、UFCにリリースされないかぎり、ほかの国でも試合はできないんですよ。

玉袋　でも、なんだかんだ言いながら、ＩＧＦとかに出てきそうな気がするけどな（笑）。

桜庭　そしたら俺、ヴァンダレイと一緒にタッグ組みたいですね。

玉袋　いいねぇ～！

椎名　怖くて誰も近づかないタッグですよ（笑）。

玉袋　最強タッグだよな。

ガンツ　対戦相手はまた澤田[※334]（敦士）&鈴川[※335]（真一）で（笑）。

桜庭　そのときは、ヴァンダレイが鈴川係で、ボクは澤田で（笑）。

椎名　何年か前の大晦日にやった、桜庭さんとＩＧＦのタッグ対決も最高でした（笑）。

Uインター入門の理由

玉袋　おちょくっちゃってな。あの日は、あの試合が一番おもしろかったよ。でも、桜庭さんは選手生活、もう何年になるんですか？

桜庭　プロレスからだと24歳で入って、いま45（インタビュー時）なんで、21年ですね。

玉袋　21年、いいねぇ！

椎名　でも、24歳って、けっこう遅くに入ったんですね。

ガンツ　桜庭さんは普通の人より長く大学行っちゃってるんですよね？（笑）。

桜庭　はい、4年半行きました（笑）。

玉袋　ああ～、勉強が大好きで延長しちゃったんだろうな（笑）。

椎名　でも、4年半ってことは、卒業はしてないんですか？

桜庭　2教科分、8単位足りなくて卒業できなくて。ボクは7月14日が誕生日なんですけど、ちょうどその前後で、たまたま『週プロ』でUインターの新弟子募集を見たので、テストを受けに行って。合格はしたんですけど、宮戸さんに「すぐに入るかどうか、1ヵ月考えてこい」って言われて、それで夏に1ヵ月遊んだあと、Uインターに入りました。

ガンツ　「卒業してから入れ」じゃなくて、「いますぐ、大学やめて来るなら入れてやるぞ」っていう感じだったんですか？

桜庭　そうです。「やめて来るんだったら、いま入れるけど、卒業してから来るなら、そのとき、テストをもう一回受けろ」って。

玉袋　昭和プロレス的だな〜。人生を天秤にかけるなと。来るなら、卒業なんて考えず、すぐ来いと。

椎名　レスリング部の後輩に代返させて、ちゃっかり卒業しちゃえばよかったんじゃないですか？

桜庭　それもありだったんですけど、もともと大学はレスリングやりたくて入ったんで。だからレスリングは終わっていたんで、もういいやって。

玉袋　親御さんはなんて言ったんですか？

桜庭　もうカンカンです（笑）。学費とかも払ってくれてたんで。

玉袋　まあ、親にしてみればね。ドラ息子っていうことですよ。

桜庭　そんな裕福な家じゃなかったんで、ボクを大学に行かせるのにも大変だったと思うんですけど。

玉袋　それでも男は自分がやりてえことやるしかねえもんな。で、Uインターだ。

ガンツ　もともとは藤原組に入りたかったっていう話もありましたよね？

桜庭　もともとはUWFに興味があって、それがリングス、藤原組、Uインターになったんですけど、リングスはあの頃まだ日本人選手が少なかったんで。結局、日本人選手が少ないと、練習にならないじゃないですか？

ガンツ　なるほど。大学でレスリングをやっていた経験から、練習相手がたくさんいてこそ、選手のレベルが上がることがわかっていたんですね。

桜庭　はい。だから、日本人が多いUインターか藤原組にしようと思ったんです。

玉袋 もし藤原組に行ってたら、同期はトンパチ・マシンガンズの**小野武志**[※336]とかになってたのかな?

桜庭 いや、1コ上の高橋和生(高橋義生)さんが、レスリングで知り合いだったんで。

玉袋 ああ、そっか。凄いね、その大学レスリング人脈。あと当時いたのは誰なんだろう?

桜庭 和生さんの下は藤田。

玉袋 あ、凄え! サクちゃんと藤田和之が大学時代から同じ空間にいたんだ。

桜庭 和生さんがいて、ボクの代があって、そのあとが藤田。あと、和生さんの代が永田(裕志)さんと**石澤(常光)**[※337]さんで、ボクの代は**秋山(準)**[※338]さん。

椎名 ああ、秋山準! 一緒だったんですね。

玉袋 豪華だな〜、もう興行打てるよ(笑)。

ガンツ 全日本と新日本、さらにU系やPRIDEのトップが揃ってたわけですね。

椎名 ジャパニーズ・トップチームだね。

玉袋 やっぱ、レスリングっつーのは凄えよ。そのメンツが大学時代から競い合ってたわけだもんな。

桜庭 まあ、みんな階級が違いますけどね。

練習のごまかし方

玉袋 そういう大学でレスリングやってた桜庭さんからすると、Uインターの練習っていうのはどうだったんですか?

桜庭 日本人が多いほうが練習ができると思ってUインターに入ったんですけど、入ってみたら結局、みんなバラバラでやってたんですよ。

ガンツ 人数が多いだけで、みんなバラバラでしたか(笑)。

桜庭 みんなで一緒に練習やると思ってたら、同じ道場にいるのに、みんな別々のことをやってるんです。

ガンツ キックの練習やってる人、スパーリングやってる人、ウェイトやってる人、スクワットやってる人みたいな感じで（笑）。

玉袋 それで「ちょっと違うぞ」と。

桜庭 後半のほうはみんなでやってましたけどね。（レスリングコーチの）安達さんが入って、「みんなでやったほうがいい」ってことで。でも、ボクが入ったばかりの頃は、みんなバラバラだった。

ガンツ UWFって結局、同じ道場にいる身内同士で闘うから、練習はみんなバラバラで違うことやるっていうのが、新生UWF時代からの流れだったらしいですね。

玉袋 中野さんなんかは、合同練習には来なかったって聞くもんな。

桜庭 だから、中野さんだけは夜やるんですよ。で、ボクら若手が付き合わされて。

玉袋 「付き合わせてもらった」でしょ？（笑）。

桜庭 あ、そうだ！ 付き合わさせてもらいました（笑）。

玉袋 先輩のお付き合いをさせていただく、ありがたい経験ですよ。まあ、夜勤ね、夜勤。

桜庭 もうめんどくさくて、しょうがなかったですけどね（笑）。

玉袋 ガハハハハ！ やっぱり（笑）。

桜庭 中野さんの練習があるときは、昼間練習して、また夜も練習なんでめんどくさくて。ミット打ちの練習とかをタイマーで計って、3分ごとにやってたんですけど、1日5秒ぐらいずつ短くしていったんですよ。

ガンツ 中野さんにわからないように、少しずつ練習時間を減らして（笑）。

桜庭 最高どれぐらいまで短くできるかやってみたら、2分10秒か20秒ぐらいまでいきましたね。

玉袋 それは中野さんの体内時計に問題があるな（笑）。

桜庭 「なんか短くねえか？」って言われたんで、「いや、中野さんの調子がいいんじゃないですかね？」

って言って。それから5秒ぐらいずつ戻していって。

椎名　でも、少し前から気づいていた気配ありますよね（笑）。言い出せない空気だったという。

玉袋　それは笑うな～。

桜庭　でも、5秒縮まったぐらいでも凄いうれしいんですよ。お昼に練習しちゃってるから、疲れているし。

ガンツ　練習量には定評があるUインターで若手だったら、昼の練習だけでもそうとうやってたわけですもんね。

椎名　中野さんとの練習は、スパーリングもやってたんですか？

桜庭　だいたいミット持ったり、あとスパーリングもしたりしましたね。

玉袋　でも、スパーリングやったら、桜庭さん勝っちゃうんじゃないの？

桜庭　どうなんすかね？　あんまり覚えてない（笑）。

玉袋　ワハハハ！　イヤな弟弟子だな、おい（笑）。

ガンツ　でも、レスリング部の主将として、大学時代は一番上だったのが、もう一度、一番下の新弟子生活っていうのは、精神的にどうだったんですか？

桜庭　それはもう、高校から大学に上がったときと同じだと考えればよかったんで。高校だって3年で一番上になったのに、大学ではまた一番下だし、それの繰り返しですから。大学だと1年が奴隷、それから学年が上がるごとに平民、殿様、神様で。ボクも神になって雲の上から覗いてたんですけど、もう1回また地下に潜るのも、まあいいかと思って。

玉袋　でも、24歳でまた〝奴隷〟になるっていうのは、なかなかできることじゃねえから、凄えよ。

桜庭　その代わり、大学で奴隷から神様まで一通り経験したんで、ごまかし方はいくらでも知ってましたからね。だから、中野さんの練習を5秒ずつごまかしたりとか（笑）。

ガンツ　なるほど。神様の目を盗む術を身につけていたと（笑）。

玉袋　そこが凄いね。新弟子ですでにサバイバル術を身につけてんだから。

椎名　神の知恵なんですね（笑）。

桜庭　だからUインターの道場は入口があって、リングがあって、奥にウェイトスペースがあったんですけど。先輩はだいたい30分か1時間遅れてくるんで、それまでベンチプレスのところで寝ていて、ドアの音がバターンとした瞬間に腹筋していればバレないんですよ。「23、24……」とか言いながら。

玉袋　ガハハハハ！　まあ、言ったらナマクラなんだけど、ちゃんと大学で培ってきたものがあるから、ほかの新弟子みてえな基礎練習なんかサボッても大丈夫だったたんだろうな。

ガンツ　大学レスリングで、もう強くなるためにどんな練習が必要で、どんな練習が必要じゃないか、桜庭さんはわかってたわけですもんね。

玉袋　そりゃそうだよ。スクワット3000回で強くなれるのかっつったら、そりゃ違うわけだもんな。根性はつくんだろうけどね。

椎名　アマレスは将来プロレスをやるためにやってたんですか？

桜庭　そうです。中学まではバスケットをやってたんですけど、プロレスが好きだったんで、本当は中学卒業してすぐプロレスラーになろうと思ってたんですよ。ちょうどボクより学年で1コ上の船木さんが中卒で新日に入ったっていうのを雑誌とかで知ってたんで。それで中3のときの家庭訪問で、先生が家に来たとき、親と先生に「プロレスラーになりたい」って話したら、「高校に行ってからでもいいんじゃねえか」って説得されて。「プロレスから〝プロ〟をとったら、レスリングになるから、レスリングやったほうがいいんじゃねえか」と思って、高校でレスリング部に入ったんですよ。

玉袋　そうなんだ。

桜庭　で、ボクが中3のときにたまたま秋田インターハイがあって、秋田商業高校がインターハイで2

位になったんですよ。で、秋田商業高校ってレスリング強いんだと思って、そこに行ったんです。

玉袋　あ、商業高校なの？　俺と一緒だ。そろばん何級？

桜庭　そろばんは3級ぐらいですね。2級の練習してたんですけど。

玉袋　凄い！　俺、4級だから。バカだよ、3年通って4級って（笑）。

桜庭　そろばんは小学校の頃に少しやってたんですよ。だから、思い出して少しできたんですけど、難しいですよね。

玉袋　あの頃は、トモエのそろばん塾ってブームだったから。

椎名　暗算早いんですよね、そろばんやっている人って。

桜庭　ボク、できないです（笑）。そろばんは逆さにして、ガラガラやってましたね。

玉袋　ローラースケートだ（笑）。

やるなら、どっちも同じ

ガンツ　まあ、そろばんはともかく（笑）。桜庭さんの中学時代は、まだ新生UWFが旗揚げする前だと思いますけど、高校の途中からU系志望になったんですか？

桜庭　全日派、新日派で言うと、どっちかって言うと新日派だったんですよ。もともとタイガーマスクが好きだったんで。その佐山さんがUWFに行ったんで、その流れでボクもUWFっていうだけですね。

ガンツ　じゃあ、新生UWFが好きだったわけじゃないんですか。

桜庭　新生UWFはほとんど観てないんですよ。高校のときはプロレス観てたんですけど、大学に入ってまた奴隷からやり直すときにもう全然観なくなっちゃって。

玉袋　奴隷だから、観てるヒマねえもんな。でも、新日派、全日派で言うと、桜庭選手は新日派だったと。これ、門馬忠雄[339]さんに言わせたら、「青いな」って言われるよ（笑）。

桜庭 なんでですか？

玉袋 この間、門馬さんにインタビューしたんですよ。プロレス記者の最古参じゃないですか？　それで「キミはどっちだったの？」って聞かれて、「新日です」って答えたら、「青いな」って。「馬場の王道こそプロレスだ」って、たしなめられちゃって。

桜庭 それは納得できないですね。

玉袋 ワハハハ！　桜庭さん的には、そうじゃねえぞと。

桜庭 全日も長州さんとかロード・ウォリアーズが出てた頃は観てました。

玉袋 ああ、あの時代な。

椎名 テリー・ファンクはどうでした？

桜庭 その頃は観てないですね。

椎名 テリーとかブッチャーは通ってないんですね。

ガンツ テレビ放映の時間帯が悪かったっていうこともあったんですか？

桜庭 秋田は深夜でしたね。

ガンツ ああ、やっぱり。

玉袋 関東は土曜の夕方5時半だもんな。その前はドリフ（『8時だョ！全員集合』）の裏番組で。

桜庭 だから、ボクらは中学生だから、ハマりたくても、全国区の動きがまるっきりわからないんですよ、やっていることが。

玉袋 そうだよな。時間帯もあるよ。さっき、船木さんの名前が出てきましたけど、パンクラスの存在っていうのは、桜庭さんから見てどうでしたか？

桜庭 特になんとも。

玉袋 なんともねえんだ。やろうと思えばできちゃうもんな。

桜庭 でも、上の世代の人は気になってたみたいですけどね。ボクは特には。

ガンツ センセーショナルだったんですけどね。

玉袋　そうだよね。秒殺秒殺でよぅ、インパクトあったし。Uインターの先輩方もそりゃ気になるよ。

桜庭　「あっちのほうをやるってなったらどうする？」みたいな。

椎名　そういうのが聞こえてくるんですか？（笑）。

桜庭　誰とは言わないですけど、「ボクはどっちでもいいですけど」って思ってましたけど。

玉袋　そこが凄えよ。もう流れる水に任せるっていうね、桜庭さんは。

椎名　自分は強いから大丈夫っていう感じだったんですか？

桜庭　そのときは開き直ってましたね。やるなら、どっちも同じだって。

玉袋　でも、プロレスってもんの仕組みって言ったらヘンですけど、格闘技との違いを知ったときの桜庭さんのリアクションっちゅうのは、どうだったんですか？

桜庭　「ああ、そうなんですか」って。

玉袋　あっさりしてるな～（笑）。

桜庭　もうデビュー前からセコンドについて試合を観てたら、「なんでいっつも練習に来ない○○さんがこんなに強いんだろうな」って（笑）。

一同　ダハハハハハ！

玉袋　この発言は使わせていただきます！（笑）。

椎名　「練習より勉強に熱心なのになんでだろう？」って（笑）。

桜庭　「安生さんが一番強い気がするんだけど、どうしてなんだろう？」っていう疑問はありましたよ。

玉袋　これはおもしれえ。俺が若い頃、「なんで漫才やってねえカージナルス（のちのガダルカナル・タカ&つまみ枝豆）が上なんだろうな？　俺らはちゃんとやってるのに」って、博士と話してたのと一緒だな（笑）。

ガンツ　どこの世界にもあるんですね（笑）。

玉袋　あると思う。でも、それをどっちでもいいよって受け入れるのは凄いよね。普通は悩んじゃった

りすると思うんだけど。

桜庭　アマレスやってたから、それはプロレスとの違いはわかりますよね。

玉袋　やっぱりアマチュアをやっていた人のプロレス観って違うんだよな。

ガンツ　桜庭さんは、「だったらサソリ（固め）やっちゃおう」っていう感じだったんですか？

桜庭　あ、そうですね。タックル入って、そのあとの勢いで片足を出したら、「あれ？　サソリできるじゃん」って。

玉袋　その柔軟性が凄いわ。

練習の合間に一服

ガンツ　そして桜庭さんは、プロレスの何たるかを知ったあとも、厳しい道場でひたすら強くなる練習をちゃんとやってたわけですよね。

桜庭　そこまでやってないですけどね（笑）。

ガンツ　あ、そうなんですか（笑）。

桜庭　安生さんとか髙田さんとかに捕まって、やられてやられて勉強する感じで。

玉袋　でも、練習は好きでしょ、いまでも？

桜庭　そうですね。だからUインターのときも、後輩が入ってくると、そいつを捕まえて攻撃する練習ができるんですよ。やられる練習じゃなくて、やる練習をして、覚えていくっていう。

ガンツ　後輩ができるまでは、とにかくやられる練習なんですね。ラッパかまされたり。

桜庭　そうですね。

玉袋　俺たち、たけし軍団も〝やられる練習〟が多かった！　日本テレビの畳部屋の楽屋とかでな。「いいか、リアクションの勉強になんだからよ」って、バチバチやられて。

椎名　〝かわいがり〟があったんですね（笑）。

玉袋　そうしたら、日テレの掃除のおばさんが、俺たちが給湯室でタバコを吸ってるとき、「あんたたち、もう誰にも言わないから、こっちから逃げなさい。見てられない」って。

ガンツ　かわいがりの現場を一般人が目撃してしまったら、そうなりますよね（笑）。

玉袋　でも、俺は若いヤツが入ってきても、それはやらなかったけどね。理不尽な攻撃はしない。

桜庭　ボクはやりましたけど（笑）。

玉袋　やったんだ！（笑）。

桜庭　殴ったりとかじゃないですよ。ボクは花火で攻撃とかしましたね。あの当時、**大仁田（厚）**[※340]さんの「ファイヤー！」って流行ってたじゃないですか？　合宿所に酔っ払って帰ってきて、新弟子が寝ているところで、「ファイヤー！」って言いながら、花火をバーっと発射するんですよ。

ガンツ　ダハハハハ！

桜庭　直接当たるようにはやらないですよ？　ちょっとずらして。「うわー！　やめてください！」っていうリアクションを楽しむんです（笑）。

玉袋　それ、早朝バズーカだよ（笑）。桜庭さんは、奴隷状態の新弟子時代もタバコは吸ってたの？

桜庭　吸ってました。最初は吸えなかったですけどね。どうやってタバコをごまかして吸おうかなって考えたんですけど、入ってすぐ1週間か10日ぐらいは吸う時間がなかったんですよ。

ガンツ　それでも禁煙は最大10日ですか（笑）。

椎名　もともとタバコはいつから吸ってるんですか？

桜庭　ボクはハタチぐらいです。大学に入って、またまみんなと飲んでて、吸ってみたら、「あれ、タバコうまいな」と思って。

ガンツ　吸って最初からうまいってことは、身体に合ってたんでしょうね。

玉袋　だからね、一概にタバコが身体に悪いなんて、言えないんですよ。

椎名　そうですよ。こうやって世界最強の人が吸ってるんだから。

玉袋　俺だってタバコを吸いながら、3年連続で東京マラソンに出て、45分タイムを縮めたんだから。喫煙者の鑑だって言われたよ。

ガンツ　タバコはスタミナに影響するとか言われますけど、近代MMAで一番長い試合をしているのが桜庭さんですからね。

椎名　そうか。ホイス戦だもんね。あの当時もタバコは？

桜庭　吸ってます。

椎名　途中で吸いたくなっちゃって（笑）。

ガンツ　インターバルで一服（笑）。

桜庭　さすがにやっている最中は吸いたくないですけどね。でも、Uインターに入った頃は練習の合間に吸いたくなるんで、なんとかごまかして。髙山（善廣）さんが直の先輩だったんで、ちゃんこの作り方とか掃除の順番とか教えてもらったんですけど、「髙山さん、ちょっとゴミ捨て行ってきます」とか言って、裏で急いでスパスパスパスパ吸って、バーっと何くわない顔で戻るんです。

椎名　バレたことないんですか？

桜庭　髙山さんから「……ん？　なんかタバコくせえな」って言われたことありますけど、「誰か外で吸ってたんじゃないですかね？」とか言って。でも、たぶん髙山さんはわかってたと思います。

ガンツ　髙山さんも大人ですよね（笑）。

玉袋　髙山さんは大人なんだよな〜。

桜庭　たぶん、ボクがやめちゃったら、髙山さんがまた一番下になっちゃうんで。

ガンツ　なるほど（笑）。

桜庭　それもあって見逃してくれたんだと思いますけどね（笑）。

椎名　桜庭さんだけだったんですか、吸ってたのは？

桜庭　吸ってたのはボクだけです。あと、ちゃんこの買い物に行くときに、チャリンコ乗りながら吸うんですけど、煙を前に吐いたら、煙が自分の顔にくるから臭いがつくじゃないですか。だから、横向いて煙吐いて、帰ってきたら便所でうがいして、素知らぬ顔でちゃんこ番やってました。

玉袋　当時ファブリーズがあったらよかったな。絶対CM使われてるよ（笑）。

桜庭　あと、うがいの薬あるじゃないですか？　口臭が消えるヤツ。

ガンツ　モンダミンとか。

桜庭　あれ使ってましたね（笑）。

玉袋　やっぱりね、強い男はタバコ吸ってるの多いんだよ。横綱・日馬富士だって吸ってんだから。ロケの合間、俺が喫煙所で吸ってたら日馬富士が来て、なんか探してんだよ。どうやら火がねえみたいだったから、俺が火つけたの。それで「横綱、やっぱり横綱でもタバコ吸うんですね」って聞いたら、「そう、横綱になるには、タバコと酒と女、これやんないとね」って。

ガンツ　ダハハハハ！　含蓄のある言葉ですね（笑）。

玉袋　「さすが横綱！」って思ったね。桜庭さんはそうやって、隠れてタバコを吸いながらデビューを迎えて。

一番練習してたのは安生さん

ガンツ　でも、桜庭さんが入ったぐらいからUインターは激動でしたよね？

桜庭　なんか、凄かったですよ。入ってすぐに、（高田vs）北尾戦があったり。あのとき、武道館が凄いワーッて盛り上がっているんですけど、ボクはなんであんなに盛り上がっているのかわからなかったんですよ。ずっとプロレスは観てなかったんで。「なんで北尾でこんなに盛り上がってんだろう？　意味わかんない」って。

ガンツ　北尾がどれぐらいヒールとしてヒートを買っていたか、わからなかったと。

桜庭　全然わからない。

椎名　でも、北尾のときはTBSでも放送されて、凄かったよね。Uインターって、そっちの路線で行くんだって。

玉袋　当時、俺らU系のファンからしたら、リングスや藤原組と比べて、「Uインター、ちょっと軽いんじゃないか？」っていう思いもあったんだけど、あの北尾戦からドーンといったもんな。あの北尾戦は、俺たち漫才の前日で、稽古やんなきゃいけないのに、どうしても観たいから観に行って。しかも熱が38度くらいあったんだけど、観終わったら熱も下がってたもんな。

桜庭　ボクはそういう流れがよくわからなかったんですけど、1億円のやつがおもしろかったですね。「いっ、1億円〜っ⁉」と思って（笑）。

玉袋　1億円トーナメントね。「夢と1億円」って、あのちっちゃい鈴木健さんが『週プロ』の表紙になっちゃってんだから（笑）。

桜庭　あの1億円ってどうやって手配したんですかね？

ガンツ　あれ、記者会見用に一瞬だけ1億円借りたんですよね（笑）。それで、他団体のトップに参戦を呼びかけて。

桜庭　ボクは「いいなー、安生さん1億円もらえて」って思ってましたけどね（笑）。

ガンツ　もし他団体の選手が本当に参戦してきても、安生さんがやっちゃう予定だったんですよね。

椎名　いざとなったら、後ろから殴って（笑）。

ガンツ　どんな手を使ってでも、1億円は守る（笑）。

玉袋　あのアイデアはきっと宮戸さんだったんだろうな。ああいう刺激的なことは、だいたい宮戸さんだから。

ガンツ　宮戸さんが考えて、矢面に立つのは安生さんっていう（笑）。

椎名　ようするに、Uインターは安生さんがいたから、いろいろ外に対して挑発的なことができたってことだよね。

玉袋　その役目を黙々とこなす安生さんっていうのは、本当に凄かったんだよな。

桜庭　やっぱり当時は、安生さんが一番練習してましたよ。それはウェイトとかを含めた練習量じゃなくて、こっち（頭）を使う練習ですよ。回数をこなす練習じゃなくて、スパーリングとか、そういう実践的な練習は安生さんが一番やってました。

玉袋　なるほどね。ついつい根性論で回数こなすキツい練習のほうにいっちゃうんだけど、安生さんは当時からそうじゃなかったってことだよな。

椎名　自分でそういう練習を考えたってことですよね、安生さんは。

桜庭　だから、ボクももともとレスリングをやってたんで、強くなるにはスクワットや腕立てをやるより、とにかくロープ登って、スパーリングやればいいと思ってたんですよ。闘うために必要な筋肉はロープでつくんで、そんなにベンチプレスなんて必要ないんで。でも、頭で考えなきゃ格闘技じゃないいっていうことで、そういう練習を一番してたのが安生さんですね。

ガンツ　元祖IQレスラーですよね（笑）。じつは安生さんの家系って、みんな東大出なんですよね。

桜庭　そうですね。

椎名　あ、そうなんだ！　東大一家から200パーセント男が生まれるんだ。

玉袋　インテリなんだよ。いいとこの坊っちゃんなんだよね、言ってみりゃ。

ガンツ　だから、プロレスの道場にいながら、真っ先に見抜いちゃったんでしょうね、どうしたら本当に強くなるかって。

桜庭　たぶん、そうだと思いますね。で、○○さんと安生さんの試合を観て、「なんで○○さんが勝つんだろう？　あれ〜？」って。

玉袋　たぶん、○○さんはどっかの秘孔を突いてたんだろうな。

ガンツ　ガハハハハ！

椎名　ひでぶ！（笑）。

桜庭　最初はどっか別のところで練習してるのかなって思ったんですけど、「いや、絶対違うな、これ」って。

ガンツ　違う練習してたんですよね（笑）。

椎名　身体を壊すんじゃなく、身体を治す練習を（笑）。

違う競技だと思った初期UFC

ガンツ　でも、その強い安生さんが、道場破りでヒクソン・グレイシーに負けたときは、相当、衝撃だったんじゃないですか？

桜庭　衝撃っていうか、「マジで？」って感じでしたね。先輩に「マジで？」って思うのもあれですけど、あのとき道場に（Uインター北米支部の）笹崎さんから電話がかかってきて、宮戸さんが出たんですけど、凄い剣幕で話してるのが聞こえてきたんで、「そうだったんだ」って。

ガンツ　宮戸さんが、笹崎さんに対して凄い怒ったんですよね。

玉袋　時差ボケもとらないで、やらせやがってって。

桜庭　でも、ヒクソンのやり方だったら、テイクダウン取ってそうなっちゃうのかなって思いました。

玉袋　でも、そうやって、安生さんが負けた報告を横で聞いてた桜庭さんが、のちにグレイシーと深く関わってくるのがおもしろいね。

桜庭　でも、UFCが出てきた頃は、「これ絶対違う競技でしょう」って思いましたよ。もう素手で殴ってるのが全然違う競技だと思ってたんで。絶対に関わることはないなって思ってたんですよ。目潰しと噛みつき以外はなんでもありの頃だったんで。

玉袋　でも、俺たちとしたら、パンクラスの（ケン・）シャムロックが負けたのは凄い衝撃だったよね。こんなのが出てきて、U系はどうするんだ？　って。

ガンツ　桜庭さんは別世界の話っていう感じだったんですか？

桜庭　ボクは競技として全然違うものだって思ったんで。

ガンツ　じゃあ、Uインターからキングダムになったとき、ほかのU系に先駆けてオープンフィンガーグローブを導入して、バーリ・トゥードに近いルールにしましたけど、あのときは、違う競技に転向みたいな感じだったんですか？

桜庭　いや、ただグローブしてやるだけだなって。

椎名　Uインターでやってたことを、グローブしてやってるだけだと。

桜庭　普通にエスケープもあったんで。

玉袋　あ、キングダムはロープエスケープあったか。

桜庭　のちの総合のグローブと比べると、まだもっと分厚かったし。

ガンツ　ずいぶん安全なオープンフィンガー・グローブだなって（笑）。桜庭さんはキングダムが始まる前、Uインター末期にシュートボクシングのリングでキモとやってますよね？　「アルティメット特別試合」として。

桜庭　あれは格闘技の試合じゃなかったと思いますけどね。

ガンツ　そうらしいですね。

桜庭　たぶん、向こうは格闘技のつもりだったと思いますけど。

玉袋　片っぽだけか。

桜庭　だから、なんかやたらと力入れてやってくるんですよ。「カテえな、コイツ」と思って。でも、タックル入って倒したら、やたら力を入れすぎてるんで、途中で「ハーハー」息が上がってましたね。あとで誰かから聞いたんですけど、やっぱりキモは総合のつもりだったって。

ガンツ　だから、普通にやっていたら、あの時点でキモに勝ってたっていうことですよね。

椎名　だって、PRIDEが始まったあと疑問だったもん。「桜庭ってこんなに強いのに、なんであのときキモに負けたのかな?」って。当時はわかってなかったから。

桜庭　確認したわけじゃないですけど、そのあと神宮球場でやった髙山さんもそうだったんじゃないですかね?

ガンツ　グラウンドで頭突きをガンガンもらったんですよね。あれもキモだけ本気だったと。

椎名　いやあ、俺たちの目は節穴だったね(笑)。

玉袋　節穴だよ、節穴!

桜庭　青木くんにその話をしたら、おかしくて。前にさいたまスーパーアリーナの本部室で、青木くんが、「ガチンコ初めてやったのはキモ戦ですか?」って聞いてきたから、「いや、違うよ」って言ったら、「え?」って。で、いろいろ教えてあげたら、「桜庭さん、やめてください……」って(笑)。

椎名　ハハハハ!　青木真也を引かせましたか(笑)。

ガンツ　底が丸見えの底なし沼に落として(笑)。

桜庭　「え?　もっと聞きたくないの?」「やめてください」って(笑)。

玉袋　サクちゃんのほうが上手だね(笑)。

田村との3連戦

ガンツ　ちなみにUインター時代の田村さんとの3連戦っていうのは、なんで3試合連続で田村さんの相手が桜庭さんだったんですか？

桜庭　それはわからないです。でも、ボクが想像するにですけど、たぶん田村さんはUインターやめて別のところに行くっていうのがわかってたから、潰しにかかったんじゃないですか？

玉袋　なるほど。他団体に行く前に、やっちまえと。

桜庭　で、ボクが失敗したっていう。……という話だと思うんですけどね。

玉袋　おもしれえな～。いやね、じつはいま俺が読んでる本がこれなんだけど（と言って、元・大鳴戸親方著『八百長　相撲協会一刀両断』を取り出す）。

椎名　ハハハハハ！

ガンツ　なんて本を読んでるんですか（笑）。

玉袋　18年前の本をいまさら読んでる俺も俺だけど。板井（圭介）と逆鉾なくして、国民栄誉賞力士は生まれなかったっていうのがシビれるんだよなあ。

ガンツ　絶対エースを作るには、そういう存在が必要ってことですよね。

椎名　で、板井が安生さんっていうことですよね（笑）。

玉袋　そうそう、中盆（なかぼん）。こっちはサク本（笑）。でも、プロはネームバリューだもんね、負けたらいけないんだもんね。

桜庭　そう田村さんは考えたんじゃないですか？　だから、安生さんがボクのところに困った顔して来て、「桜庭、悪いけどやってくれ」って言われて、「全然大丈夫です」って。結局、「すいません、刺すの失敗しました」ってなったんですけど（笑）。

ガンツ　でも、第1戦で桜庭さんは、田村さんをチョークで落としかけてますよね？

桜庭　半分落ちてたと思うんですけど、田村さんはちゃんとエスケープを頭に入れてやってたんですよ。ボクは「道場のスパーリングと同じだな」ってエスケープを考えないで極めにいったんで。「よっしゃ、取った！」と思ったら、「エスケープ！」って言われて。「あ、エスケープあるんだ」って思ったあと、足関節をガツンとやられて。

玉袋　道場だったらタップでも、試合ならロープエスケープのロストポイントだけですむってことか。

ガンツ　そういうヒリヒリとした勝負が、第1試合で行われていたんですね。

椎名　あれ、第1試合だっけ？

ガンツ　新日本との対抗戦やってるときだから、Uインター同士の試合は第1試合だったんですよ。

桜庭　だから第2試合から全然色が違ってましたね。もう、ほかの試合はみんな新日が入ってきてたから。

玉袋　敵対してる団体同士が闘う対抗戦じゃなくて、身内同士の第1試合が一番ガチガチだったというね。そこがおもしれえよな。このちょっと前に、田村さんはK−1の名古屋大会で、パトリック・スミスとやってるんだよね？

ガンツ　あれもプロレスラーがついにバーリ・トゥードで勝利したっていう、歴史的な試合ですよね。

桜庭　でも、いま考えたら、「そりゃ田村さんが勝つでしょ」っていう感じですよね？「あれ、キックボクサーじゃん」って。そりゃ、寝かせたら足関節取れるよって（笑）。

ガンツ　でもパトスミもいちおう、UFC準優勝の強豪ですから（笑）。

桜庭　緊張感はありましたけどね。

玉袋　あの田村vsパトスミっつーのも、名古屋まで観に行ったよ。

桜庭　ボクらも行ってましたよ。

椎名　Uインター勢、みんな集合して観に行ってましたよね。

ガンツ　桜庭さん、金原さん、髙山さん、**和田**[※341]（**良覚**）さんとか。当時、田村さんは孤立してましたけど、こういう他流試合になると、Uインターは一致団結するんだって、けっこう感動してたんですけど……（笑）。

桜庭　でも、和田さんなんてそう言いながら、あの時点では、格闘技とUインターのプロレスの違いがわかってなかったですからね。

椎名　そうなんですか⁉

桜庭　ちゃんとわかったのは、キングダムになってからですから。だからUインター時代、神宮球場でボクがバッドニュース・アレンとやったとき、アレンが「張れ」って言うから、ゴング前にパチンと張ったら、和田さんが真剣に止めに来ましたからね。「おい！　やめろ！」って（笑）。

椎名　ハハハハハ！

桜庭　「次やったら反則とるからね」って言いながら、小声で真面目な顔して「やめろよ、おまえ」って（笑）。

ガンツ　「サク、そう熱くなるなよ」と（笑）。

桜庭　「落ち着け！」って。

玉袋　レフェリーが一番落ち着いてないっていうね（笑）。

椎名　なんか**ミスター高橋**[※342]と大違いですね（笑）。

ガンツ　逆暴露（笑）。

玉袋　でも、Uインターはレフェリーまでも、底が丸見えの底なし沼に沈めてたっていうのが凄えな〜。

練習での強さと、本番での強さ

椎名　当時のバーリ・トゥードで言うと、キモと**クラッシャー・バンバン・ビガロ**[※343]がやったのは、そのあとぐらい？

ガンツ　日本初の金網バーリ・トゥード大会『**U-JAPAN**[※344]』ですね。あれは1996年11月だから、Uインターの末期ですね。田村vsパトスミのちょうど1年後で、桜庭さんがキモとやった4ヵ月後です。

椎名　あれはシュート？

ガンツ　あれはバーリ・トゥードの試合ですね。

桜庭　ビガロはあの試合前、Uインターの道場で練習してましたよ。でも、ビガロも死んじゃったんですよね。

玉袋　死んじゃったよ。あの日だっけか、ダン・スバーンとミスター・デンジャー（**松永光弘**[※345]）がやったのは？

ガンツ　そうです。

玉袋　有刺鉄線バット持参で松永が入場してきて、爆笑したんだよな。

桜庭　ダン・スバーンで思い出した！　ダン・スバーン、なんかUFCに初めて出る前にUインターの道場に練習に来てたんですけど、ミットで往復ビンタの練習してましたよ。

椎名　ハハハハハ！　それがバーリ・トゥードで有効だと思ったんですかね？

桜庭　わかんないですけど、バンバンバンバンって、往復ビンタの練習していて、「あれで勝てんのかよ？大丈夫かよ？」って思ってたら、見事に優勝しちゃったんですけどね。

椎名　チャンピオンですもんね。しかもチャンピオンの中のチャンピオンでしょ？

ガンツ　そうですね。UFCのトーナメント優勝者とかばっかり集めた『**アルティメット・アルティメット**[※346]』でも優勝して。

玉袋　そのチャンピオンの中のチャンピオンが、なんで松永とやるんだよ⁉　松永は有刺鉄線ハチマキまでしちゃってさ、それ、自分が痛えだろって（笑）。

ガンツ　ビガロって、Uインターの道場では誰と練習してたんですか？

桜庭　覚えてないです。ダン・スバーンが来たとき、組み技の練習してて極めちゃったのは覚えてますけど（笑）。

玉袋　サクちゃんが？

桜庭　はい。そのあと往復ビンタの練習してたから、「こいつ大丈夫なのかな」と思って。

玉袋　でも、ダン・スバーン、デカいじゃん。

桜庭　デカいけど、「やってみろ」って言われたから、普通に組み技でやっていてなんかで取ったんですよ。

玉袋　凄え。スバーンを極めた男。たぶん、悔しくて往復ビンタしてたんだよ（笑）。

ガンツ　しかもUFCに出る直前ですから、当時バーリ・トゥードで世界一みたいな男ですよ（笑）。

玉袋　ワハハハ！　サクちゃん、どんだけ強かったの？　すっげえな。

桜庭　ボクも「大丈夫なのかな？」と思っていたら優勝しちゃったんで、凄いなって。だから、選手によって練習で強い人と本番で強い人がいて、スバーンは練習はそんなに強くないけど、本番は凄く強いんだなと思いましたね。逆に練習チャンピオンみたいな人いるじゃないですか？

玉袋　ジムのチャンピオンね。

ガンツ　だから当時の桜庭さんは、道場でスバーンを極めつつ、リング上ではバッドニュース・アレンに往復ビンタをしてたってことですね（笑）。

桜庭　そうそう。「やめろ！　やめろって、おまえ！」って和田さんに言われながら（笑）。マジメに止めに来ましたからね。あれおかしかったな。

ガンツ　いや～、痛快な話しかないですね（笑）。

玉袋　強えから言えるんだよ。なんか話していると、黒澤明の映画の『用心棒』の三船敏郎と話している感じなんだよ。もう世界のサクラバは、世界のミフネと一緒。『椿三十郎』なんだよね。いかにも「強いぞ」っていうのをひけらかすんじゃなくて、ニコニコ系でさ。それでいて誰よりも強いっていうね。

ガンツ　ホント、乱世になんとなく巻き込まれながら、勝ち続ける痛快さがありましたよね（笑）。

玉袋　それまでキングダムなんて、注目されてなかったんだから。それは、俺たちの目が節穴だったたってことなんだけどよぅ。リングス、パンクラスは注目されてたけど、キングダムはどんどん端っこに追いやられてたんだから。

椎名　でも、そのキングダムが一番強かったんだんね。

玉袋　そうなんだよ。修斗もガーッと上がってきた時期にさ、エンセンさんが「桜庭さんと金原さん強いよ」って言い出して、あの言葉に救われたところもあるよな。

桜庭　エンセンさんとは、もうUインターの後半から一緒に練習してたんですよ。

椎名　だから、もう柔術の技術も知ってたってことですもんね。

プロレス界の救世主

玉袋　そのあとだろ？　UFC-Jでの「**プロレスラーは本当に強いんです**」[※347]が出たのは。あれは泣いたよ！

椎名　超盛り上がりましたよね！

玉袋　そうだよ！　日本の格闘技界がガーッと上がっていく、きっかけだったよな。

椎名　あれはキングダムの末期時代？

ガンツ　キングダムの末期ですね。まあ、末期といっても、キングダム自体、1年しか保ちませんでしたけど（笑）。

玉袋　でもよ、新日との対抗戦でUインターのイメージが落ちてよ、パンクラスとかリングスに比べると一枚落ちると思われてたキングダムの中から、桜庭さんみたいな人が出てくるってところが、痛快だったね。

ガンツ　それなのにキングダムは雑誌とかの扱いも小さくて。

桜庭　でも、九州でやった金原さんとの試合は、けっこうウケがよかったんですよ。

ガンツ　**マーカス・コナン**[※348]戦のちょっと前にやった金原さんとの2連戦ですね。ボクはDVDで観ましたけど、あれは凄い試合でした。のちに和田さんがリングスに来たあと、「キングダム時代のサクとキンの試合はホントに凄かったっすよ〜」って、何度も言ってましたしね。

椎名　和田さんが、UWFと格闘技の違いがわかったあと（笑）。

玉袋　もう、バッドニュース・アレンにビンタしても止めなくなってた頃だろうな（笑）。そもそも桜庭さんが、UFC-Jに出るようになったきっかけは何だったんですか？

桜庭　あの頃、UFC-Jとキングダムが協力関係にあったんですよ。それで最初に安生さんが出ることが決まって、そのあと、大会直前になって金原さんに話がいったけど断ったみたいで、ボクのところに来たんです。

玉袋　そんな直前だったんだ。

桜庭　たしか3日前とか4日前だったんですけど、まあ、練習は毎日やってるし、いいかなって。ただ、連絡が来たときは、ちょうど酒飲んでてベロベロだったんですけど、それも3日か4日あれば抜けるかと思って（笑）。

椎名　試合までに酒が抜ければ大丈夫って、そっちの問題だったんですか？（笑）。

桜庭　電話で「はい、大丈夫です」って言っちゃったんですけど、「やっべ〜、いまこんなに酒飲んじゃってるけど大丈夫かな。まあ、3日もあれば抜けるか」って（笑）。

玉袋　凄えなあ。プロレス界の救世主が、試合前まで二日酔いだったっていうね（笑）。

ガンツ　でも、U系のプロレスファンは、本当に桜庭さんのあの勝利に救われましたよね。なんといっても、髙田さんがヒクソンに負けた2ヵ月後ですから。

玉袋　心の傷がまだ癒えてねえ頃だもんな。

ガンツ　しかも、当時はグレイシー一族じゃなくて、グレイシー柔術の使い手にすら、プロレス界は誰も勝てない時代でしたからね。だから、桜庭さんはグレイシー・ハンターと呼ばれる前から、柔術キラーだったんですよね。コナンは**カーウソン・グレイシ**[※349]

ー柔術の黒帯ですから。
玉袋 凄えな。しかも、相手はヘビー級でね。
椎名 デカいんですよね。
桜庭 ただ、柔術やってるわりには、（マーカス・コナンの寝技は）そんなでもなかったですよ。エンセンさんのほうが全然強いと思いましたもん。ただ、パンチありだと違うから、わかんないですけどね。
ガンツ エンセンさんって、練習メチャクチャ強いって話聞きますもんね。
玉袋 イーゲン[※350]（井上）は？
桜庭 イーゲンはキレたら怖いです。
玉袋 キレたら、法の裁きを受けるほうでしょ？
椎名 路上でやりすぎて、お巡りさんのお世話になるほう（笑）。
桜庭 （『PRIDE8』で）豊永稔[※351]がイーゲンと試合をするときに、たまたまエンセンさんもセコンドで来てたんで、「俺、エンセンさんに挨拶に行くけど、おまえ行く？」って聞いたら、「行きます」って言うから、いちおう挨拶に行ったんですけど。エンセンさんが「イーゲンのほうが俺より全然怖いからね」って言ったんですよ。そうしたら、帰りのエレベーターの中で、豊永稔が「ああ、俺、やっぱり来なけりゃよかった……」って（笑）。
ガンツ 試合前にビビらされて（笑）。
桜庭 凄いビビってましたよ。「行かなきゃよかった……」って言うから、「おまえが行くって言ったんじゃん！」つって。
ガンツ イーゲンって、グラップリングも強いんですよね。当時はアブダビ（ADCC）上位常連で。
玉袋 だから、若手時代のTK（髙阪剛）が『トーナメント・オブ・J』（1995年）で、イーゲンに勝ったときも、うれしかったもんなあ。だから、あの頃はTKとか、桜庭さんとか、若い選手たちが俺たち変態の溜飲を下げてくれたんだよな。とくに桜庭さんなんか、国民栄誉賞もんだよ！
ガンツ 打倒グレイシー柔術っていうのは、当時のプロレス界、また日本格闘技界の悲願でしたからね。

玉袋　あれで注目がガッと高まったわけじゃないですか？　それで、これまで相手にしてこなかったような連中まで寄って来て。ああいうとき、サクちゃんはどう思ってたんですか？

桜庭　いや、めんどくさいなって。

ガンツ　ガハハハ！　めんどくさい（笑）。

玉袋　いちいちいいな（笑）。そうだよな、めんどくせえのが来たな、と。

桜庭　「でも、これも仕事なんだよな」って。「表に出てるから、顔を売っといたほうがいいんだよな」と思って。でも、たまにわけわかんない真面目な質問とか来るから、「訳わかんない、あいつ」っていうのはありましたよ。

玉袋　当時そういうインタビュー記事を読んで、俺なんかは「桜庭、かわすな～」とか「うめえな」って思ってたんですよ。本音なんて言ったって、おもしろくないんだから。

新日との対抗戦で握手

ガンツ　桜庭さんは、Uインターと新日本が対抗戦やってたときから、ひとりだけ異彩を放ってましたよね。

桜庭　すいません。いまもそうなんですけど、出せないんですよ、感情を。

ガンツ　対抗戦のときに、みんな「ぶっ殺す！」、「ぶっ潰す！」って言っているときに、ひとりだけ飄々としてるという（笑）。

桜庭　最初に東京ドームで、永田さんと石澤さんとやったときも、試合後、ボクだけ普通に握手しちゃって（笑）。

玉袋　ワハハハ！　殺気立ってる中、挨拶しちゃったって。平成の**「こんばんは事件」**[※352]だよ（笑）。

椎名　ラッシャー木村ばりの律儀さで（笑）。

桜庭　だって、大学の頃から知ってる（レスリングの）先輩だから、そりゃ終わったら、握手するしかないじゃないですか！

ガンツ 「先輩、どうも」みたいな（笑）。

桜庭 昔から知ってるから、ケンカもクソもない。階級も違うし、向こうのほうが大学のレスリングじゃ結果残しているから、そりゃ「先輩ありがとうございます」って言うしかないですよ（笑）。

玉袋 頭を垂れる桜庭かなっていう。しだれ桜だよ。

桜庭 永田さんはそのとき、「笑っちゃった」って言ってましたね。「おまえ握手しに来るから、俺、笑っちゃったよ」って。

ガンツ 普通なら「負けてねーぞ、コノヤロー！もう一回やらせろ！」とか言ってきそうなところで（笑）。

玉袋 おもしれえ（笑）。でも、あのタッグマッチはおもしろかったな。

椎名 Uインターと新日本の対抗戦では、あの試合が一番おもしろかったですよね。

玉袋 緊張感あったしね。あの日、俺は地方でロケがあったんだけど、それじゃドームの第1試合に間に合わねえってことで、ロケ場所変えて、東京ドームの前でエンディング撮ったからね。「じゃ、行ってきま～す」って。

ガンツ 番組の構成を変えてでも観たかった（笑）。

玉袋 そこまでして観て、Uインターが負けて荒れてるんだから。バカだろ？（笑）。

桜庭 ボクはドームの前の対抗戦が観ていておもしろかったですね。

玉袋 横アリか。

ガンツ 長州&永田vs中野&安生ですね。

桜庭 あれ、いま観てもおもしろいですね。

ガンツ 先輩のケンカをおもしろがってる（笑）。

玉袋 おもしろがってどうすんだって（笑）。でも実際、おもしろかったよ。

桜庭 永田さんと安生さんが、お互い顔ボコボコにしながら。これ、どこまでプロレスで、どこまでケンカなんだって。

椎名　同業者のプロが観てもそう思うんだから、そりゃおもしろいですね（笑）。

玉袋　お互い、こぶとりじいさんとかお岩さんになってな。あれよかったよ。

ガンツ　永田さんは試合後に長州さんから、「あれ、おまえわざとか？」って言われたらしいですよ。

桜庭　ああ、それ聞きましたね。「わざとじゃないです」、「わかった」って。わざとやってたら、切ろうと思ってたって。

ガンツ　一線を越えずにケンカしろってことですよね。

玉袋　そのギリギリのラインがおもしれえんだよ。あのとき、サクちゃんは新日との対抗戦には乗り気だったの？

桜庭　なんか対抗戦が決まる前、ひとりずつ道場に呼ばれて、「新日と対抗戦やるけど、どう思う？」とは聞かれましたね。ボクはもう仕事だと思ってたんで、「ああ、長州さんとできるんですか？　やります！」って。結局、長州さんとできなかったんですけど。

玉袋　じゃあ、そこの呼び出しで、赤いパンツと高円寺は……。

桜庭　たぶん「ノー」って言ったんじゃないですか？　宮戸さんは、その時点でもういなかったんですけど。

玉袋　だけどよ、あのメインの髙田vs武藤っつーのは会場が爆発したよな。よりによって最後は4の字だぜ？　4の字固めだよ。あの日の俺は荒れたな〜。俺たち浅草キッドは、ずっとUインターは実券で観に行ってたんだけど、チケットは向井亜紀さん経由で取り寄せてたんだよ。さすがに、あのドーム以降、しばらくは『（朝だ！　生です）旅サラダ』観なかったもんね。

ガンツ　視聴ボイコット（笑）。

玉袋　まあ、いいやな。そんなことは（笑）。

ガンツ　髙田さんが4の字で負けて、Uインターフアンががっくり来てたあと、桜庭さんは安田忠夫[※353]さんにジャイアントスイング喰らってるから、これまたこっちはひっくり返ったんですけど（笑）。

桜庭　あれは、なんか足とってきて、どうするのかと思ったら「あっ！　回してくるのか！」と思って。じゃあ、喰らっておこうかなって（笑）。

ガンツ　ジャイアントスイングで回される経験なんてめったにないから、やられておこうと（笑）。

桜庭　でも、いざ回されたら、なんかロープに当たりそうになって、「危ない、危ない！　ロープ危ない！」って感じで。

玉袋　おもしれえな〜（笑）。

ガンツ　桜庭さんが対抗戦で、シリアスなシングルマッチとかじゃなくて、そういうタッグマッチに出るマッチメイクになったのは、長州さんに「こいつ、ケンカマッチやる気ねえな」って思われたからだと思うんですよ（笑）。後輩のヤマケン（山本喧一）さんなんかは、鉄砲玉みたいに「おら！」ってやってたので、長州さんは「あいつ、いいな」って気に入ってたって聞きました。

桜庭　ああ。ボク、そういうの全然やってなかったですね。

ガンツ　ヤマケンさんは、ヤクザ映画におけるチンピラの斬られ役として最高だと思われたようです（笑）。

玉袋　ヤマケンは危なっかしかったもんな。ハラハラしたよ。

ガンツ　でも、桜庭さんは「ひとりそうじゃないヤツがいる。6人タッグに入れとけ」って感じで（笑）。

桜庭　それはあるかもしれないですね（笑）。長州さんって、ボクの高校の先生と同級生なんですよ。

玉袋　へえ！　またアマレスつながりだ。

桜庭　だから当時、たまたま便所に行ったら、「おまえ、茂木の教え子なのか？」って。「そうです」、「そうか、茂木によろしくな」って言われましたからね。

玉袋　おそるべし、アマレス業界。八田イズムだよ。

それおもしれえな。

桜庭　ボクが中学か高校のとき、長州さんの『プロレスアルバム』っていう写真集が出たんですよ。そこにボクの高校のときの先生が写ってますよ。アマレスで引き分けで一緒に手を挙げているっていう。「あ、これ先生じゃん」って。

玉袋　凄えな。長州のアマチュア時代のライバルの愛弟子だったたっていうね。そんな男が、飄々と対抗戦に出てるんだから。

桜庭　でも、飄々とやってたら、プロレスになんないですよね（笑）。

ガンツ　対抗戦で新日本のヤツらに一泡吹かせようみたいな気持ちはなかったんですか？

桜庭　対抗戦のときですか？　何にもないです。

ガンツ　ありませんか（笑）。

桜庭　ただ、たまたまどっか歩いているときに、新日ファンの人に出くわして、「うわ！　やっぱ新日強いですか！」ってボクの肩を揺すりながら聞いて来るから、「気持ち悪いな、こいつ」って思いましたよ（笑）。

玉袋　最高だな、最高！

桜庭　なんか男に触られて気持ち悪かった。

求めていた理想の格闘技

玉袋　でも、新日との対抗戦は飄々としてた桜庭さんが、PRIDEに参戦してガーッといくじゃないですか？　そんときは「ここは俺の居場所だな」とか思ったんですか？

桜庭　PRIDEに出始めて、途中で思いましたよ。最初にすぐ思ったわけじゃないですけどね。キングダムとかUインターのときも格闘技の試合はあったんですけど、PRIDEやり始めて何試合かしていて、「これか、俺がやりたかった試合は」って。

ガンツ　漠然と求めていたものに気がついたと。

桜庭　ボクは子どもの頃、タイガーマスクを観て、プロレスを格闘技だと思っていて、それになりたいと思ってプロレスラーを目指したんで。そのときなりたいと思ってたのは、これだったなって。エスケープも何もなくて、打撃があって、ギブアップを取り合う闘い。

ガンツ　だからか、桜庭さんのPRIDEでの闘いは、まさに四次元殺法でしたよね。総合の四次元殺法。

玉袋　やってくれたよな〜。勝つだけじゃなくて、魅せてくれたんだよ。そこが凄え。

椎名　PRIDE初戦は誰でしたっけ？

ガンツ　初戦はヴァーノン・タイガー・ホワイト。

椎名　元パンクラスの選手だ。けっこう粘って強かったですよね。

桜庭　ボク、あんとき多摩川をランニングしかしてなかったんですよ。

ガンツ　試合の準備がランニングだけ（笑）。

桜庭　キングダムやめたばかりで、練習場がまだなかったんで。ランニングしかしてなかったから、感覚を忘れちゃって。試合中に「あれ、このあとどうすんだ？」っていう感じで。あと、相手はやっぱり力が強かったですよ。

ガンツ　あの試合は、マーカス・コナン戦の3ヵ月後なんですよね。

椎名　そんなにすぐだったんだ。

ガンツ　しかも、その3ヵ月の間にキングダムをやめて、高田道場に移籍したりとか、いろいろあって。

桜庭　だからキングダムに練習に行けなかったんで、多摩川で練習しているか、ときどき日体大に行って、アマレスの練習はしていたんですけど、極めることを忘れちゃってて。

玉袋　へえ〜。それがPRIDEデビューっつーのも凄えな。

ガンツ　高田道場に移籍した理由はなんだったんですか？

桜庭　それは、言われたんですよ。忘年会みたいなとき、ボクと安達さんがタクシーに突っ込まれて。

玉袋 高田さんの一本釣りだ。

ガンツ 「出てこいや!」ならぬ「こっちに来いや!」と。

桜庭 で、安達さんが「行く」って言うから。大学のときから知ってて、ずっと一緒に練習してたんで、安達さんがいなくなったらちゃんと練習できないなと思って。それでボクも行こうと思って。

玉袋 安達さんっつーのがキーパーソンだったんだな〜。

桜庭 それで次の日か、2日後ぐらいに安生さんに言いに行ったんです。ようは「高田道場を作るから、来る人は来て」って(高田さんに)言われたんですよ。それはキングダムとは別でって言われてて。で、キングダム道場に行って、安生さんに「すいません。ボク、高田道場に行きます」って言ったら、「ええっ⁉ ちょっと待て待て待て待て!」みたいな感じになって。

玉袋 へえ! キングダムと高田道場で桜庭さんの引っ張り合いになってたってことか。

ガンツ 安生さんがキングダムとUFC-Jの話をまとめていて、そっちのトップでしたからね。PRIDEとやっていくことになる高田さんとは、そこで別々になってしまって。

玉袋 そうか、そうか。

椎名 UFC-Jはあれっきりじゃなくて、それからもやったんだっけ?

ガンツ ええ。しばらく安生さんもUFC-Jに出続けてましたからね。だから、PRIDEで高田さんのセコンドに付くときも「複雑だった」って言ってました。自分はUFC-Jがあるし、(ライバル団体の)PRIDEの高田さんを応援するのもなっていうのがあったみたいで。

椎名 でも、当時はPRIDEだって続くかどうかわからなかった頃だもんね。

ガンツ PRIDEとUFC-J、どっちが生き残るかって中で、ついに生まれたスターである桜庭さんを獲得したPRIDEが生き残ったという(笑)。

桜庭 すいません、そこにボクは乗っちゃったんですね(笑)。

玉袋 いいんですよ(笑)。そこが歴史の分岐点だったんだな〜。

PRIDEでの快進撃

ガンツ だからPRIDEだって、『PRIDE3』の桜庭vsカーロス・ニュートン戦がなかったら、そんな期待値も上がらなかったと思いますからね。

椎名 あの試合は凄かったね! 「桜庭ってこんなに強いんだ」って。

桜庭 ニュートンのときはがっちり練習してましたよ。

玉袋 でも、桜庭さんはUFC-Jで強さを証明したっていうのはあったけど、「ニュートンとやったら危ねえんじゃねえか?」っていうのが、当時はあったよ。

ガンツ 当時、格闘技ライターと言われてる人たちは、ほとんどがニュートンが勝つって予想してましたからね。

玉袋 いや、俺も悪いけど、「ダメだ。勝てねえんじゃねえか」って思いながら観てたからね。

椎名 ヒリヒリしてたよね。

ガンツ それが、ただ勝つだけじゃなくて、もの凄く動きのあるおもしろい試合をしたうえで勝ちましたからね。当時、バーリ・トゥードで展開のあるおもしろい試合って、ほとんどなかったじゃないですか。だから、あの試合から時代が変わっていったんですよね。

椎名 会場もまだ満員じゃなかったよね。

玉袋 全然だよ。『PRIDE2』とかガラガラだったぜ?

ガンツ だって、武道館の『PRIDE3』だって、桜庭vsニュートン戦はありますけど、その他で目立つカードは、**高瀬大樹**[※354]vs**エマニュエル・ヤーブロー**[※355]とか、そんな試合ですからね（笑）。

椎名　あのマイクが寒かったやつね（笑）。

桜庭　そういえば、中野さんがヤーブローに押し潰されたことありましたよね？

玉袋　あった、あった！（笑）。

ガンツ　あれ、高瀬戦の2ヵ月前にシュートボクシングのリングでバーリ・トゥードで対戦したんですよね。で、ヤーブローに上に乗られてラッパ吹かされて（笑）。

椎名　窒息でギブアップ（笑）。

桜庭　ラッパやられても、顔のところにゲンコツ一個入れておけば、息ができるんですけどね。あれは逃げてほしかったな～。中野さんにはお世話になりましたけどね。

ガンツ　中野さんは後輩と練習すること多くて、しばらくラッパ吹かされてないから、ラッパの逃げ方忘れちゃったのかもしれませんね（笑）。

椎名　入場テーマ曲は燃えるんだけどね。

ガンツ　『あしたのジョー2』のテーマ。まさに「燃える～、燃える～、燃える～」っていう歌で（笑）。

玉袋　俺、ベイダーvs中野も観に行ったよ。

桜庭　あれはおもしろかったですね。

玉袋　あんとき、ベイダーがなかなか入場してこなかったんだよ。「やべえ、ベイダー揉めたのかな？」って思ってたら、遅れて出てきて。

ガンツ　リングネームも変わってるし（笑）。

玉袋　スーパー・ベイダーな。ベイダーはＴＰＧ出身だから、たけし軍団として俺も責任感じたよ。

桜庭　ああ～！　ベイダーって最初、たけしプロレス軍団でしたね（笑）。

玉袋　あれで大暴動になっちゃったからさ、俺も責任感じてよ。で、中野vsベイダー戦のちょっと前ぐらいに橋本真也の結婚式があって、なんか知らないけど俺も呼ばれちゃってさ。周り全部新日だよ。だから「すいません、うちの師匠がいろいろご迷惑おかけしまして」って言ってな。笑う人もいるんだけど、ムッとする人もいて。「この野郎！」って（笑）。

椎名　新日にとって「たけし」は、ある意味で禁句だったんですね（笑）。

玉袋　まあ、そんなことはいいんだけどよ。あの『PRIDE3』ぐらいまでのガラガラの客席を知ってるからさ、桜庭さんがガーッと上がってきて、客もどんどん増えていくのがうれしかったよ。

桜庭　どのへんからお客が増えたのかはわからなかったですけど、**ホイラー・グレイシー**[※356]とやったときはわかりましたね。

ガンツ　じつはPRIDEが超満員になったのって、桜庭vsホイラーがメインの『PRIDE9』が初めてだったんですよね。

玉袋　有明コロシアムがいっぱいだったもんな。

椎名　あんなに燃えた試合ないよ！　あの頃はまだ（主催が）KRS？

ガンツ　もうDSEですね。『PRIDE5』から新体制だったんですけど、そのDSE一発目が桜庭vs**ビクトー・ベウフォート**[※357]だったんですよ。

玉袋　あれも凄え！

椎名　だって、あれこそ本物のバーリ・トゥードチャンピオンだもんね。

ガンツ　UFCのトーナメント優勝者ですから。若き日のヴァンダレイ・シウバも秒殺KOしたりして。そのビクトーがローリングソバット喰らって悶絶してるんですからね（笑）。

椎名　あれはビックリしたよね！

桜庭　あれは豊永稔と練習やってるとき、ビクトーの構えを真似てもらったら、「あれ、これ入るかな？」と思って、やってみたら入っちゃった。

ガンツ　簡単に言いますね（笑）。

椎名　まさにタイガーマスクですよ。

玉袋　リアル・タイガーマスクのリアル・ソバットだよな。

桜庭　あのとき、構えがちょうどケンカ四つだったんで、ふと前の日の練習を思い出してやったら入っちゃったんですよ。

玉袋　稔様様だな（笑）。

桜庭　いまも「みのる」とは絡んでますよ。名字が「鈴木さん」に変わりましたけど（笑）。

玉袋　もう、「みのる」なしでは語れない人生だよ（笑）。

桜庭　でも、ビクトーとやる前は揉めましたよ。「ちょっと待ってください」って。ボク、85キロちょいしかないのに、ビクトーはヘビー級のチャンピオンだって（笑）。

ガンツ　UFCヘビー級トーナメントのチャンピオンですからね。

椎名　しかも、不自然に筋肉が盛り上がりすぎてる（笑）。

ガンツ　マーク・ケアー状態だった頃のビクトーですよね（笑）。

玉袋　とんでもねえハンディキャップマッチだよ。

桜庭　だから「90キロ以下なら受けるけど、あれヘビー級でしょう！」って。「90キロ以下に落としてくれたらできる」って言って組まれたんですけど、ホントに落としてるか信じられないから、計量するところを見たら、97〜98キロあって、「ふざけんなよ」ってなって、揉めたんですよ。あれ最初から落とす気ないですよ。

玉袋　しかも、体重落とさなくても、ペナルティも何もねえ時代だもんね。

椎名　最初の頃はメチャクチャだよね。

ガンツ　もともと強い人が何か違う力で巨大化しているんですからね（笑）。

玉袋　あんなの違法なアンプつけたトラックみたいなもんだろ？　北海道から沖縄まで無線がつながるみたいな。ダメだよ、ダメ。

桜庭　でも、イベント的にはやるしかないんだから、やりましたけどね。

ガンツ　それで勝っちゃうんだから、どんだけ強いんだって思いますよね。

椎名　あれで世界中の見方も変わったんじゃない？

ガンツ　ええ、そうですね。ビクトーは当時のバーリ・トゥードの最先端をいってましたもんね。

椎名　〝初代MMAチャンピオン〟じゃない？　ビクトーって。っていうイメージだったよ、俺は。

ガンツ　ノーホールズバードじゃない時代にやっと突入したっていう。ボクシング&柔術。

椎名　そう。それまで強い柔術家がそのまま総合に出てたけど、カーウソン・グレイシーが「MMAは商売になるぞ」って思って、MMA用のファイターを作り始めた、その第1号がビクトーっていう感じがしなかった？

ガンツ　柔術家なのに、当時から柔術のイメージないですもんね。

椎名　だから黒帯って言っているけど、柔術っていうよりは才能で選んでるっていう感じがしたけど。MMAの実力と。

桜庭　ビクトーって当時、ハタチぐらいですよね？

椎名　そうですね（当時22歳）。だから、黒帯っていうキャリアじゃないですよね。でも、ケンカが強いから黒帯っていう。

桜庭　だからボクもあのとき、「このクソガキには絶対負けねえぞ」って思いましたもん。

玉袋　おまえは部活で〝奴隷〟を経験してねえだろうって（笑）。

桜庭　それで平気で体重オーバーですからね。「このクソガキには絶対負けねえ」って、なりましたよ。

玉袋　それで実際、ケチョンケチョンにしてるところが凄えよ。

ガンツ　だから、あのビクトー戦と、その次に**エベンゼール・フォンテス・ブラガ**[※358]を完封して、桜庭さんの強さが完全に認知されましたよね。で、次の**アンソニー・マシアス**[※359]戦なんかは、「勝つのは当たり前だから、派手な技出して盛り上げて」みたいになって。

桜庭　あのときはボクも弱音を吐きました。ずっとキツい相手が続いてたんで、「すいません、ちょっと軽いのでお願いします」って。

ガンツ　3ヵ月に一度とかのペースで世界のトップとやってたわけですからね。

玉袋　そうなんだよ。PRIDEはもう、あの時点から桜庭さん頼みだったからな。

グレイシー・ハンターの誕生

ガンツ　だからマシアスを挟んで、次はもうホイラー・グレイシーですからね。

桜庭　でも、ぶっちゃけるとホイラーはちっちゃいじゃないですか？　軽いからあんまりやりたくなかったです。アマレス的には階級が3階級ぐらい違うんで。こんなの勝って当たり前で、負けたらボロクソだろうなって。

ガンツ　でも、あの当時の下馬評は、ホイラー有利っていう声のほうが多かったんですよね。

玉袋　ホイラーだったよな。

ガンツ　「桜庭もさすがにグレイシーの寝技のトップには勝てないだろう」って。

椎名　グレイシー幻想って、それぐらいデカかったんだよね。

玉袋　ところがサクちゃんはやってくれたんだよな。打撃で圧倒してよ、最後はアームロックをがっちり極めちゃって。それで俺がリングサイドで立ち上がって「桜庭、折っちゃえ！　折っちゃえ！」って叫んでたら、俺の前の席が雀鬼の桜井章一さんでさ。あの人グレイシー派だから、後日、新幹線で会ったときに、「おめえに会ったら、1回ぶん殴ろうと思ってた」って言われたの。

ガンツ　ダハハハハ！

椎名　凄い時代でしたね、俺ら観るほうも。緊張感がある客席（笑）。

玉袋　「おまえ、『折っちゃえ、折っちゃえ』ってあんな汚えこと言うんじゃねえ」って説教だよ。東京から名古屋まで2時間ずっと。あれ、サクちゃんのせいだから！（笑）。

ガンツ　でも、当時はグレイシー派のほうが主流派でしたよね。

玉袋　それは**ターザン山本！**[※360]とか**堀辺（正史）**[※361]先生が悪いんだよ。あんなにグレイシー幻想を巨大化させちゃってよぅ。

ガンツ　だから桜庭さんは、救世主としてもてはやされる一方で、プロレスラーっていうことで、格闘技側のマスコミの偏見にさらされてましたよね。『格通』なんかホイラーに勝ったあとでも「ホイラーはギブアップしていない」って言って、「ホイラーの腕は極まんない腕なんだ」っていう特集を組んだりして（笑）。

椎名　俺も当時読んでて、それが気に入らなかった。『格通』の「柔術がすべて」みたいなのがウソっぽいなって。

桜庭　ボクもあんまり好きじゃなかったですね。同じ大会でも、わざと載せる試合と載せない試合分けたりして。

ガンツ　プロレスラーが勝った試合は不当に小さく載せたり（笑）。

椎名　モーリス・スミスがUFCのチャンピオンになったときも、柔術じゃないって感じだったもん。そんな柔術が一番とか、いつまでやってんだって思ったもん。

玉袋　言うね〜、椎名先生（笑）。

ガンツ　でも、そんな格闘技マスコミの偏見なんかものともせず、桜庭さんがホイラーに勝ったときは、超満員の会場が総立ちでしたからね。

椎名　俺、会場で観てたけど、勝った瞬間抱き合いましたもん、周りの知らない人たちと（笑）。

ガンツ　あの日の観客はみんな仲間って感じでしたよね（笑）。

玉袋　俺も見知らぬ怖いおじさんと抱き合ったりしたんだけど、はしゃぎすぎて、前の席の桜井会長に叱られたっていうね（笑）。

ガンツ　あのときばかりは、応援席を分けたほうがよかったかもしれないですね（笑）。

椎名　試合もよかったけど、「次はお兄さん、やってください」っていうマイクも最高でした。

玉袋　ヒクソンに王手をかけたよな。もう逃げられねえぞって。

桜庭　あれは試合前、ヒクソンが「ホイラーが負けたら俺がやるから」って言ってたんですよ。

椎名　あ、言ってたんですか？

桜庭　言ってましたね。だから、ホイラーに勝ったらやるって決まってたんです。だからそこはプロレスラー的にネタで言ったんですけど（笑）。

ガンツ　桜庭さん的には、マジな挑発というより次の興行の煽りだったんですね（笑）。

桜庭　「やる」って言ったでしょ？　みたいな感じで。

玉袋　でも、実現しなかったんだよな。ホイラー戦を観て「こりゃ、やべえ」って感じだったのかね。

桜庭　「ギブアップしてないから負けじゃない」っていうのがあったかもしれないですけど。

伝説となったホイス戦

椎名　でも、桜庭さんのことは闘う価値がないとか言って、船木戦を発表したときは「何言ってんの？」って感じだったよね。

玉袋　ま、俺はその頃、船木vsヒクソンを煽る格闘技番組をテレ東でやってたんだけどね（笑）。すいません。

ガンツ　『格闘コロシアム』[※362]のMCでしたね（笑）。

玉袋　司会は恵（俊彰）だったんだけど、めぐちゃんがカメラ回ってないところで、「玉ちゃんさ、ちょっと聞きたいんだけど、馬場と猪木どっちが強いの？」って聞いてくるんだよ。

ガンツ　ガハハハハ！
玉袋　「ええっ!?　おまえ格闘技番組の司会でそんなこと言ってんの？」って。
ガンツ　総合格闘技の大一番前に（笑）。
玉袋　だから、『ひるおび！』は信用しねぇ。
ガンツ　ほかのニュースもそのレベルで言ってんだろうと（笑）。
玉袋　サクちゃんは、『コロシアム2000』[※363]は観に行ったの？
桜庭　いや、行ってないですね。
玉袋　行けなかったの？　契約とかそういう部分で。
桜庭　いや、そんなんじゃないと思います。ボクは出不精なんで、家出るのがめんどくさいんですよ。
玉袋　家で晩酌してたか（笑）。
桜庭　たぶん晩酌してたと思います（笑）。
玉袋　でも、桜庭選手から観た船木vsヒクソン戦を教えてほしいね。
桜庭　当時覚えているのは、チョークで落としたあとにヒクソンが船木さんの背中を蹴ったんですよ。あれがムカついてたんで。
ガンツ　あれは、文字どおり「足蹴にした」って感じでしたもんね。
玉袋　船木さんにアマレス的なテクニックがあればもうちょいやれたのにとか、そういうのはあった？
桜庭　それは少しありました。ヒクソンのタックルを普通にガブッて落とされて、ベタッと落ちたんで、そこはアマレス選手はないと思います。
玉袋　やっぱり、そうなんだな〜。
ガンツ　高橋さんがギリギリまでレスリングやらせていたんですよね。ヒクソン戦はレスリングでなんとかなるって。
桜庭　ヒクソンはちっちゃい頃から柔術やってるんで、寝たら強いのはもちろんなんですけど、そこをどうやって体力を削るかっていったら、レスリングと打撃で削るしかないんですよ。
玉袋　だから、あの時点でもうサクちゃんは、打倒グレイシーの闘い方を知ってたってことだよな。
椎名　実際、ホイスとやったときは、打撃とレスリングで削って、最後はタオル投入になりましたもんね。
ガンツ　しかも、それプラス自由な発想で闘ってたのが凄いですよね。本当に総合の闘い方を創造してましたからね。
玉袋　あれは本当に芸術だよね。格闘芸術だよ。
ガンツ　ホイス戦でやったようなことは、練習中に「こういうこともできるな」「ああいうこともできるな」って、普段から考えてたんですか？
桜庭　ボクは柔道やったことないんで、道衣の持ち方もわかんなかったんですよ。で、松井が柔道やってたんで、着せて練習したんですけど、裾とか持って振り回したら、「やめてくださいよ」って。
玉袋　ワハハハハ！
桜庭　「そんなの柔道にはないからイヤです」って言われたんで、「じゃあ、これ試合でやろうかな」と。
ガンツ　なるほど。柔道家や柔術家にとって、ありえないことをやるという。
椎名　その発想は凄いね！
玉袋　実際、それやっちゃったんだからな。
桜庭　本当は帯を解こうとしたんですよ。でも、テーピングで止められてて。なんかレフェリーが止めちゃったみたいなんですよね。ほどけちゃうとダメだからって。本当は帯を解いて、上着をガバっとかぶせて、ガンガンガンって殴るか、ガードになったらズボンを下げて、ヒザあたりで止めておけば、どうにかできるかなとか。
ガンツ　それ、昭和の不良がケンカするとき、学ラン着ている相手にどうやってやるかっていうのと同じですよね（笑）。
玉袋　スケバンの茶巾結びだよ（笑）。
桜庭　まさにそれをやろうとした（笑）。
ガンツ　世代的に（笑）。
桜庭　やろうとした時点で盛り上がったらいいやと

思って。

玉袋　あの決闘で、盛り上げる方法を考えてるところが凄えよ。観てる俺らが緊張してんのに。

桜庭　でも、帯持ってひっくり返すのって、普通に柔術の技であるんですよね。

ガンツ　あるみたいですね。でも、桜庭さんは、それは柔術の技と知らないで当時はやってたんですよね？

桜庭　ただ帯を摑んでひっくり返して、ガンガン（パウンド）いけるなって。

玉袋　そっからまんぐり返しだもんな。

桜庭　だから、素人だからいけたっていうのはありますよ。それが柔術経験者だったり、柔道経験者だったらできなかったと思います。

ガンツ　頭が凝り固まっていて。

桜庭　道衣着ている相手にどうやってやったらいいんだろうって。とりあえず素人考えでかぶせたらいいな、脱がせたらいいなって。完全に素人ですよ。

ガンツ　柔道の素人だからこそ、自由な発想で次から次へと発明が行われたんですね。

玉袋　でも、桜庭vsホイス戦っつーのは、あんないい夜はなかったから、あらためて乾杯だよ！　あれが格闘技株のストップ高だから。

椎名　エリオ（・グレイシー）※364の存在も含めて、すべてが名場面でしたよね。

ガンツ　桜庭さんは、エリオさんと話す機会はなかったんですか？

桜庭　試合後、向こうのコーナーに挨拶に行ったんですよ。グレイシー軍団が20～30人いたんですけど、いちおう「サンキューベリーマッチ」って言ったときに、向こう側のセコンド関係の人が、「おまえ、なんでグラウンドで勝負に来ねえんだ」とかグチャグチャ言ってきて。意味わかんねえとか思っていたら、エリオが「まあまあ」みたいな感じで諌めてくれたんです。「試合なんだから、そんなこと言わなくてもいいだろう。試合をした人を称えろ」っていう感じで。

玉袋　エリオ爺さんいいな〜。でも、まず挨拶に行くサクちゃんがえらいよ。

桜庭　それぐらいしか交流はないんですけどね。

息子に教えるサクラバロック

玉袋　でも、サクちゃん。あれから40歳過ぎるのもあっという間じゃない？　桜庭さんは、あれだけ凄えことやってるのに、それを言わないところがカッコいいな。

桜庭　人間死ぬときは言うんじゃないですかね？　ワシは凄かったんだぞって（笑）。

玉袋　坊っちゃんには？　あの頃、記憶ねえのかな？

桜庭　息子はいま高1ですね。観ているかどうかはわからないですけど、柔道やってるんで、なんか言われると思うんですけど。

玉袋　俺がサクちゃんだったら、「観ろ、俺の仕事！」って言うよ。

桜庭　最近「技教えて」って言われますけどね。「教えるけど、道衣着ているのはわかんないから」って言ってるんですけど。裸だったらかかるけど、道衣着てたらかかんない技もあるんですよ。だから、「わかんないけど、俺はこうやるよ」って。で、アームロックかけて、「これな〜んだ？」って聞いたら、「腕がらみ」って言うから、「違うよ、サクラバロック※365だよ」って。

玉袋　かっけー！

ガンツ　腕がらみとは、ちょっと違うんですよね。

椎名　サクラバロックと言えば、バック取られてからのヘンゾ戦で極めたあのカタチ、一時期、MMAでみんなやるようになりましたよね。あそこから、バック取っても安心できねえぞってなって。

玉袋　そういう感覚になるよね。これはサクラバロックいくぞっていう。

椎名　ヘンゾのときもここまで鮮やかに勝つとは驚

きましたよ。肩抜いちゃうんだもん。

玉袋　それまでヘンゾとやった人とかいたよな？　赤いパンツとか。

ガンツ　ええ、判定勝ちしましたけどね。

玉袋　その相手に問答無用で勝っちゃうんだから。あれで見えない番付が決定的になったと思うけど、そこをサクちゃんはひけらかさないんだよな。

桜庭　そこはプロレスラーになれないんですよ。

ガンツ　実績を自分から大々的にアピールできない（笑）。

桜庭　たぶん、そうなんですよね。

玉袋　普通はひけらかすよ。

桜庭　いや、子どもにはひけらかしますよ？

玉袋　あ、そうなんだ（笑）。

ガンツ　桜庭さんは、ある部分でビートたけしさんに似ていると思うんですよ。凄い才能を持っているのに照れ屋で、自分からはそれを言わないっていう。

玉袋　それはあるかもしれねえな。でも、殿はよ、弟子の俺の前ではうるせえよ？

ガンツ　ガハハハハ！　弟子にはひけらかしますか（笑）。

玉袋　ひけらかしまくりだよ！

ガンツ　桜庭さんが息子さんにはひけらかすように（笑）。

玉袋　一緒だな。ほかじゃ言わねえのに、俺たちと飲んでるとき、「俺は凄いんだからな」って。「いいか、おめえらわかんねえと思うけど、意外と凄えんだよ？」って。いや、意外じゃないっスよって！

桜庭　身内にはひけらかすっていうのは一緒かもしれないですね（笑）。

玉袋　ね？　そういうのあるんだよ。「誰も褒めてくれねえから、おめえだけには言うぞ」っていうのがね。俺だってカミさんだけにブーたれるからね。「俺がどれだけスナックの飛び込みで番組成立させてるかわかるか？　あれはガチンコだからな。○○とは違うんだから」って。それも俺の中の桜庭イズムだよ（笑）。

ガンツ　身内にひからかすイズムですか（笑）。

玉袋　まあ、俺なんかはどうでもいいんだけどよ。桜庭さんなんかは、その凄さがもっともっと世間に伝わらなきゃウソだと思うんだよ。な〜んか、そのへんが歯痒くてさ。俺が「おまえら、桜庭の凄さ、ホントにわかってんのか！」って言いたくなるよ。

椎名　なぜか、日本より海外のほうが、正当に評価されてる感じがありますもんね。

玉袋　そうだよ。ヘンゾ・グレイシーとのグラップリングマッチだって、ＶＩＰ待遇だと思うよ。それがあたりめえなんだから。

椎名　日本が生んだ、ＭＭＡの真のレジェンドですからね。

玉袋　いま、格闘技がこうなっちまってるから、なかなかうまくいかねえ部分もあるとは思うんだけどね。でも、今度ＢＳスカパー！でＰＲＩＤＥの番組が始まるじゃない？　これ、どうすんだって。（※この取り調べは、ＢＳスカパー！『ＰＲＩＤＥヘリテージ』放送前に収録）

ガンツ　ＰＲＩＤＥのアーカイブを、『ＰＲＩＤＥ1』から再編集して、順々に放送していくんですよね。

玉袋　そこの仕切りが「出てこいや！」の人なわけじゃない？　俺はそこが凄い気になっちゃってさ。なんか、サクちゃんにはぶしつけなこと聞いちゃったのかもしれないけど。

桜庭　ボクは全然気にしてないですよ。いま初めて聞いて、「あ、やるんだ」って。

玉袋　それだったらいいんだけどね。へんなこと聞いちゃって、ごめんね。

英雄の帰還

ガンツ　でも、いろいろあって桜庭さんは一時ＰＲＩＤＥを離れましたけど、ＰＲＩＤＥ最後の興行に帰ってきたことで、ＰＲＩＤＥ自体が美しく終われましたよね。

玉袋　あそこでサクちゃんが出てきてくれたのには泣いたな～。

桜庭　あれは本当にお客さんに感謝ですよ。出る前に裏で榊原さんとかと話してたんですけど、「キツいっすね」って。「裏切り者」って言われたこともあったんで、ボクがＰＲＩＤＥのリングに出ていったら、絶対にブーイングだろうなって。

玉袋　でも、実際は大歓声だからね。あたりめえだよ、あの感動の数々を忘れてねえもん。

桜庭　だから、泣いちゃったんだと思うんですよ。お客さんから「おかえり！」っていう声がたくさん聞こえてきて。あのときはホント、お客さんにありがとうございますって。

玉袋　いや、観客席にいた俺たちが一番泣いてたよ。大変だよ。

ガンツ　あれはサプライズですけど、ボクは事前に桜庭さんが登場するって知っていながら、泣きそうになりました。

玉袋　俺もガンツから前日に「明日は凄いことがありますから、絶対に観てください」って連絡が来てたよ。心の準備をしてたけど泣いたからね。

桜庭　ただ、リングに向かう前、裏では昔から知ってる関係者とかもしれっとしてたんですよ。ああ、もう敵地なんだなって。

玉袋　サクちゃんだって、そういう空気だってわかってて、それでも行ったわけだもんね。

桜庭　もともとは、ヴァンダレイと試合するっていう話だったんですよね。事前には何も知らせないで、当日、ヴァンダレイ・シウバvsＸとだけ発表して。いきなり煽りＶが流れて、その最後に対戦相手がボクだって明かされて入場してくるっていう。

玉袋　そんなのが実現してたら、号泣通り越して、失禁してたよ！

ガンツ　佐藤大輔が実際に煽りＶ作ってあったんで

すよね。

玉袋　そりゃ、佐藤大輔も力入ったと思うよ？

桜庭　そういうシークレットマッチみたいなものをやること自体が凄いなって。

ガンツ　ただ、あれはヴァンダレイがネバダのコミッションからストップがかかって、試合できなかったんですよね。あのPRIDE最後の大会の2ヵ月前に、PRIDEラスベガス大会でダン・ヘンダーソンに負けたばかりだから、メディカル・サスペンションがかかって。

椎名　そうだったんだ。ヴァンダレイもネバダのコミッションにやりたいこと止められる人生だね（笑）。

ガンツ　いまもまた、それで揉めてますからね（笑）。

玉袋　でもよ、やっぱり桜庭選手っつーのは、三船敏郎の『用心棒』だ。PRIDEからHERO'S行って、また戻ってきてDREAMとか出たけど。腕があるから、あっち行ったり、こっち行ったりできたんだよな。で、いま新日は？

桜庭　どうやってやったらいいか、いまだに困ってますけど（苦笑）。でも、この間、鈴木さんとタッグでやったときなんかは、「これでいいんだな」っていうのが少しありましたね。

玉袋　俺、桜庭選手が去年の1・4ドームに出たとき、観に行かせてもらったんだけど、こっちは同じドームでホイス戦を体感しちゃってるからさ。サクちゃんが負けて、新日ファンがよろこんでる、あの空気が悔しくてしょうがなかったんだよ、ぶっちゃけて言うと。

椎名　桜庭vs中邑真輔[※366]戦で本気で悔しがってましたからね。メチャクチャぶちキレてましたよ、あの日（笑）。

ガンツ　あのあと、飲み屋で大荒れでしたからね（笑）。

玉袋　まだまだ子どもだよ。大荒れだったな～。こういうバカがいるから、プロレスは商売になるんだよ（笑）。

椎名　でも、いまのプロレスって、難しくないですか？

桜庭　凄く難しいですよ。いま鈴木さんと抗争してますけど、それがどうなるかボクもわかんないですし。タッグマッチだと、ボクのわかんないところで（パートナーが）スリーカウントとかがあるんで、ホントどうなるかわかんないです。

ガンツ　Uインターと対抗戦してた頃の新日本といまの新日本って、やっぱり違いますか？

桜庭　違いますね。「プロレスってこうだったかな？」って思うことはあるんですけど、何も言えないですね。ボクは転校生で入ってきたようなもんですから。いまも凄い転校生気分ですけど。

玉袋　前の校風が自分にピッタリだっただけに、なかなか馴染めねえんだろうな〜（笑）。

ガンツ　でも、1・4ドームは、鈴木みのる選手という、ある意味で、ルーツを同じくする人との一騎打ちになりそうなんで、楽しみですね。

玉袋　Uの闘いだよな。じゃあ、特別レフェリーで和田良覚さんで！（笑）。

桜庭　和田さんがレフェリーだったら、厳格なんで、鈴木さんも悪いことできないでしょうね。「おい、やめろ！」って止めますから（笑）。

椎名　ゴング前のビンタなんか、絶対に許さない（笑）。

玉袋　とにかく、これからも俺たちは桜庭さんを応援してるんで、がんばって！　俺たちの英雄に、あらためて乾杯だ！

あとがき

『プロレス取調室』第3弾、いかがでしたでしょうか！　いや〜、俺と同世代の選手が多いから、自分の青春時代まで蘇ってきて、もう鼻の奥がツーンとしちゃったよ。やっぱり、それぞれ青春期でもあったんだよな。みんな悩んで大きくなったってことが、よくわかったよ。彼らが悩み、傷つきながらも闘い続けたことで、総合格闘技というものは育っていったんだ。いまさら触れてほしくねえこともあったと思う。特にヒクソンに敗れた髙田さんや道場破りに失敗した安生さんは、傷がようやくカサブタになったところで、俺たちがそれをいじろうとしちゃったのかもしれない。それでもしっかり応じてくれたのは、ホントにありがたかったね。

それにしても、若気の至りばかりだよ。「髙田さん、僕と真剣勝負してください！」と言った田村潔司、数々の仕掛けで、長州力に「死んだら、てめえの墓にクソぶっかけてやる！」と言われた宮戸優光、UWFを愛しすぎてそれが恨みに変わった中井祐樹、比叡山に飛ばされた長井満也、そして迂闊な失言続きの菊田早苗（笑）。みんな、本気で生きてきた証なんだよな。

またね、このUWF系は証言の食い違いも凄えんだ。でも、それぞれの真実だからさ。俺たち取調官は各々の言い分を聞いてきたので、格闘陪審員である読者諸君に審判はお任せするよ。

このUWF&PRIDEの格闘ロマンっていうのは、ホントに凄え大河ドラマなんだよね。源流をたどれば猪木がいるわけだし。さらに遡れば、木村政彦vsエリオ・グレイシーだったり、力道山vs木村政彦なんかもあるわけだからさ。その末裔であるU系のレスラーたちが作り上げたPRIDEが生まれて、今年で20周年。桜庭和志選手がUFCの殿堂入りを果たしたことでもわかるとおり、彼らの果たした功績は本当に大きいと思うんだ。

最後に、その功労者のひとりである高山善廣選手が、頸髄損傷の大ケガでいま必死の治療とリハビリを続けているけど、なんとか回復してほしい! 僭越ながら、この本を通じてエールを送らせてもらいます。帝王がんばれ! また、俺たちと一緒に飲もうぜ!

じゃあ、また次回、『プロレス取調室』第4弾で会おう!

玉袋筋太郎

注釈

▼01 アントニオ猪木
ジャイアント馬場とともに、長く日本プロレス界の両巨頭として君臨した、新日本プロレスの創始者。70年代には大物日本人対決や異種格闘技戦などで絶大な支持を受け、その後のプロレス界のみならず、格闘技界にも多大なる影響をあたえた。

▼02 ラッシャー木村
70年代後半、国際プロレスのエースとして〝金網の鬼〟と呼ばれた。後年はマイクパフォーマンスで人気を博し、宿敵ジャイアント馬場と〝義兄弟タッグ〟も結成した。

▼03 アニマル浜口
国際プロレス崩壊後、国際はぐれ軍団、維新軍団で、それぞれラッシャー木村と長州力の女房役を務めたタッグの名手。女子レスリング浜口京子のパパとしてもお馴染み。

▼04 寺西勇
国際プロレスで、ジュニアヘビー級のテクニシャンとして活躍。国際崩壊後、ラッシャー木村、アニマル浜口と国際はぐれ軍団として、新日本で暴れ、その後、長州力率いる維新軍に合流した。

▼05 UWFインター
UWF分裂後、1991年に髙田延彦がエース兼社長となり設立した団体。「プロレス最強」を旗印に、一時は毎月日本武道館を満員にする人気を誇ったが、やがて資金繰りが悪化。新日本との対抗戦でエース高田が、武藤敬司に敗れたことが遠因となり、96年に活動休止。しかし、田村潔司、桜庭和志、髙山善廣、金原弘光ら、その後の格闘技界で大活躍する人材を輩出した。

▼06 RIZIN
元PRIDEの代表、榊原信行が実行委員長となり、2015年に立ち上げた総合格闘技イベント。PRIDE同様、髙田延彦が統括本部長を務める。

▼07 PRIDE
1997年に髙田延彦vsヒクソン・グレイシーを実現させるために立ち上げられた格闘技イベント。長らく総合格闘技の最高峰として君臨したが、2007年3月、UFCを主宰するズッファ社に買収された。

▼08 榊原信行
総合格闘技イベントRIZINの大会実行委員長。PRIDE立ち上げから携わり、運営会社ドリームステージエンターテインメントの2代目社長も務めた。

▼09 K-1
1993年に空手の正道会館が母体となりスタートした、立ち技の世界的な格闘技イベント。90年代から00年代初頭、日本の格闘技界を牽引したが、2011年に創始者・石井和義館長が商標権を手放した。

▼10 ヒクソン・グレイシー
グレイシー柔術創始者、エリオ・グレイシーの三男。450戦無敗の男の異名を持ち、髙田延彦、安生洋二、山本宜久、船木誠勝らを〝なんでもあり〟のバーリ・トゥードで次々と下し、マット界に多大なる影響を与えた

▼11 10・11東京ドームの試合
1997年10月11日『PRIDE1』で行われた、髙田延彦vsヒクソン・グレイシーの一戦。高田は日本人トップレスラーとして初めて、バーリ・トゥードに出陣し、ヒクソン・グレイシーと対戦したが、1ラウンド腕ひしぎ十字固めで完敗を喫した。

▼12 マイク・タイソン
プロボクシング元WBC、WBA、IBF統一世界ヘビー級王者。80年代後半の全盛期には「宇宙最強の男」と呼ばれ、モハメド・アリと並び、史上最強のボクサーのひとりと称されるが、現役晩年はスキャンダルが絶えなかった。

▼13 ホイス・グレイシー
グレイシー柔術を引っさげ、初期UFCで3度優勝を果たし、バーリ・トゥード(MMA)を世に広めたパイオニア。エリオ・グレイシーの六男であり、ヒクソンの実弟。2000年5月の桜庭和志との合計90分に渡る死闘は、あまりにも有名。

▼14 新日本プロレス
1972年にアントニオ猪木が設立したプロレス団体。現存する最古の歴史を持ち、現在でも業界の最大手。

▼15 長州力

ミュンヘン五輪レスリング代表として新日本入り後、80年代前半に藤波辰巳との名勝負数え歌で大ブレイク。90年代から00年代にかけては、新日本の現場監督として、辣腕を振るった。

▼**16 鈴木健**

UWFインターナショナルの元取締役。後継団体キングダムでは代表を務めた後、現在は世田谷区・用賀で焼き鳥店「市屋苑」を営む。

▼**17 安生洋二**

→28ページ参照。

▼**18 UWF**

1984年に設立されたプロレス団体。スーパー・タイガーこと佐山サトルが中心となり、格闘プロレスを展開。その後、1988年からの第2次UWFは第ブームを巻き起こし、のちの総合格闘技界に多大なる影響を与えた。

▼**19 パンクラス**

1993年に藤原組を退団した船木誠勝、鈴木みのるらが設立した総合格闘技団体。「完全実力主義」を謳い、〝秒殺〟と呼ばれた短期決戦が続出したシビアな闘いは、マット界に衝撃をあたえた。現在のMMAの先駆けでもある。

▼**20 ケン・シャムロック**

第2次UWF、藤原組、パンクラスで活躍した、プロレスラー・総合格闘家。UFCには第1回大会から参戦し、ホイス・グレイシーとの2度にわたる闘い（ホイスの1勝1引き分け）は有名。90年代後半はWWEでも活躍し、UFCでは殿堂入りもはたしている。

▼**21 桜庭和志**

→272ページ参照。

▼**22 マーク・ケアー**

1997年に開催された「UFC14」「UFC15」2大会連続のヘビー級トーナメント優勝者で、「霊長類ヒト科最強の男」と呼ばれたが、現役後半はステロイド使用の後遺症に悩まされた。

▼**23 カーロス・ニュートン**

90年代末から修斗、PRIDE、UFCなどで活躍した、中量級MMAのパイオニアのひとり。「褐色のサムライ」の異名を持ち、UFC世界ウェルター級王座も獲得。『PRIDE3』での桜庭和志との名勝負も有名。

▼**24 エメリヤーエンコ・ヒョードル**

リングスのヘビー級・無差別級二冠王を経て、長らくUFCヘビー級王座に君臨。「60億分の1世界最強の男」の異名を持ち、歴代MMA最強とも言われる。アントニオ・ホドリゴ・ノゲイラ、ミルコ・クロコップとのライバル構想は、PRIDE＝世界最高峰のイメージを決定づけた。

▼**25 アントニオ・ホドリゴ・ノゲイラ**

リングスKOKトーナメント優勝を経て、PRIDEではヒョードル、ミルコとともにヘビー級3強の一角として活躍。PRIDEとUFC両方のヘビー級チャンピオンベルトを腰に巻いた唯一の男であり、現在は引退し、UFCのアスリート・リレーションズアンバサダー（選手発掘大使）を務める。

▼**26 ミルコ・クロコップ**

K-1のトップファイターから、PRIDEに転向し、ヒョードル、ノゲイラとともに、PRIDE黄金時代を支えたレジェンド。2006年にはPRIDE無差別級GPで優勝し、その10年後、RIZINの無差別級GPでも優勝をはたした。

▼**27 『SRS』**

90年代後半から00年台前半にフジ系列で放送された格闘技情報番組。

▼**28 金子達仁**

スポーツライター・ノンフィクション作家。サッカーに関する著作を多数もち、髙田延彦を題材とした『泣き虫』の著者でもある。

▼**29 山本アーセン**

元レスリング世界女王・山本美優の息子である総合格闘家。山本〝KID〟徳郁の甥にあたる。現在、RIZINを中心に活躍中。将来が嘱望される。

▼**30 クロン・グレイシー**

ヒクソン・グレイシーの次男で、数多くのタイトルを獲得した柔術家。2014年からは総合格闘技にも進出し、RIZINでは山本アーセン、所英男、川尻達也に完勝している。

▼**31 藤原喜明**

70年代に新日本の前座戦線で実力者として知られ、第1次UWF移籍後、〝関節技の鬼〟としてブレイク。のちに自身の団体「藤原組」を旗揚げした。

▼**32 木戸修**

カール・ゴッチ直伝の技術で、新日本プロレス、UWFで活躍した〝いぶし銀〟と呼ばれるレスラー。長女はプロゴルファーの木戸愛。

▼33 ヒロ斎藤
80年代に新日本、全日本、両方でジュニアヘビー級王者となる。90年代以降は、数々のヒールユニットのバイプレイヤーとして活躍した職人レスラー。

▼34 佐山サトル
のちのプロレス界に多大なる影響を与えた初代タイガーマスク。1983年に新日本退団後は、第1次UWFでいわゆる〝UWFスタイル〟と呼ばれる格闘技スタイルのプロレスを確立。その後、シューティング(修斗)を創始。総合格闘技のパイオニアでもある。

▼35 タイガーマスク
1981年から1983年に新日本で活躍。大プロレスブームを巻き起こした立役者。正体は佐山サトル。

▼36 全日本
全日本プロレス。1972年にジャイアント馬場が設立したプロレス団体。新日本と並ぶ歴史を持つが、馬場の死後、団体の規模は縮小する一方である。

▼37 ジャイアント馬場
プロ野球読売巨人軍の元ピッチャーで、1960年にプロレス転向。力道山亡きあとの日本プロレス界エースとして活躍し、その後はアントニオ猪木とともに、プロレス界の両巨頭として君臨した、全日本プロレス創始者。

▼38 スーパー・タイガー
佐山サトルが、第1次UWF時代に使用したリングネーム。キック、関節技、スープレックスを駆使した、UWFスタイルを作り上げた。

▼39 マーク・ルーイン
50年代から80年代の長きに渡り活躍した、アメリカのプロレスラー。日本には1973年、全日本に初来日。果

▼40 宮戸優光
→126ページ参照。

▼41 中野龍雄
新生UWF時代の鈴木のライバルのひとり。無骨で一直線なブルファイトが売り。Uインターにベイダーが初参戦した際は、圧倒的な体格差がありながら、真っ向勝負して名を上げた。

▼42 豊田商事がついた
1985年、新聞社「海外タイムス」が第1次UWFのメインスポンサーとなり、一時、団体名を「海外UWF」に変更したが、海外タイムスの親会社である豊田商事が組織的詐欺事件で社会問題となり、スポンサードの話もたち消えとなった。

▼43 坂口征二
元柔道日本一で日本プロレス入りした、〝世界の荒鷲〟。新日本旗揚げ2年目から、猪木の女房役として支えた。90年代は新日本の社長を務め、現在は相談役。俳優・坂口憲二の父。

▼44 前田日明
新日本から、1984年に第1次UWFのエースとなった、UWFの象徴的存在。〝格闘王〟の異名を持ち、80年代末、日本にUWFブームを巻き起こし、のちの総合格闘技人気の礎を作った。

▼45 武藤敬司
グレート・ムタとして全米トップレスラーとなり、90年代の新日本を橋本真也、蝶野正洋と牽引したトップレスラー。2002年の新日本退団後は、全日本プロレスの社長にもなった。

▼46 橋本真也
〝破壊王〟の異名を持ち、武藤敬司、蝶野正洋との闘魂三銃士として、90年代新日本プロレスのエースの一角として活躍。2001年に自身の団体ZERO-ONEを旗揚げ。2005年、40歳の若さで亡くなった。

▼47 ブラック・キャット
1981年から新日本に留学生として入団したメキシコ出身のレスラー。後年は若手のコーチやレフェリーとしても活躍した。

▼48 藤原教室
主に80年代前半、藤原喜明が新日本プロレス道場や、巡業先の第1試合前に、若手レスラーに関節技の手ほどきをしていたことを呼ぶ。

▼49 山田恵一
80年代半ばに新日本で活躍した若手レスラー。イギリス武者修行中に「リバプールの風」となり、その後、獣神サンダー・ライガーに変身したとされる。

▼50 船木誠勝
1985年に当時の史上最年少15歳で、

新日本にてデビュー。UWF、藤原組を経て、1993年に鈴木みのるとパンクラスを設立。2000年のヒクソン・グレイシー戦で一度は引退したが、2007年大晦日より現役復帰した。

▼51 佐々木健介

90年代に馳浩とのコンビや、ホーク・ウォリアーとのヘル・レイザーズとして活躍。妻・北斗晶とともにタレントとしても知られる。

▼52 マサ斎藤

1964年の東京オリンピック日本代表レスラー。70年代、80年代に全米でトップレスラーとして活躍。1987年に無人島・巌流島でアントニオ猪木と対戦した無観客試合「巌流島の決闘」も有名。

▼53 高阪剛

→216ページ参照。

▼54 野上彰

新日本若手時代は、闘魂三銃士とほぼ同期。90年代には飯塚孝之(現・高史)とのタッグ「JJ・ジャックス」として活動し、一部好事家の間で伝説となっている。現在はAKIRAのリングネームでフリーとして活躍中。

▼55 顔面襲撃事件

1987年11月19日、前田日明が6人タッグマッチの試合中、サソリ固めを仕掛けようとした長州力の顔面を背後から蹴り上げ、眼窩底骨折の重傷を負わせた事件。これが引き金となり、前田は翌年3月に新日本を解雇され、それが第2次UWF旗揚げに繋がった。

▼56 田村潔司

→158ページ参照。

▼57 U-COSMOS

1989年11月29日に行われた、UWFの東京ドーム大会。「6大異種格闘技戦」を開催し、モーリス・スミス、チャンプア・ゲッソンリットら、のちに格闘技界で大活躍する選手の日本初戦の舞台ともなった。

▼58 チャンプア・ゲッソンリット

ムエタイの巨像の異名を持ち、80年代末～90年代前半に活躍した、中量級立ち技格闘家の第一人者。

▼59 ロブ・カーマン

「欧州の帝王」の異名を持ち、80年代後半から90年代前半に活躍したキックボクシング界のスーパースター。現在はMMAのキックボクシングコーチを務める。

▼60 マーク・コステロ

1977年11月14、梶原一騎主催の「格闘技大戦争」日本武道館大会で、当時、新日本の若手だった佐山サトルとキックボクシングルールで対戦した、全米プロ空手(マーシャルアーツ)の選手。試合はコステロの判定勝ち。

▼61 シュートボクシング

シーザー武志が1985年に創設した、立ち技総合格闘技。多くの名選手を輩出し、現在はRENAが、女子格闘技界のスターとして活躍中。

▼62 シューティング

佐山サトルが1984年に創設した総合格闘技。現在は修斗と名称を変更し、総合格闘技の老舗となっている。

▼63 リングス

UWF分裂後、1991年に前田日明が設立した団体。海外に豊富なネットワークを持ち、エメリヤーエンコ・ヒョードル、アントニオ・ホドリゴ・ノゲイラなど、多くの才能を発掘した。

▼64 藤原組

1991年にUWFが解散後、藤原喜明がメガネスーパーのバックアップのもと設立したプロレス団体。ここから船木誠勝、鈴木みのるが独立し、1993年にパンクラスを設立した。

▼65 FMW

大仁田厚が1989年に旗揚げしたプロレス団体。日本におけるインディー団体の先駆けだった。

▼66 前田さんの自宅でバラバラになってしまった件

1990年1月7日に前田日明宅で行われたUWF選手会議が紛糾。前田が「俺に従えないなら解散だ」と宣言し、UWFはあっけなく分裂した。

▼67 1億円トーナメント

1994年にUインターが開催した「プロレスリング・ワールドトーナメント」。優勝賞金1億円を用意し、当時のメジャー5団体のエース(橋本真也、三沢光晴、前田日明、船木誠勝、天龍源一郎)に大会出場への招待状を一方的に送りつけ、物議を醸した。

▼68 WAR
SWS崩壊後、天龍源一郎が中心となって設立したプロレス団体。

▼69 蝶野正洋
闘魂三銃士の一角。通称〝黒のカリスマ〟。90年代、新日本黄金期を牽引した立役者のひとり。nWoジャパン、T2000の総帥として大人気を博し、現在はタレントとしても大活躍中。

▼70 ルー・テーズ
40年代から70年代まで、「世界チャンピオン」と名のつく、数々のベルトを腰に巻いた〝20世紀最大のレスラー〟。日本では〝鉄人〟と呼ばれ、日本のプロレス発展に多大な貢献をした。

▼71 鈴木みのる
新日本からUWF、藤原組を経て、船木誠勝らとパンクラスを作った創始者。現在は鈴木軍のボスとして、マット界を席巻中。

▼72 「逃げるな、ヒクソン・グレイシー!」
1994年にUインターが、打倒ヒクソン・グレイシーを宣言。リング上から「逃げるな、ヒクソン・グレイシー!」と声明文を読み上げた。

▼73 ハッスル
PRIDEを主催する、ドリームステージ・エンターテインメントが起ち上げたプロレスイベント(のちにハッスル・エンターテインメントに経営権移譲)。高田総統率いる高田モンスター軍と、小川直也、橋本真也率いるハッスル軍の果てしなき戦いをストーリー展開で見せる「ファイティング・オペラ」を標榜し、HG、RG、インリン様、和泉元彌ら芸能人も巻き込み、一時はマット界の台風の目となるものの、資金繰りの悪化から活動休止。

▼74 バーリ・トゥード
ブラジルで誕生した何でもありの総合格闘技試合形式。UFCによって、世界に一気に広まり、MMA(ミックスド・マーシャルアーツ)とも呼ばれる。

▼75 オープンフィンガーグローブ
ボクシンググローブと異なり、あんこ部分が小さく、つかむことのできる総合格闘技用のグローブ。

▼76 市原海樹
80年代末から90年代前半に空手道大道塾に所属し、空手の試合だけでなく、キックボクシング、総合格闘技、ラウエイなど、様々な闘いに出陣した空手家。1994年3月には、日本人として初めて、第2回UFCに出場。1回戦でホイス・グレイシーに敗れた。

▼77 北尾光司
元・大相撲横綱の双葉黒。1990年に新日本、東京ドーム大会でプロレスデビュー。しかし、現場監督の長州力と衝突し離脱。1992年の高田延彦との格闘技世界一決定戦でKO負け。

▼78 高田総統
高田延彦がプロレスイベント「ハッスル」のリングで扮したキャラクター。

▼79 ジアン・アルバレス
ヘンゾ・グレイシー軍団の一員として、90年代の総合格闘技黎明期に活躍。日本で坂田亘や安生洋二に勝利している。

▼80 ムリーロ・ブスタマンチ
元柔術世界王者にして、第2代UFC世界ミドル級王者。ブラジリアン・トップチーム創始者のひとりでもある。

81 タンク・アボット
「ケンカ150戦無敗」のキャッチフレーズで1995年にUFCに初参戦し、そのケンカファイトで黎明期のUFCを沸かせたファイター。

▼82 マット・リンドランド
シドニー五輪男子グレコローマン76キロ以下級銀メダリスト。ダン・ヘンダーソンの盟友として、MMAの名門チーム・クエスト黎明期を支えた。

▼83 ゴールデン・カップス
新日vsUインター対抗戦の最中、安生洋二が、高山善廣、山本喧一と組んだユニット。名前の由来は、蝶野正洋率いる狼群団の金的攻撃に苦しんだ安生が、高山らに「お前らも金カップ(ファールカップ)、つけろ!」と言ったことから。シビアなUWFとは懸け離れた悪ノリぶりで妙な人気を博した。

▼84 菊田早苗
↓96ページ参照。

▼85 アブドーラ・ザ・ブッチャー
〝黒い呪術師〟と呼ばれ、全日本プロレスマットを中心に、長きにわたり活躍した、悪役レスラーの代名詞的存在。

▼86 テリー・ファンク
1973年にNWA世界王者となり、

70年代後半から80年代前半に全日本マットで凄まじい人気を誇った名レスラー。大ベテランとなった90年代にも、率先してデスマッチ、ラフファイトを展開し、ハードコア・レスリングの先駆者としても、活躍した。

▼87 猪木vsアリ
1976年6月26日、日本武道館で行われた、アントニオ猪木と、当時の現役ボクシング世界ヘビー級王者モハメド・アリによる「格闘技世界一決定戦」。試合結果は、判定でドロー。

▼88 ジャンボ鶴田
ミュンヘン五輪レスリング代表から、1972年に全日本プロレス入り。80年代後半には「全日本プロレス完全無欠のエース」と呼ばれた。

▼89 ザ・シーク
〝アラビアの怪人〟と呼ばれ60年代から活躍したヒールの第一人者。

▼90 クレイジー・レロイ・ブラウン
主に70年代後半から80年代前半にかけて活躍した黒人プロレスラー。

▼91 IWGP構想
世界中に乱立するベルトを統一し、真の世界王者を決めるというコンセプトで、アントニオ猪木が提唱したもの。1983年に第1回大会が開かれたあと、年に一度開催され、5回で終了。その後は新日本のタイトル化された。

▼92 スタン・ハンセン
新日本、全日本の両方を頂点を極めた、史上最強の外国人レスラー。必殺ウエスタン・ラリアットの元祖であり、最高の使い手でもある。

▼93 アンドレ・ザ・ジャイアント
身長223センチ、体重250キロ(全盛期)を誇り、〝人間山脈〟と呼ばれた、世界的なトップレスラー。晩年は馬場と大巨人コンビを結成した。

▼94 国際プロレス
1967年に旗揚げし、新日本、全日本より歴史は古いが、猪木や馬場のような大スター不在のため、当時マイナー視されたプロレス団体。ヒロ・マツダ、グレート草津、ストロング小林、ラッシャー木村らが、歴代エースを務めた。

▼95『世界のプロレス』
80年代半ばにテレビ東京系で放送されたプロレス番組。海外の貴重なプロレス映像を毎週たっぷりと流してマニアに大好評を博した。

▼96 ロード・ウォリアーズ
80年代後半、日本とアメリカ両方で大ブレイクを果たしたタッグチーム。

▼97 ノー・フィアー
90年代末から00年代初頭に全日本やノアで活躍した、高山善廣と大森隆男のタッグチーム。

▼98 大森隆男
92年に全日本でデビューし、ノア、WJ、ZERO1などを渡り歩いた大型日本人レスラー。現在は全日本に再入団し、重鎮として活躍中。

▼99『君よ苦しめ、そして生きよ』
1982年にアントニオ猪木が出した書籍。KKビッグセラーズ刊。

▼100 力道山
大相撲からプロレスに転向し、日本にプロレスを根づかせた日本プロレス創始者。戦後の日本に大プロレスブームを巻き起こした。

▼101『プロレススーパースター列伝』
梶原一騎原作、原田久仁信作画で、1980年~1983年にかけて『週刊少年サンデー』で連載された、プロレス実録漫画。

▼102 神新二
第1次UWFではリングアナウンサー兼フロント社員。第2次UWFでは社長として、UWFを社会現象とも言われる人気団体とする。しかし、1990年に経理不正疑惑が盛り上がり、選手と対立。神社長が全選手を解雇することでUWFは解散となった。

▼103 山崎一夫
前田日明、高田延彦に続く、第2次UWFの第3の男。現在は「山崎バランス治療院」を営む。

▼104 ゲーリー・オブライト
「赤鬼」の異名を持ち、Uインターのエース外国人として活躍したプロレスラー。スープレックスの破壊力は、インパクト抜群だった。

▼105 デニス・カズラスキー
バルセロナ五輪男子グレコローマン100キロ以下級銀メダリスト。1989年にUWF東京ドーム大会において、高田延彦戦でプロレスデビュー。Uインターにも参戦した。

▼106 バッドニュース・アレン
柔道でモントリオール五輪銅メダリストを獲得後、プロレスに転向。「黒い猛牛」の異名で、アメリカ、カナダで活躍。新日本でも70年代後半から80年代前半まで、レギュラー外国人選手だった。

▼107 ジーン・ライディック
Uインターで活躍したアメリカ人レスラー。高角度のジャーマンスープレックスを武器に、「第2回ジュニア・リーグ」で全勝優勝も果たしている。

▼108 ビリー・スコット
Uインター初期の外国人中心選手。1991年の両国国技館大会では、現役のボクシングIGF世界クルーザー級王者ジェームス・ワーリングに判定勝ちを収めた。

▼109 スティーブ・ネルソン
Uインターの前座戦線で活躍し、のちにUSWFという総合格闘技団体を主宰。桜庭和志のデビュー戦の相手でもある。

▼110 UFC
1993年にスタートした、なんでもありの総合格闘技(MMA)の老舗にして、現在の世界最高峰の舞台。金網で囲まれた、八角形の通称・オクタゴンで試合は行われる。

▼111 ダン・スバーン
90年代前半にUインターの常連外国人として活躍後、1995年に「UFC5」に出場し、見事優勝。当時、プロレスでNWA世界ヘビー級王者でもあったため、前代未聞のUFCとNWAダブル世界王者にもなった。

▼112 笹崎伸司
80年代後半のジャパンプロレス、新日本の若手レスラー。90年代はUインターでブッカーとして活躍。多くのレスラーを日本に送り込んだ。

▼113 三沢光晴
1984年に2代目タイガーマスクとなり、1990年に素顔となってから、全日本のエースとして、黄金時代を作り上げた立役者。2000年にはノアを設立し、社長レスラーとして闘い続けたが、2009年に試合中の事故で帰らぬ人となった。

▼114 天龍源一郎
大相撲からプロレスに転向し、ジャンボ鶴田とのコンビや天龍同盟の大将として全日本プロレスのトップで活躍。その後、SWSやWARのエースを経て、新日本を中心としたあらゆる団体で暴れまわった。

▼115 ベイダー
1987年12月に、TPG(たけしプロレス軍団)の刺客として新日本に初登場。その後、新日本や全日本のメジャータイトルを総なめにした、90年代最強と呼ばれるレスラー。

▼116 垣原賢人
Uインターで、田村潔司に次ぐ若手のホープとして活躍。Uインター解散後は、2003年に新日本の「ベスト・オブ・スーパージュニア」でも優勝している。現在は悪性リンパ腫の闘病中。

▼117 飯塚高史
90年代はサンボの技術を駆使した、新日本の正統派レスラーだったが、2008年にヒールに転向した。

▼118 山本喧一
Uインターの若手時代に、安生洋二、高山善廣とのユニット「ゴールデンカップス」の一員としてブレイク。その後、キングダム、リングスを経て、1999年にはUFCジャパントーナメントで優勝をはたした。現在は北海道を拠点に総合格闘技新人育成の大会も手がけている。

▼119 『ワールドプロレスリング』
1971年から現在まで続く、テレビ朝日系の長寿プロレス番組。

▼120 『リングの魂』
1994年から2000年までテレビ朝日系で放送された、プロレスバラエティ番組。メインMCは南原清隆。

▼121 川田利明
90年代に全日本四天王の一角として活躍。その後、ハッスルなどを経て、現在はラーメン店「麺ジャラスK」を営む。

▼122 キングダム
Uインター解散後、1997年5月に発足した後継団体。しかし、活動期間は1年に満たなかった。

▼123 安達巧
元バルセロナ五輪のレスリング日本代表で、キングダムのコーチ。1999年〜2008年には日本レスリン

グナショナルコーチも務めた。

▼**124 ボーウィー・チョーワイクン**
元ムエタイの最高峰ラジャダムナン・スタジアムのトップランカーで、Uインターでは、スタンディングバウトの選手兼、立ち技のコーチを務め、レスラーの打撃向上に大きく貢献した。

▼**125 エンセン井上**
初代・修斗ヘビー級王者。日本の総合格闘技黎明期に柔術を持ち込んだ第一人者であり、UWFインター、キングダムとも技術交流。のちにUFC、PRIDEでも活躍した。

▼**126 金原弘光**
Uインター、キングダムを経て、リングスでは〝最後のエース〟として活躍。総合格闘技引退後、現在は「かねはら整骨院」を営む。

▼**127 UFC-J**
1997年から2000年に開催された、UFCの日本大会。

▼**128 マーカス・コナン・シヴェイラ**
カーウソン・グレイシーチームに所属した、ヘビー級の黒帯ブラジリアン柔術家。1997年のUFC-Jで桜庭和志に、UFCにおける黒帯柔術家初の一本負けを喫した。

▼**129 ヴァリッジ・イズマイウ**
〝狂犬〟の異名を持ち、カーウソン・グレイシー柔術四天王の一角として活躍した柔術家。日本ではアントニオ猪木と行動を共にし、〝闘魂ストーカー〟とも呼ばれた。ブラジルのMMA大会「ジャングルファイト」も主宰。

▼**130 上山龍紀**
Uインターの末期にデビューした、プロレスラー・総合格闘家。現在は東京・町田で格闘技ジム「Uスピリットジャパン」を主宰。

▼**131 輪島大士**
〝黄金の左〟と呼ばれた、第54代横綱。70年代にライバル北の湖と「輪湖時代」を築き一世を風靡するが、引退後に金銭問題等から相撲界を離れ、1986年に全日本プロレス入団。大きな話題を呼んだが、わずか2年で引退した。

▼**132 レガース**
UWFでキックを使用する選手に着用が義務付けられた、スネ当て。そのファッション性の高さから、現在も世界中でプロレスのコスチュームとして使用されている。

▼**133 スティーブ・ウィリアムス**
元レスリングの全米学生王者からプロレスに転向し、「殺人医師」の異名で新日本、全日本のトップで活躍した。

▼**134 馬場元子**
ジャイアント馬場の妻。馬場の死後、全日本のオーナー兼社長も務めた。

▼**135 ノア**
2000年に三沢光晴が、全日本から大半のレスラーを引き連れ独立し旗揚げしたプロレス団体。00年代前半には、大会場で満員を記録し、業界の盟主となるが、小橋の長期戦線離脱や三沢社長の死去などにより、徐々に規模を縮小している。

▼**136 森下直人**
PRIDE運営会社ドリームステージエンターテインメントの初代代表取締役社長。

▼**137 百瀬博教**
作家。アントニオ猪木との親交が深く、PRIDEと猪木を結びつけたことで知られる。通称「PRIDEの怪人」。

▼**138 髙山さんとドン・フライがやった**
2002年6月に『PRIDE21』で行われたふたりの試合は、お互い引くことなく、壮絶な殴り合いを繰り広げ、語り草となっている。

▼**139 島田裕二**
プロレス・格闘技のレフェリー。PRIDEではルールディレクターも務めた。

▼**140 『Dynamite!』**
2002年8月26日に国立競技場で9万人以上の観衆を集めて開催された格闘技のビッグイベント。K-1にPRIDEが協力するかたちで行われ、アントニオ・ホドリゴ・ノゲイラvsボブ・サップ、吉田秀彦vsホイス・グレイシー、桜庭和志vsミルコ・クロコップなど、豪華カードが組まれた。

▼**141 『INOKI BOM-BA-YE』**
2002年から、アントニオ猪木プロデュースで行われた格闘技イベント。

▼**142 タイガー・ジェット・シン**
70年代、新日本プロレス最狂のヒールとして、猪木と抗争を繰り広げた、〝イ

ンドの狂える虎〟。上田馬之助との悪の名コンビでも知られる。
▼143 『1984年のUWF』
作家・柳澤健によるUWFのノンフィクション作品。2017年1月に発刊後、ファンの間でUWFが再び論議されるきっかけとなった。
▼144 タイガージム
佐山サトルが1984年に設立した格闘技ジム。その後、スーパー・タイガージムと名称を変更した。
▼145 平直行
80年代末にシュートボクシングのトップ選手として活躍。90年代前半はリングスやK-1のリングで総合格闘技を行い、MMAの先駆けともなった。
▼146 リッキー・フジ
80年代後半にカナダでデビューし、初期FMWで日本に逆輸入されたプロレスラー。
▼147 吉田秀彦
バルセロナ五輪柔道金メダリスト。2002年にホイス・グレイシー戦でプロ格闘家としてデビューし、2000年代の総合格闘技黄金期において、中心選手のひとりとして活躍した。
▼148 小林まこと
代表作『1・2の三四郎』『柔道部物語』などで知られる漫画家。
▼149 征夫と憲二
坂口征二の息子である、プロレスラー坂口征夫と俳優の坂口憲二兄弟。
▼150 馳浩
ロサンゼルス五輪レスリング代表から、長州力のジャパンプロレス入り。新日本、全日本の中心選手として活躍し、引退後は政治家に転身。第20代文部科学大臣を務める。
▼151 小島聡
1991年に新日本プロレスでデビュー。天山広吉との「テンコジ」で長く活躍。2002年に全日本に移籍し、2005年には三冠ヘビー級王者時代に、新日本の天山を破り、三冠とIWGPの二大ベルトを同時に巻いた。
▼152 ショー・フナキ
1993年に藤原組でデビュー。その後、ディック東郷、TAKAみちのくとともに、「KAIENTAI」としてWWEと契約したのを機にアメリカに移住。現在はWWEネットワークの日本語実況も担当している。
▼153 池田大輔
格闘探偵団バトラーツでデビューしたプロレスラー。バチバチの闘いを信条とし、プロレスリング・ノアを経て、現在はフーテンプロモーションを主宰。
▼154 中井佑樹
↓246ページ参照。
▼155 佐藤ルミナ
90年代後半に活躍し、修斗が大ブレイクするきっかけを作ったカリスマ。
▼156 カール・ゴッチ
〝プロレスの神様〟と呼ばれ、生涯強さを追求した、日本プロレス時代のアントニオ猪木の師匠筋。他に藤原喜明、木戸修、佐山聡、前田日明、鈴木みのるらがゴッチに師事。主にUWF系のレスラーに多大なる影響を与えた。
▼157 トレバー・ハービック
元ボクシングWBA世界ヘビー級王者。モハメド・アリの現役最後の相手であり、1986年にはマイク・タイソンに敗れて王座転落。アリ、タイソンというボクシング界の二大巨頭と対戦したボクサーでもある。
▼158 スタン・ザ・マン
主に90年代に活躍した、オーストラリアのキックボクサー。破壊力抜群のパンチを武器に、初期K-1を沸かせた。
▼159 カーリー・グレイシー
マリオ・スペーヒー、ムリーロ・ブスタマンチら、のちのブラジリアン・トップチーム勢の師匠として知られるカーウソン・グレイシーの弟。ヒクソン、ホイスの父であるエリオの甥にあたり、ヘンゾ、ハイアンらの叔父。カーリー・グレイシー柔術アカデミーを主宰。
▼160 『トーナメント・オブ・J』
和術慧舟會が主催し、1994年〜1997年まで4度開催された、道衣着用の総合格闘技トーナメント。
▼161 ムスタク・アブドゥーラ
オーストラリアのヘビー級総合格闘家。VTJで菊田早苗に勝利したあと、修斗でエンセン井上にTKOで敗北。
▼162 坂本一弘
第2代修斗世界ライト級(現在のフェザー級)王者。引退後は修斗興行運営会社サステインの代表を務める。

▼163 東孝
全日本空手道連盟大道塾空道創始者。空手の氷柱13段割り世界記録保持者でもある。

▼164 大道塾
1981年に東孝が立ち上げた空手の流派。80年代後半から、総合格闘技に近いルールで試合が行われることで知られた。

▼165 WARS
大道塾が主催したプロ格闘技イベント。キックボクシングルールや、バーリトゥードルールの試合も行われた。

▼166 秋山賢治
禅道会広島支部所属の空手家。空手家としてバーリ・トゥードに挑み、山本喧一や美濃輪育久との激闘で知られる。

▼167 長井満也
→182ページ参照。

▼168 柳澤龍志
1992年に藤原組でデビュー。パンクラスの旗揚げメンバーであり、総合格闘技のほか、K-1ジャパンや全日本キックボクシング連盟のリングで、立ち技ルールでも活躍した。

▼169 川﨑浩市
第2次UWF営業社員としてマット界に携わるようになり、藤原組、リングスを経て、フリーの外国人選手ブッカーとして、ヘンゾ・グレイシー軍団や、シュートボクセ勢など、を日本に招聘した。通称・ブッカーK。

▼170 石井和義
空手道正道会館宗師。80年代から空手のプロ化を進め、1993年にK-1を立ち上げて、格闘技をメジャーにした立役者。

▼171 小川直也
バルセロナオリンピック柔道95キロ超級銀メダリスト。柔道世界選手権覇者。1997年にプロレスラーに転向。橋本真也とのライバル抗争や、その後のタッグOH砲の結成。PRIDEやハッスルでの活躍で知られる。

▼172 和術慧舟會
1987年に西良典が設立した格闘技団体。宇野薫、小路晃、岡見勇信ら、多くの選手を輩出したことで知られる。

▼173 村上和成
和術慧舟會所属の総合格闘家から、90年代末にUFO所属のプロレスラーに転身。小川直也とのコンビで、新日マットでも暴れた。

▼174 小路晃
PRIDEは「1」から多くの大会に出場し、その真っ向勝負で多くのファンを沸かせた。「ミスターPRIDE」とも呼ばれる。現在は富山市でラーメン店「つけめん えびすこ」を営む。

▼175 ヘンゾ・グレイシー
90年代から積極的にバーリ・トゥードの試合に出場し、総合ではグレイシー最強とも言われた。現在まで多くの弟子をMMAトップファイターとして育てたことでも知られる。

▼176 『紙プロ』
山口日昇が立ち上げたプロレス専門誌。一時は吉田豪がスーパーバイザーを務め、本書のプロレス伝説継承委員会の一員である堀江ガンツも所属。

▼177 松澤チョロ
元『紙のプロレスRADICAL』の編集者。プロレス団体UNWでは、リングアナも務めた。

▼178 ペドロ・オタービオ
90年代に活躍したヘビー級総合格闘家。ブラジルの格闘技ルタリーブリ出身で、日本では元横綱・北尾光司や骨法のエース大原学を破り一躍有名となったが、新日本プロレスのリングで、武藤敬司に異種格闘技戦で敗れた。

▼179 骨法
武道家・堀辺正史が創始した武道。アントニオ猪木、獣神サンダー・ライガー、船木誠勝ら多くのレスラーが骨法の指導と整体治療を受けた。

▼180 大原学
堀辺正史が創始した骨法で、90年代にエース格として活躍した武道家。

▼181 天山広吉
1991年に新日本プロレスでデビュー。小島聡とのコンビ「テンコジ」で長く活躍。シングルプレイヤーとしても、IWGPヘビー級王座を4度活躍、G1クライマックスも3度制するなど、トップを極めた。

▼182 中西学
バルセロナ五輪レスリング日本代表を経て新日本入り。元IWGP王者で、現在も新日本の第3世代の一角とし

て活躍中。

▼183 藤田和之
「猪木イズム最後の継承者」の異名を持ち、2000年代の総合格闘技黄金期に、最も活躍した日本人ファイターのひとり。新日本プロレスでは、IWGPヘビー級のベルトも腰に巻いた。

▼184 松井大二郎
インターでデビューし、その後、高田道場所属としてPRIDEにも数多く出場。真っ向勝負するそのスタイルから〝炎のグラップラー〟と呼ばれた。

▼185 アレクサンダー大塚
90年代に藤原組、格闘探偵団バトラーツ所属のプロレスラーとして活躍し、1998年10月に『PRIDE4』で〝路上の王〟と呼ばれた大物格闘家マルコ・ファスを下す大番狂わせを起こしたことで知られる。現在、男盛というもう一つの顔も持つ。

▼186 アブダビコンバット
アラブ首長国連邦アブダビのシェイク・タハヌーン王子が立ち上げに関わった、世界的なグラップリング大会。正式名称はADCCサブミッション・ファイティング世界選手権。

▼187 谷津嘉章
モントリオール五輪、モスクワ五輪の代表に選ばれ、日本重量級史上最強のアマチュアレスラーの触れ込みで新日本に入団。長州力やジャンボ鶴田のパートナーとして活躍した。

▼188 噛ませ犬事件
1982年10月、長州力が藤波辰爾に対し、「俺はお前の噛ませ犬じゃないぞ!」と反旗を翻した発言。これを機に長州は、反体制の革命戦士と呼ばれるようになり、大ブレイクを果たした。

▼189 ヴァンダレイ・シウバ
2000年代にPRIDEミドル級絶対王者として君臨した、総合格闘技界のレジェンド。桜庭和志との3度にわたる激闘は、あまりにも有名。

▼190 クイントン・〝ランペイジ〟・ジャクソン
PRIDE時代ヴァンダレイ・シウバの最大のライバルのひとり。PRIDE活動停止後は、UFC世界ライトヘビー級王者にもなった。

▼191 ヒカルド・アローナ
初代リングスミドル級王者で、アブダビコンバットでは99キロ未満級で2年連続(2000年、2001年)で優勝したブラジルの総合格闘家。

▼192 マルコ・ファス
「路上の王」の異名を持ち、バーリ・トゥードにおけるヒクソン・グレイシー最大のライバルと言われた格闘家。藤田和之のコーチとしても知られる。

▼193 尾崎允実
芸能プロダクションを経て、1993年のパンクラス旗揚げ時から、母体である株式会社ワールド・パンクラス・クリエイトの社長を務めた。現在は格闘技プロモートから離れている。

▼194 毒入りオレンジ事件
昭和50年代半ば、協栄ボクシングジム金平正紀会長が、渡嘉敷勝男や具志堅用高のタイトル防衛戦の相手に、薬物を混入したオレンジジュースを飲ませた」とされる事件。金平が鬼籍入りしたため、真相は藪の中となっている。

▼195 『UFO LEGEND』
2000年8月8日に、アントニオ率いる団体「UFO」と日本テレビが共同して主催し、東京ドームで行った格闘技イベント。大手芸能事務所ケイダッシュの川村龍夫会長がプロデューサーを務め、大会は日本テレビ系列で夜19時から2時間枠で生放送された。

▼196 戦極
PRIDE活動停止後、その選手やスタッフの受け皿として、ドン・キホーテの子会社ワールドビクトリーロードが主催した総合格闘技イベント。吉田秀彦ら吉田道場の選手を中心に、五味隆典、三崎和雄らが参戦。しかし、2010年末の大会を最後に、わずか2年足らずで活動休止となった。

▼197 秋山成勲
柔道の世界的な選手として活躍したのち、2004年に総合格闘家に転向。柔道家らしからぬ打撃の才能を見せ、期待されたが、2006年大晦日の桜庭和志戦で、体中にオイルを塗る反則を犯し、キャリアに汚点を残した。

▼198 三崎和雄
パンクラス、PRIDE武士道、戦極などで活躍した総合格闘家。2007

年大晦日に秋山成勲をKOした一戦(のちに無効試合に変更)は、語り草。

▼199 五味隆典
第5代修斗世界ウェルター級王者。PRIDE武士道では、エースとして活躍。初代PRIDEライト級王者にもなる。東林間ラスカルジムを主宰。

▼200 DREAM
PRIDE活動休止後、HERO'Sを運営していたFEGと、PRIDEを運営していた旧DSEのスタッフらによって新たに立ち上げられた格闘技イベント。

▼201 ホジャー・グレイシー
グレイシー柔術の始祖カーロス・グレイシーの娘ヘイラを母親に持つ、グレイシー柔術家。00年代に柔術世界選手権で幾度も優勝を果たし、新世代グレイシーのトップとして期待された。

▼202 テリー・ゴディ
80年代半ば、マイケル・ヘイズ、バディ・ロジャースとのトリオ、ファビラス・フリーバーズとして全米でブレイクし、日本ではスティーブ・ウィリアムスとの殺人魚雷コンビとして、90年代前半の全日本マットに君臨した。

▼203 ビル・ロビンソン
イギリスの〝蛇の穴〟ビリー・ライレージム出身で、欧州最強の男と呼ばれた名レスラー。1975年に行われたアントニオ猪木との名勝負は語り草。

▼204 小林邦昭
80年代前半、初代タイガーマスクのライバルとして活躍。虎の覆面を剥いだことから、〝虎ハンター〟と呼ばれた。

▼205 新間寿
元・新日本プロレス営業本部長。猪木・アリをはじめ、数々の大一番を実現させ、「過激な仕掛け人」と呼ばれた。

▼206 ドン荒川
70〜80年代に新日本で活躍した〝前座の力道山〟。コミカルな〝ひょうきんプロレス〟で、前座戦線を沸かせた。

▼207 大城大五郎
プロレス入り前はキックボクシングで活躍。坂口征二、木村健悟、キラー・カーンとともに、日本プロレスから新日本に移籍した。

▼208 山本小鉄
新日本道場のコーチとして〝鬼軍曹〟として恐れられ、多くの名レスラーたちを育てた。星野勘太郎とのコンビ「ヤマハブラザーズ」としても活躍。解説者として、古舘伊知郎アナとの絶妙なやりとりも好評だった。

▼209 極真
大山倍達が創始した空手団体極真会館。

▼210 猪木vsウィリー・ウィリアムス
1980年2月27日、蔵前国技館で行われた「格闘技世界一決定戦」。新日本と極真空手という、当時の2大潮流の直接対決とあって、セコンドや観客も含めて、異種格闘技戦史上、最も殺気に満ちた一戦とも言われる。結果は両者ドクターストップの引き分け。

▼211 寛水流
猪木が、自身に挑戦してきた空手家・水谷征夫と創設したフルコンタクト空手団体。プロレスラーの後藤達俊や松永光弘が、かつて所属した。

▼212 田中正悟
前田日明のかつての空手の師匠にして後見人。初期リングスでは、WOWOWの解説も務めたが、現在は前田との親交は途絶えている。

▼213 ベニー・ユキーデ
梶原一騎原作の劇画及び映画『四角いジャングル』で一躍有名になった、全米プロ空手のスーパースター。

▼214 アンディ・フグ
必殺のかかと落としを武器に、1987年の極真空手全世界空手道選手権大会で準優勝するなど、世界のトップで活躍した空手家。90年代に入り、K-1に転向。1996年にはK-1GP初優勝を果たすなど、格闘技ブームを牽引したが、2000年に白血病により、35歳の若さでこの世を去った。

▼215 小笠原和彦
1983年に極真会館の第15回全日本空手道選手権大会で準優勝し、〝足技の魔術師〟と呼ばれた空手家。2002年にZERO-ONEの後楽園ホールに乱入し、橋本真也に喧嘩を売ったことをきっかけに、プロレスに進出。ハッスルでは、ゼブラーマンに扮した。

▼216 武南幸宏
前田日明と田中正悟が立ち上げた青空前田道場出身のケンカ屋で、初期リ

ングスにも出場。同じケンカや出身のヘルマン・レンティングにあやかり、〝浪速のレンティング〟とも呼ばれた。

▼**217 田代徳一**
元リングス公式記録員。現在は空手道蒼天塾の塾長。

▼**218 大阪でケンカマッチ**
1985年9月2日、UWF大阪府臨海スポーツセンターで行われた、前田日明vsスーパー・タイガー。前田がケンカマッチを仕掛けたとされ、最後は前田が急所蹴りの反則負けとなった。

▼**219 松田納**
1985年に新日本プロレスでデビュー。メキシコ修行を経て、マスクマンのエル・サムライに変身。

▼**220 ダニー・ホッジ**
〝鳥人〟の異名を持ち、50～60年代に活躍した実力派レスラー。元NWA世界ジュニア・ヘビー級王者。その実力は、鉄人ルー・テーズをして、歴代ナンバーワンレスラーのひとりと言わしめる。

▼**221 スネークピット・ジャパン**
元Uインターの宮戸優光が主宰するジム。真のプロレスリング、キャッチ・アズ・キャッチ・キャンを学べるという。

▼**222 IGF**
アントニオ猪木が2007年に設立したプロレス・格闘技団体。正式名称はイノキ・ゲノム・フェデレーション。

▼**223 キャッチ・アズ・キャッチ・キャン**
サブミッションホールド（関節技、絞め技）が多用された、英国ランカシャー地方をルーツにするレスリング。

▼**224 パトリック・スミス**
第2回UFCのトーナメントで準優勝した格闘家。荒々しいケンカファイトで知られ、K-1のリングでプロ転向したばかりのアンディ・フグをKOしたこともある。

▼**225 うどん屋宣言**
1995年に新日本プロレスとUWFインターナショナルの対抗戦が勃発した際、対抗戦出陣を拒否した時に田村が使った言葉。「自分はUWFスタイルといううどんを作る職人であり、似て非なるものであるラーメン屋（新日本のレスラー）ではない」と語った。

▼**226 スコット・モリス**
第2回UFCに出場した格闘家。1回戦は一本勝ちで突破したが、2回戦でパトリック・スミスにTKOで敗れた。

▼**227 本間聡**
初期プロシューティング（修斗）のライトヘビー級トップ選手。その後、リングスやK-1、PRIDEのリングで活躍。リングスの成瀬昌由を2度に渡り破ったことでも知られる。

▼**228 佐竹雅昭**
80年代末から90年代前半まで、正道会館のエースとして、K-1日本人のトップとして活躍した空手家。2000年にPRIDE進出後、結果が出ず引退。現在は「平成武師道」人間活学塾を設立し、塾長を務める。

▼**229 ヴォルク・ハン**
コマンドサンボの使い手として、リングスで人気を博したロシアの格闘家。エメリヤーエンコ・ヒョードルが総合格闘家に転向するきっかけも作った。

▼**230 ビターゼ・タリエル**
極真会館グルジア支部長を務める空手家。リングスの常連外国人選手としても活躍し、田村潔司を破り第2代リングス無差別級王者にもなっている。

▼**231 坂田亘**
元リングス・ジャパン所属のプロレスラー、格闘家。ハッスルでは中心選手として活躍。女優・小池栄子の夫であり、所属事務所の社長でもある。

▼**232 山本宜久**
リングス・ジャパンのエース格として活躍。「バーリ・トゥード・ジャパン95」では、ヒクソン・グレイシーと対戦し、ロープを掴みながらのフロントチョークという奇策で追い詰めた。

▼**233 ヘルマン・レンティング**
初期リングスでケンカ屋として人気を博した、オランダの格闘家。

▼**234 アンドレとの試合**
1986年、三重県の津市体育館で行われ、アンドレの試合放棄によりノーコンテストで終わった、不穏試合。

▼**235 フランク・シャムロック**
ケン・シャムロックの弟として、パンクラスで格闘家デビュー。元UFC世界ミライトヘビー級王者で、元ストライクフォース世界ミドル級王座。

▼**236 デイブ・メネー**

90年代末から00年代に活躍したMMAファイター。日本ではリングスのKOKトーナメントに2度出場。その後、UFC世界ミドル級王者となる。

▼237 佐藤大輔
PRIDE、DREAM、RIZINなどの試合煽り映像を手がけ、〝煽りVアーティスト〟の異名を持つ映像作家。

▼238 マンカインド
WWEスーパースター、ミック・フォーリーの参戦初期のリングネーム。

▼239 角田信朗
正道会館最高師範。1991年にリングスでプロ転向後、K-1のリングで活躍。何度かの引退を経て、K-1競技統括プロデューサーを務めた。

▼240 北原光騎
佐山サトル主宰のスーパー・タイガージムインストラクターから、全日本プロレス入り。SWS、WARと天龍と行動をともにした。

▼241 中村頼永
初期シューティングに関わり、修斗をアメリカに広めるために渡米。1994年にはヒクソン・グレイシー招聘にも尽力した。現在はブルース・リー財団日本支部最高顧問を務める。

▼242 黒崎健時
60年代に極真空手の猛者として鳴らし、極真を離れた後、目白ジムを設立。〝鬼の黒崎〟と呼ばれた厳しい指導で知られ、藤原敏男らを育てる。

▼243 リアルジャパン
佐山サトルが主宰するプロレス団体。リアルジャパン・プロレス。

▼244 『格闘技探検隊』
80年代末にエスエル出版会から発行された、プロレスミニコミ誌。正式名称は「わしらは格闘技探検隊」。

▼245 シーザー武志
シュートボクシング創始者で、現シュートボクシング協会及びシーザージム会長。80年代には、UWFの選手たちにキックを指導した。

▼246 大村勝巳
1985年にデビューし、シュートボクシング創世期を支えた選手のひとり。初代シュートボクシング全日本カーディナル級チャンピオン。

▼247 大江慎
初期シュートボクシングの名選手。1991年からはUインターに所属し、立ち技のスタンディングバウトで試合に出場していた。その後、田村潔司のU-FILE CAMP設立に携わり、宮戸優光のUWFスネークピットジャパンの打撃コーチも務めた。妻は元女子プロレスラーの中西百重。

▼248 香取兄弟
初期シュートボクシングで活躍した、香取義和と信和の双子の兄弟。兄弟揃って王者になっている。

▼249 阿部健一
シュートボクシング創世期の名選手。1992年にはボクシングの全日本新人王も獲得。1992年に「トーワ杯カラテジャパンオープン」トーナメントに出場するために、ボクシングライセンスを返上。空手家の道を歩んだ。

▼250 吉鷹弘
シュートボクシング史上最強の選手のひとり。1995年の第1回『S-cup』に優勝したほか、世界の強豪と激闘を展開した。

▼251 冨宅飛駈
藤原組時代からの鈴木の後輩レスラー。パンクラスにも旗揚げから参加し、現在はパンクラスMISSION所属として、インディープロレス団体を中心に活動中。

▼252 成瀬昌由
1992年にデビューした、リングスの生え抜き第1号選手（対戦相手の山本宜久も同日デビュー）。2001年にリングスを退団し、新日本プロレスに主戦場を移し、IWGPジュニア王者にもなった。

▼253 ジェラルド・ゴルドー
極真空手出身のオランダの格闘家。第2次UWFで前田日明と異種格闘技戦を行い知名度を上げ、その後はリングス、K-1、さらには第1回のUFCにも出場。反則お構いなしの冷酷かつダーティな闘いぶりで知られ、1995年のVTJで中井裕樹と対戦した際は、故意のサミングを繰り返し、中井を失明に追い込んだ。

▼254 クリス・ドールマン
オランダの柔道、サンボの強豪選手で、1989年にUWFで前田日明と対戦。

その後、リングス・オランダの代表となった、オランダ格闘技界の顔役。

▼255 ディック・フライ
強烈な打撃を武器に活躍した、リングスのトップ外国人選手。前田日明にも2度勝利している。

▼256 ビル・カズマイヤー
ストロングマン・コンテスト3年連続優勝の経歴を持つ、パワーファイター。リングス旗揚げ戦に参加したほか、新日本プロレスの東京ドーム大会で、橋本真也とも対戦している。

▼257 トーワ杯
1992年から1994年まで開催された、グローブ着用の空手オープントーナメント。佐竹雅昭ら正道会館勢を始め、当時の猛者たちが流派の壁を超えて参戦し、大きな話題となった。第3回大会にはパンクラスの高橋義生と柳澤龍志も出場。正式名称は「トーワ杯カラテ・ジャパン・オープン」。

▼258 後川俊之
90年代に活躍した正道会館の名選手。正道会館主催のカラテワールドカップでは2年連続優勝した。

▼259 リングス実験リーグ
リングス初期に開催された、軽量級や若手中心の実験的興行。

▼260 鶴巻伸洋
サブミッションアーツレスリング出身の格闘家。リングスや総合格闘技、グラップリング、キックボクシングなど、様々な試合に出場。プロレス団体W☆ING初期メンバーでもある。

▼261 木村浩一郎
初期FMW、W☆INGでプロレス活動を始め、初期リングスにも参戦。1995年にはバーリトゥード・ジャパン・オープンに参戦し、ヒクソン・グレイシーとも対戦している。

▼262 W☆ING
初期FMWのフロント陣やミスター・ポーゴが中心となり、1991年に旗揚げされたプロレス団体。過激なデスマッチを売りにして、コアなファンから熱狂的な支持を集めた。

▼263 イリューヒン・ミーシャ
リングス・ロシア所属。コマンドサンボの使い手で、ヴォルク・ハンの愛弟子。黎明期からバーリトゥードに出陣し、リングスの防波堤の役目を果たした。

▼264 ヒカルド・モラエス
"柔術怪獣"の異名を持ち、身長201センチを誇る大型柔術家。ロシア初の本格的なバーリトゥードのトーナメント、アブソリュート大会決勝でイリューヒン・ミーシャを破り優勝し、一躍その名を轟かせた。

▼265 アジリソン・リマ
ヘンゾ・グレイシー門下の柔術家。90年代後半にリングスに参戦し、イリューヒン・ミーシャや、伝説のサンビストであるアレクサンドル・ヒョードロフをバーリトゥードルールで破った。

▼266 グロム・ザザ
リングス・グルジア所属。もともとフリースタイルレスリングのソ連選手権4連覇を果たしたレスラーで、アトランタオリンピックにもグルジア代表で出場した。

▼267 トム・フォン・マウリック
リングス・オランダ所属の格闘家。リングスではウィリー・ウイリアムスやクリス・ドールマンに敗れるも、角田信朗には一本勝ち。1993年4月、深夜のアムステルダムで何者かに銃で撃たれ、この世を去った。

▼268 バロージャ・クレメンチェフ
リングス・ロシア所属。極真空手出身で、ソ連選手権3連覇、世界選手権にも2度出場している。リングスでも、ディック・フライやハンス・ナイマンをKOする活躍を見せたが、噂によれば、ロシアンマフィアという裏の顔も持ち、何者かに射殺された。

▼269 ハンス・ナイマン
空手出身でリングス・オランダのリーダー格。「ナイマン蹴り」と呼ばれる二段蹴りを得意とした。2014年に、ディック・フライト共同経営するジムの前で、何者かに射殺された。

▼270 ウィリー・ピータース
レスリング出身で、リングス・オランダに所属した格闘家。アグレッシブな打撃と、グレコローマン仕込みの投げ技を得意とした。佐竹雅昭とリングスルールで対戦し、引き分けている。

▼271 トニー・ホーム
フィンランド出身の元ボクサーのキャリアを持つプロレスラー。90年代前

半、橋本真也との異種格闘技戦で抗争を展開。その後、前田日明のリングスを経て、ルドヴィッグ・ボルガのリングネームでWWEでも活躍した。

▼272 掣圏道
佐山サトルが考案した市街地型実践格闘技。路上の闘いを想定、ジャケット(背広)を着用して対戦する。

▼273 SAプロレス
佐山サトルの掣圏道協会が主催するプロレス興行。

▼274 坂本一生
「新加勢大周」の芸名でデビューしたタレント。のちに坂本一生に改名した。

▼275 星野勘太郎
〝突貫小僧〟の異名を持ち、山本小鉄とのコンビ「ヤマハブラザーズ」としても活躍した。

▼276 魔界倶楽部
星野勘太郎を総裁とし、00年代前半に新日本プロレスで活動したヒールユニット。主なメンバーは、安田忠夫、村上和成ほか、魔界4号(柴田勝頼)、魔界5号(長井満也)など。正式名称は「プロレス結社 魔界倶楽部」。

▼277 柴田勝頼
現在、新日本プロレスを中心に活躍する「ザ・レスラー」。1999年に新日本でデビューするが、自分が理想とする〝新日本〟を求めて2005年に退団。ビッグマウス・ラウドを経て、船木誠勝とともにチームARMSを発足し、総合格闘技HERO'S、DREAMなどで活躍。2011年からは新日本プロレスに再び参戦した。

▼278 破悧魔王Z
魔界4号(柴田勝頼)と魔界5号(長井満也)によるタッグチーム。

▼279 デイナ・ホワイト
世界的なMMA団体UFCの代表。

▼280 ラシャド・エヴァンス
レスリング出身のMMAファイターで、元UFC世界ライトヘビー級王者。

▼281 ブロック・レスナー
プロレスとMMA両方でトップとして活躍する超大物レスラー。プロレスではWWE世界ヘビー級、WWEユニバーサル王座、IWGPヘビー級など、メジャータイトルを総なめにし、MMAではUFC世界ヘビー級のベルトも腰に巻いている。

▼282 今成正和
〝足関十段〟の異名を持つ、足関節技の世界的な使い手。元DEEPフェザー級、バンタム級王者。

▼283 北岡悟
2000年にパンクラスでデビューした総合格闘家。2009年には五味隆典を破り戦極ライト級王者となる。現在はDEEPライト級王座を保持しながら、DEEPとパンクラスを中心に日本のトップとして活躍中。

▼284 DEEP
佐伯繁が2001年に立ち上げた総合格闘技イベント。旗揚げ当初は「おもちゃ箱をひっくり返したような格闘技イベント」をコンセプトとし、グレイシー一族からメキシコのルチャドールまで、玉石混交、さまざまな選手がリングに上がり、夢のカードが次々と実現した。

▼285 モーリス・スミス
長らくWKA世界ヘビー級王者に君臨した超一流キックボクサー。1989年にUWF東京ドーム大会で鈴木みのると対戦したのを機に、日本でも有名となり、藤原組、パンクラス、リングス、K-1などで活躍。第2代UFC世界ヘビー級王者にも輝いている。

▼286 ジェレミー・ホーン
総合格闘技100試合以上のキャリアを有し、総合格闘技回の鉄人と呼ばれるMMAファイター。日本ではリングスで活躍、PRIDEにも出場した。

▼287 パット・ミレティッチ
元UFC世界ウェルター級王者。自身のジム、ミレティッチ・マーシャルアーツ・センターを主宰し、マット・ヒューズ、ジェンス・パルヴァー、ジェレミー・ホーン、ティム・シルビアらを育てた、ミレティッチ軍団の総帥。

▼288 トム・エリクソン
白鯨の異名を持ち、90年代後半から2000年代にかけて活躍した、スーパーヘビー級ファイター。その巨体とレスリング力で、90年代の一時期は最強のひとりと言われた。

▼289 コンテンダーズ
1997年10月11日にアメリカで開催されたグラップリング大会。

▼**290 キモ**
1994年の『UFC3』に初登場し、いきなりホイス・グレイシーをKO寸前まで追い込み、一躍その名を轟かせたファイター。怪しげなマネージャー、ジョー・サンを従え、巨大な十字架を背負って入場するパフォーマンスは、インパクト抜群だった。

▼**291 シェイン・カーウィン**
レスリング出身で、2005年にMMAデビュー！後に負けなしの12連勝でUFC世界ヘビー級暫定王者に上り詰めたファイター。ブロック・レスナーとの王座統一戦に敗れ、正規王者にはなれなかった。

▼**292 ジョン・ジョーンズ**
長い手足と圧倒的な運動能力を武器に、無敵の強さを見せる元UFC世界ライトヘビー級王者。パウンド・フォー・パウンド最強のMMAファイターとも言われるが、度重なる不祥事で、2度にわたり、UFC王座を剥奪されている。

▼**293 アリスター・オーフレイム**
リングス・オランダ所属として格闘技のキャリアをスタートさせ、これまでDREAM、ストライクフォースのヘビー級王者となり、K-1 WORLD GPでも優勝。現在もUFCヘビー級トップ戦線で活躍中。

▼**294 ファブリシオ・ヴェウドゥム**
元柔術世界選手権覇者で、MMAヘビー級最強のグラップラー。2015年にケイン・ヴェラスケスを破り、UFC世界ヘビー級王者となるが、初防衛戦でスティーペ・ミオシッチに敗れ、王座転落した。

▼**295 ビッグフット**
ブラジル人ヘビー級MMAファイターで、皇帝エメリヤーエンコ・ヒョードルも下しているアントニオ・シウバのニックネーム。

▼**296 水垣偉弥**
UFCで長く活躍したバンタム級日本人MMAトップファイター。DAZNのUFC中継では解説者も務める。

▼**297 宇野薫**
元修斗世界ライト級王者で、日本のMMA中軽量級パイオニアのひとり。2001年と2003年、それぞれジェンス・パルヴァー、BJペンを相手にUFCタイトルマッチを経験しているが、惜しくも王座奪取はならず。

▼**298 BJ・ペン**
UFC世界ライト級とウェルター級の2階級を制した、ハワイ出身のMMAファイター。ブラジル人以外で史上初のムンジアル（柔術世界選手権）黒帯の部優勝者で、天才と称される。

▼**299 上田馬之助**
髪を金色に染め、〝まだら狼〟〝金狼〟と呼ばれた、日本人ヒールの第一人者。

▼**300 ザ・グレート・カブキ**
歌舞伎役者をモチーフにした東洋人ヒールレスラーとして、80年代前半にアメリカ・ダラス地区で大ブレイク。緑や赤の毒霧を吹くギミックや、プロレススタイルは、その後、アメリカでの日本人レスラーの雛形となった。

▼**301 岡見勇信**
2006年から2013年まで、7年間にわたりUFCで闘い続け、全盛期のアンデウソン・シウバの持つUFC世界ミドル級王座にも挑戦したトップファイター。現在はDEEP、パンクラスや、アメリカのWSOFで活躍中。

▼**302 ブラジリアン・トップチーム**
カーウソン・グレイシー軍団のトップ選手であった、マリオ・スペーヒー、ムリーロ・ブスタマンチらが設立したMMA&柔術チーム。PRIDE全盛期は、ノゲイラ兄弟やヒカルド・アローナらが所属した。

▼**303 シュートボクセ**
ヴァンダレイ・シウバ、マウリシオ・ショーグン、アンデウソン・シウバら、多くのチャンピオンを輩出した、ブラジルのシュートボクセ・アカデミー。

▼**304 高橋義生**
藤原組、パンクラスなどで活躍したプロレスラー。1997年2月『UFC12』でヴァリッジ・イズマイウを破り、UFC日本人初勝利を挙げた。

▼**305 ジョシュ・バーネット**
〝青い目のケンシロウ〟の異名を持ち、日本のオタク文化やプロレスをこよなく愛する総合格闘家。2002年に24歳で史上最年少UFCヘビー級王者に。PRIDE GP 2006無差別級トーナメントでは準優勝した。

▼306 定家みさ子
リングスで長く外国人選手との契約や通訳を務めた翻訳家。

▼307 フレッド・ブラッシー
〝銀髪鬼〟の異名を持つヒールレスラー。1962年に初来日し、ブラッシーの噛みつき攻撃をテレビで見た老人がショック死した事件はあまりにも有名。

▼308 リキパレス
力道山が東京・渋谷に設立した、総合スポーツレジャービル。正式名称はリキ・スポーツパレス。3040人収容のプロレス常設会場をメインに、サウナ、ボウリング場、レストラン、キャバレーを併設した、まさに夢の殿堂だった。

▼309 リキマンション
力道山が赤坂に建てた分譲マンション。建物は現存する。

▼310 添野義二
〝極真の猛虎〟と呼ばれた空手家。1981年に士道館を設立し、現在も館長を務める。タイガーマスクに変身前の三沢光晴にキックやエルボーを指導したことでも知られる。

▼311 新格闘プロレス
1994年に青柳政司が設立したプロレス団体。「真剣勝負」を謳い、シューティングとの対抗戦を行うが、全試合秒殺負けの大惨敗を喫し、団体もわずか9ヶ月で崩壊した。

▼312 木川田潤
元ボクシング日本ランカーで、ボクシンググローブ着用のボクサーキャラで試合をしていたプロレスラー。トップロープから飛んでパンチを放つなど、〝空飛ぶボクサー〟とも呼ばれた。

▼313 『プロレス大百科』
主に昭和50年代にケイブンシャから発行された、プロレス児童書。

▼314 『週刊プロレス』
1983年にベースボール・マガジン社から創刊され、現在まで続いているプロレス週刊誌。2代目編集長ターザン山本時代には、公称40万部を発行しおばけ雑誌と呼ばれた。

▼315 白石伸生
2012年に全日本を買収しオーナーとなった、株式会社スピードパートナーズ社長。 SNS上で他団体を攻撃するなど、問題発言を連発し、わずか9ヵ月で経営から手を引いた。

▼316 熱戦譜
試合結果を報じる記録のこと。『週刊プロレス』『週刊ゴング』などプロレス専門誌にも掲載されていた。

▼317 『格闘技通信』
UWF人気の高まりを受けて、1986年にベースボール・マガジン社から創刊された格闘技専門誌。90年代初頭からK-1やグレイシー柔術を大きく取り上げ、格闘技人気向上に貢献した。2代目編集長は、のちのK-1イベントプロデューサー、谷川貞治。

▼318 高専柔道
旧制高等学校・大学予科・旧制専門学校の柔道大会で行われた、寝技中心の柔道の略称。ブラジリアン柔術が注目され始めた90年代に、再評価された。

▼319 『VTJ前夜の中井祐樹』
『木村政彦はなぜ力道山を殺さなかったのか』著者、増田俊也による格闘家・中井祐樹のノンフィクション。

▼320 浦田昇
第1次UWFの代表取締役社長。日本修斗コミッションコミッショナー、第2代修斗協会会長も務めた。

▼321 朝日昇
〝奇人〟の異名を持つシューター。90年代後半、エンセン井上、桜井マッハ隼人、佐藤ルミナとともに、「修斗四天王」のひとりと呼ばれた。

▼322 アートゥー・カチャー
ホイラー・グレイシーの弟子にあたる、ブラジルの柔術家。

▼323 イワン・ゴメス
カーウソン・グレイシーに柔術を学んだ、70年代のブラジルのバルツーズ(バーリ・トゥード)王者。1974年に新日本プロレスがブラジルに遠征した際、アントニオ猪木に挑戦を表明するが、そのまま新日本に入門。2年間ながら、日本でプロレスラーになった。

▼324 ヒカルド・ボテーリョ
1997年1月、佐藤ルミナにヒールホールドで敗れたブラジルの柔術家。これにより日本人選手に初めて敗れた黒帯柔術家となった。

▼325 青木真也
世界最高峰のグラップリング技術を

持つ、日本を代表するMMAファイター。修斗、PRIDEを経て、DREAMではライト級王者となるなど、エース格として活躍。現在はアジア最大の格闘技団体ONEを主戦場としている。

▼326 HERO'S

K-1運営会社FEGが設立したMMAイベント。当初は前田日明をスーパーバーザーに迎え、"第2次リングス"的にスタートしたが、その後は山本"KID"徳郁、須藤元気、所英男、宇野薫らが活躍する、軽量級スター選手中心のイベントとなった。

▼327 ZST

2002年に活動休止したリングスのスタッフが中心となり立ち上げた格闘技イベント。グラウンドでの顔面パンチを禁止した、リングスKOKルールを継承。初期は、矢野匠、今成正和、所英男、小谷直之の「ZST四兄弟」が中心となり活躍した。

▼328 上原譲

元リングスの後方で、同団体活動休止後は、ZSTを立ち上げ、代表も務めた。

▼329 木村政彦

30~40年代に柔道全日本選手権13連覇を達成した不世出の柔道家。1950年にプロ柔道家となり、1951年にブラジルでエリオ・グレイシーに勝利。その後、プロレスラーに本格転身するが、1954年12月、力道山との決闘に敗れ、一線を退いた。

▼330『メタモリス』

ハレック・グレイシーが代表を務め開催されたグラップリングのプロイベント。青木真也vsクロン・グレイシーや、桜庭和志vsヘンゾ・グレイシーなど、夢の対決が実現した。

▼331 ジャイアント・シルバ

身長219センチを誇る、ブラジルのプロレスラー。日本では新日本プロレス、ハッスル、PRIDEで活躍。ソウルとバルセロナ五輪では、バスケットボールのブラジル代表として出場した。

▼332 ピーター・アーツ

K-1黎明期トップ選手として活躍した、超一流K-1ファイター。K-1GPでは3度優勝を経験。16年連続決勝トーナメント最多出場記録も持つ。

▼333『Dynamite!! USA』

2007年、アメリカのロサンゼルス・オリンピック・メモリアムコロシアムで開催されたビッグイベント。桜庭和志vsホイス・グレイシー7年ぶりの再戦や、ブロック・レスナーのMMAデビュー戦などが行われた。

▼334 澤田敦士

元柔道家。IGFでプロレスラーに転向し、2015年には千葉県我孫子市議会議員となった。

▼335 鈴川真一

元大相撲力士、若麒麟。2009年に大麻取締法違反で逮捕され、相撲協会を解雇されたことを機に、猪木率いるIGFに入門しプロレスラーに転向。IGFではミルコ・クロコップらとMMAの試合も行った。

▼336 小野武志

1994年に藤原組でプロレスラーとしてデビュー。格闘探偵団バトラーツなどで活躍した。

▼337 石澤常光

レスリング全日本選手権優勝後、新日本プロレスのアマチュアレスリングクラブチーム「闘魂クラブ」を経て、プロレス入り。マスクマン、ケンドー・カシンに変身を経て、2000年にはPRIDEに参戦。ハイアン・グレイシーと1勝1敗の戦績を残した。

▼338 秋山準

専修大学レスリング部主将から、ジャイアント馬場のスカウトで全日本入り。90年代に全日本のトップの一角に成長し、00年代にはノアのエース格となった。現在は全日本に復帰し、社長を務める。

▼339 門馬忠雄

元・東京スポーツの記者で、プロレス評論家。『国際プロレスアワー』や『世界のプロレス』で解説者も務めた。

▼340 大仁田厚

1985年に全日本で引退後、1989年に独立団体FMWを設立。日本プロレス界が多団体時代に突入するきっかけを作る。デスマッチを中心とした、ハードコアスタイルの始祖でもある。

▼341 和田良覚

UWFインターでレフェリーデビューし、総合格闘技、キックボクシング、プロレスと様々なジャンルでレフェリーを務める。本職はウエートトレーニングのトレーナー。

▼342 **ミスター高橋**
新日本プロレスの元レフェリー。2000年にいわゆる〝暴露本〟となる『流血の魔術師・最強の演技』を出版し、プロレス界を激震させた。

▼343 **クラッシャー・バンバン・ビガロ**
80年代後半から90年代にかけて、新日本プロレス、WWE、WCWといった日米のメジャー団体で活躍した、〝動ける巨漢レスラー〟の先駆け。

▼344 **『U-JAPAN』**
1996年11月17日、有明コロシアムで開催された、金網のバーリ・トゥードイベント。キモ vs バンバン・ビガロ、ダン・スバーン vs 松永光弘など、異色カードが組まれ、話題を呼んだ。

▼345 **松永光弘**
もともとは空手家ながら、W☆INGやFMWなどインディー団体で暴れまわり、〝ミスター・デンジャー〟の異名を持つデスマッチファイターの先駆け。後楽園ホールのバルコニー部分からプランチャを敢行した、〝バルコニーダイブ〟は、今も語り草。

▼346 **『アルティメット・アルティメット』**
1995年12月と1996年12月に開催された、UFC歴代王者や上位進出者を集めたトーナメント。1995年はダン・スバーン、1996年はドン・フライが優勝した。

▼347 **「プロレスラーは本当は強いんです」**
1997年12月21日に横浜アリーナで開催されたUFC JAPANで、黒帯柔術家マーカス・コナンに勝利したあと、桜庭和志が試合後のインタビューで発した言葉。

▼348 **マーカス・コナン**
カーウソン・グレイシーに師事した黒帯柔術家。初期バーリ・トゥード大会エクストリームファイティングのヘビー級王者にもなっている。

▼349 **カーウソン・グレイシー柔術**
グレイシー柔術の創始者カーロス・グレイシーの長男カーウソンを頂点にした柔術チーム。90年代のブラジル格闘技界において、最大派閥でもあった。

▼350 **イーゲン井上**
エンセン井上の実兄。黒帯柔術家。日本ではリングス、PRIDEのリングに上がった。

▼351 **豊永稔**
キングダムでプロデビューし、その後、高田道場所属としてパンクラス、PRIDEのリングに上がった格闘家。引退後は総合格闘技、キックボクシングの様々な団体でレフェリーを務める。

▼352 **「こんばんは事件」**
1981年9月23日、新日本プロレスの田園コロシアムに乗り込んできた、国際プロレス軍団の総帥ラッシャー木村が、マイクを握って開口一番「こんばんは」とあいさつした事件。

▼353 **安田忠夫**
大相撲の元小結、孝乃富士。1993年に新日本入り。2001年大晦日の「INOKI BOM-BA-YE 2001」で、ジェロム・レ・バンナを破り、お茶の間の感動を呼ぶ。その後、IWGP王者にもなったが、ギャンブルで身を崩し、2011年に引退。

▼354 **高瀬大樹**
寝技の強さには定評があった格闘家。『PRIDE3』で体重310キロのエマニュエル・ヤーブローにTKO勝ちした試合が有名。

▼355 **エマニュエル・ヤーブロー**
体重310キロを誇り、90年代半ばには世界相撲選手権で常に上位進出を果たす。その余勢をかって『UFC3』に出場するも、キース・ハックニー敗れ1回戦負け。1998年に初来日し、シュートボクシングのリングで中野龍雄と対戦。上四方固めで圧殺した。

▼356 **ホイラー・グレイシー**
ヒクソン・グレイシーの実弟。柔術世界選手権67キロ以下級で1996年から1999年まで4連覇。アブダビコンバット66キロ未満級で99年から3連覇するなど、一族の中でもその実力は特に高く評価されていた。

▼357 **ビクトー・ベウフォート**
カーウソン・グレイシーがその才能に惚れ込み、養子にしようとしたほどの格闘技の天才。1997年にわずか19歳で「UFC12」ヘビー級トーナメントに優勝。その後、2004年にUF

C世界ライトヘビー級王座を獲得。現在もMMAのトップクラスで活躍中。

▼358 エベンゼール・フォンテス・ブラガ

ムエタイとルタリーブリをベースに持つ、ブラジルの格闘家。1999年にパンクラスに初来日。パンクラチオンルールでエース船木誠勝と対戦し、ルールにより判定なしの引き分けだったものの内容で圧倒し、その名を轟かせる。しかし、その3ヵ月後、『PRIDE3』で桜庭和志に敗れる。

▼359 アンソニー・マシアス

ムエタイをベースにした格闘家。1994年に『UFC4』に出場し、ダン・スバーンにジャーマンスープレックスで繰り返し投げられることで、その名が知られるようになった。

360 ターザン山本!

『週刊プロレス』の2代目編集長。全盛期は公称発行部数40万部を誇り、マット界に絶大な影響力を持っていた。現在はパピプペポ川柳創始師範を名乗る。

361 堀辺正史

日本武道傳骨法創始師範。猪木、ライガー、船木、ライオネス飛鳥、ザ・コブラなど、多くのプロレスラーを指導したことで知られる。また、グレイシー柔術を「黒船」と称するなど、格闘技、武道論評でも定評があった。

362 『格闘コロシアム』

1999年から2000年にかけて、テレビ東京系で放送された格闘技情報番組。司会は恵俊彰と来栖あつこ。佐藤ルミナ、謙吾、そしてブレイク前の魔裟斗が出演した。

▼363 『コロシアム2000』

2000年に船木誠勝vsヒクソン・グレイシー戦をメインイベントに立ち上げられた格闘技のイベント。テレビ東京で放送され、当初はPRIDEのようにシリーズで続いていく予定だったが、一度きりの開催で終わった。

▼364 エリオ・グレイシー

ヒクソン・グレイシー、ホイス・グレイシーらの父で、グレイシー柔術の総帥。1951年にはブラジルで木村政彦と伝説的な一戦を行なっている。

▼365 サクラバロック

相手にバックを取らせた上で、アームロックで切り返す、桜庭和志の得意技。この技で、ヘンゾ・グレイシーの腕を脱臼させ、勝利した。

▼366 中邑真輔

棚橋弘至とともに00年代以降の新日本プロレスを支えた、トップレスラー。2016年にWWEに移籍した。

［著者プロフィール］

玉袋筋太郎＋プロレス伝説継承委員会

玉袋筋太郎（たまぶくろ・すじたろう）
1967年、東京都生まれ、お笑い芸人、浅草キッドの片割れ。

堀江ガンツ（ほりえ・がんつ）
1973年、栃木県生まれ。プロレス・格闘技ライター。

椎名基樹（しいな・もとき）
1968年、静岡県生まれ、構成作家。

［初出一覧］

ゲスト:髙田延彦……『RIZIN FIGHTING WORLD GP 2016』公式パンフレット
ゲスト:安生洋二……『KAMINOGE』vol.39
ゲスト:髙山善廣……『KAMINOGE』vol.32
ゲスト:菊田早苗……『KAMINOGE』vol.64
ゲスト:宮戸優光……『KAMINOGE』vol.50
ゲスト:田村潔司……『KAMINOGE』vol.65
ゲスト:長井満也……『KAMINOGE』vol.56
ゲスト:髙阪剛……『Dropkick』vol.02,『KAMINOGE』vol.47
ゲスト:中井祐樹……『KAMINOGE』vol.20
ゲスト:桜庭和志……『KAMINOGE』vol.36,37

疾風怒濤(しっぷうどとう)!! プロレス取調室(とりしらべしつ)

〜UWF&PRIDE格闘ロマン編(へん)〜

印刷　2017年10月1日
発行　2017年10月11日

著　　者　玉袋筋太郎(たまぶくろすじたろう)+プロレス伝説継承委員会(でんせつけいしょういいんかい)
発 行 人　黒川昭良
発 行 所　毎日新聞出版
〒102-0074
東京都千代田区九段南1-6-17 千代田会館5F
営業本部　03-6265-6941
図書第一編集部　03-6265-6745

印刷・製本　廣済堂

ISBN 978-4-620-32476-0